प्रथम फाल्गुन

प्रथम फाल्गुन

श्रीनरेश मेहता

लोकभारती प्रकाशन

पहला संस्करण 1966 में प्रकाशित।

लोकभारती प्रकाशन
पहली मंजिल, दरबारी बिल्डिंग, महात्मा गांधी मार्ग
प्रयागराज-211 001

वेबसाइट : www.lokbhartiprakashan.com
ईमेल : info@lokbhartiprakashan.com

शाखाएँ : 1-बी, नेताजी सुभाष मार्ग, दरियागंज
नई दिल्ली-110 002
अशोक राजपथ, साइंस कॉलेज के सामने
पटना-800 006
1, अनमोल सोराबजी संतुक लेन, धोबी तलाव,
मरीन लाइंस, मुम्बई-400 002

पहला लोकभारती संस्करण : 2012
दूसरा संस्करण : 2026

विकास कंप्यूटर एंड प्रिंटर्स
ट्रॉनिका सिटी-201 102
द्वारा मुद्रित

PRATHAM PHALGUN
by Shrinaresh Mehta

ISBN : 978-81-8031-718-7

मूल्य : ₹795

चाहता मन
तुम यहाँ बैठी रहो
उड़ता रहे चिड़ियों सरीखा वह तुम्हारा श्वेत आँचल
किन्तु अब तो ग्रीष्म
तुम भी दूर
औ यह लू !!

भूमिका

इस उपन्यास के बारे में अतिरिक्त अथवा पृथक् से कहने की आवश्यकता मुझे इसलिए नहीं लगती है क्योंकि इसके लिखने की प्रक्रिया में ही इसके बारे में कहने की भूमिका भी शेष हो गयी लगती है; अतः मैं चाहता हूँ कि यह उपन्यास भूमिकाहीन ही आप तक पहुँचे। इसका यह तात्पर्य नहीं लिया जाय कि मैं इसके बारे में कुछ कहना नहीं चाहता रहा पर चूँकि यह कृति अपने तात्त्विक रूप में ही प्रणीत हुई अतः रचना एवं पाठक के बीच मैं किसी भी प्रकार का दुभाषियापन नहीं करना चाहता। इस बार मैं यह संकट भी मोल लेना चाहता हूँ कि कृति बिना भूमिका का पारपत्र प्राप्त किये यात्रित हो। इति नमस्कारान्ते—

९९ ए, लूकरगंज
इलाहाबाद

वह एक शिशिरान्त साँझ थी। गाछ प्राय: पत्ते गिराकर अनागत बसन्त की प्रतीक्षा में कलासे खड़े। चारों ओर गोल-के-गोल में पागुल फगुआ की प्रतीक्षा में तले पड़े थे। प्रतीक्षित फगुआ में बस दो-एक दिन की ही देरी थी—उपरान्त तो ये जीर्ण पात अपनी जातिगत, वृक्षगत संज्ञाएँ भूलकर, बड़े-छोटे एक होकर यहाँ-वहाँ से बुहरते गोमती पहुँच जायेंगे; जहाँ से इनकी तब अनाम जलयात्रा आरम्भेगी। कुछ किनारे सड़ जायेंगे कुछ बाँध रुक जायेंगे लेकिन शेष को धारा न जाने कहाँ ले जायेगी। प्रत्येक यात्रा का यही तर्क हुआ करता है।

तो, फाल्गुन प्रतीक्षा करती वह एक शिशिरान्त साँझ थी। आकाश, गुलमुहर हो रहा था। आसपास की बगीचियों से पके नींबुओं एवं अमरूदों की गन्ध आ रही थी। पत्रहीन पीपल पहचाने नहीं आ रहा था। हवा में गुलाब बोल रहा था यद्यपि बकुल फूल भी फूट चुके थे। मौसमी फूलों के आँख खोलने की ऋतु भी आ चली थी। इस उधड़े वातावरण को जहाँ-तहाँ कुहरा अपने पेबन्दों से ढँकने झुक आया था। कुहरे में एक अप्रतिम काव्यात्मकता होती है जिसे धारकर ऋतु अलंकार लगती है।—दो-एक दिन उपरान्त क्यारियाँ कर्णफूलों से लद जायेंगी। सारे वृक्ष नयी कोंपलों में सुलग उठेंगे, प्रात:कालीन किरणों में ये कोंपलें ताम्रपत्तियों-सी झलकती होती हैं। पत्रहीनता ने सारे गाछो को कैसा छिटक दिया है पर कुछ दिन बाद तब यह तालगाछ, जो इस समय किनारे खड़ा अकेला-सा दिख रहा है, परिवारयुक्त हो जायेगा। तब चिड़ियाँ एक ही सघन न टूटेंगी। सभी गाछ तब चपल सुनायी देंगे। अलग-अलग नीड़ हो जायेंगे—बस, फाल्गुन आने में ऐसे ही दो दिनान्तों की और देरी है।

निश्चय ही वह एक शिशिरान्त साँझ थी। कहा जा सकता है कि वह शिष्ट लखनऊ की एक शिष्ट सन्ध्या थी। वैसे लखनऊ की यह विशेषता रही है कि स्वजन, पुरजन होते हुए भी यहाँ की सड़कें प्राय: निर्जन रहती हैं। कथानक आरम्भने के पूर्व यह कह देना भी अनिवार्य है कि लखनऊ न पूर्व है, न पछाँह। लखनऊ, लखनऊ है। धरती यहाँ की पूर्व की है—तभी न ताड़, तालगाछ यहाँ के उपकान्तारों में, कोठियों में दिखलायी पड़ जाते हैं किन्तु यहाँ की संस्कृति, तथाकथित 'तहजीब'—सुदूर दिल्ली की उच्छिष्ट है। मोगल-युग में 'तहजीब' के नाम पर जो पानदान, उगालदान आदि ऊँटों पर लादकर नवाब-सुल्तान कभी लाये थे उनमें से कुछ का प्रयोग आज भी तहजीबवत् होता है पर अधिकांश गमलों और

स्तवकों में बदल गये हैं। कुछ घरों में, जो अपने को कुलीन मानते हैं—यह 'तहजीब' पारस्परिक सम्बोधनों में अभी भी शेष है। तो, हमारा 'श्री-परिवार' इन्हीं कुलीनों में से एक है। लेकिन ये कुलीन अब 'तहजीब' से अधिक 'कल्चर' से प्रभावित हैं। सदियों के बढ़ने के साथ मानवीय वर्णसंकरता भी बढ़ती जाती है। सम्भवतः सबसे निष्कृति सम्भव है पर वर्णसंकरता से नहीं।

इस शिशिरान्त साँझ के पीताभ जलों में श्री-परिवार के 'वृन्दाधाम' की—डाकबँगले-जैसी बड़ी खिड़कियों के शीशों के पल्ले, धुले चमक रहे थे जैसे केसर के सहस्त्रों रत्नदीपों का उत्सव 'वृन्दाधाम' में सम्पन्न हो रहा हो। बटलर-ब्रिज तथा आइरन-ब्रिज पार करने के बाद गोमती, छतरमंजिल के निकट प्रत्यंचवत् हो जाती है। छतरमंजिल के ऊँचे गुम्बदों एवं छत्र के चारों ओर कबूतर उड़ते हुए तैर रहे थे। घनेरी साँझ ऊँचे-ऊँचे पेड़ों में कलासी छाँह बन चुप थी। साँझपाखी सूर्यास्त की जयकार में बौराये हुए थे। बगल के घाट से दीपदान सम्पन्न कर महिलाएँ लौट गयी थीं। काँपते दीप, दोनों-पत्तों में रखे मंकी-ब्रिज की महराबों में से हिचकोले खाते सन्तरित थे एवं वृन्दाधाम के घाट से सटकर बहते हुए दर्पणी गोमती में दुहरा उठे थे। इन दीपों में से कोई भी बाँध तक नहीं पहुँच पायेगा। वृन्दाधाम के बगीचे की हरी रेलिंगों की छाया भी गोमती में गहरी हरा गयी थी। सन्ध्याकाश में सब निखर आया था। प्रातः एवं सन्ध्या की द्वाभा में बराबर ऐसा लगता है कि धरती आकाश में खिंची चली जा रही है।

गोमती-तट का वृन्दाधाम, श्री-परिवार की पैतृक कोठी है। इस कुल के आरम्भिक दिनों का एक आवास आज भी बारूदखाना में है पर वैसे श्री-कुल सभी व्यावहारिक अर्थों में अब विभिन्न श्री-परिवारों में बँट गया था। हम जिस श्री-परिवार की कथा कह रहे हैं उसके प्रमुख सर सौरीन्द्रनाथ श्री उस परिवार के हैं जिन्होंने गदर के जमाने में गौरांग प्रभुओं की सेवाएँ उतनी ही तन्यमता एवं निष्ठा के साथ की थीं जितनी कि उनके पूर्वजों ने कभी दिल्ली के मोगल तथा अवध के नवाबों की की थी। अभी कल ही की बात है जब इस कुल-परिवार के 'सर' एवं 'रावराजा' चीफ-जस्टिस अथवा बड़े लाट की कौन्सिल तक में थे। सर सौरीन्द्रनाथ श्री अवकाशप्राप्त जज हैं किन्तु सार्वजनिक कालेजों, वाचनालयों, नगरपालिका आदि कोई ऐसी संस्था न होगी जिसके वह 'सदर', 'चेयरमैन' अथवा सदस्य न हों। इन्हीं 'नाथबाबू' ने—यही इनका डाकनाम है—दो लग्न किये। गोपा इनकी प्रथम पत्नी की एकमात्र सन्तान है। गोपा अपनी माता श्रीमती नाथ के साथ इसी वृन्दाधाम में रहती है। 'श्रीमती नाथ' सच तो यह है कि 'लेडी नाथ' का ही रूपान्तर है। इसका कारण यह कि 'लेडी नाथ' कहलाने का सौभाग्य अब दूसरी पत्नी को प्राप्त है। गोमती पार की रिवर-लेन में बने 'नववृन्दा' में नाथ बाबू, लेडी नाथ, एक सुपुत्र एवं एक विधवा सुपुत्री रहते हैं। नववृन्दा आधुनिक ढंग का बँगला है, वृन्दाधाम की भाँति तल्लोंवाली कोठी नहीं। वहाँ देसी कर्णिकार नहीं बरन् विलायती स्वीट-पी के फूल फूटते हैं।

वृन्दाधाम में चाय की तैयारी हो चुकी थी। गोमती ओर की बालकनी में एक छोटी टेबल, चायदानी और तीन मोढ़े। सूर्यास्त की ओर मुँह किये मोढ़े पर बैठी श्रीमती नाथ पुलोवर बुन रही थीं लेकिन बुनने से अधिक उनका ध्यान गोमती पार की रिवर-लेन पर था। कदम्ब वृक्षोंवाली इस रिवर-लेन को उन्होंने गत तीस वर्षों के अपने उपेक्षित जीवन में जाने किन-किन मनोभावों के साथ अहोरात्र देखा है पर याद नहीं पड़ता कि कभी वह उस लेन पर गयी हों, जिसके सिरे पर नववृन्दा बना है।—यह नाथ बाबू के आने की वेला है। किसी भी क्षण नाथ बाबू की घोड़ागाड़ी रिबर-लेन के कदम्बों से होती हुई आती दीख सकती हैं, रोज तो ऐसा ही होता है। बूढ़ी मोनी चाची को आदेश है कि जैसे ही घोड़ागाड़ी दीखे, चाय लगा दी जाये। नाथ बाबू साँझ की चाय यहीं पीते हैं। उसके बाद खाने के समय तक बैठक भी जमती है। विशेष अवसरों पर खाना भी खाते हैं किन्तु चाहे रात कितनी ही बीत जाये, नववृन्दा लौटना ही होता है।

नित्य घोड़ागाड़ी आती। पीछे के पायदान पर कुरबान मियाँ सदा खड़े रहते। मंकी-ब्रिज चढ़ते टापें भी सुनायी देतीं। द्वार पर दरबान दौड़कर गाड़ी का पल्ला भी खोलता। बन्द गले का एडवर्ड कोट, उसी की पैण्ट, चमकते काले जूते, खल्वाट और छड़ी में गेहुँए वर्ण के इकहरी यष्टिवाले नाथ बाबू मुस्कराते हुए द्वार खड़ी अपनी पुत्री गोपा की पीठ पर हाथ फेरते हुए रोज पूछते होते,

— गोपा! निश्चय कर लिया?

— क्या पापा ?

कन्धे रखे पापा के हाथ को मृदुलता से दाबते गोपा पिता के प्रश्न को जानते हुए भी अनजान बनी पूछती होती।

— अपने घर तो जाओगी ही बेटा! किन्तु तुम्हारे बाद इस द्वार स्वागत करने कौन आयेगा?

कहते-कहते नाथ बाबू पीठ फैले गोपा के गीले बालों में कुण्डल बनाने लगते।

— पापा! आपको तो ......।

और नाथ बाबू की लाजवती कन्या उनके हाथों से छड़ी लेकर स्टैण्ड पर टाँगती होती।

— लेकिन गोपा! मेरे जाने के पूर्व न जाना, समझीं? और अब तुम्हारे पापा का जाना रह ही कितना गया है?

और नाथ बाबू अँगुलियों पर गिनने की चेष्टा करते थोड़ा जोर से हँस पड़ते जिसे सुन बालकनी बैठीं श्रीमती नाथ कारण जानने हेतु हाल की आधी सीढ़ियों पर होतीं, कि उन्हें पिता-पुत्री सीढ़ियों पर चढ़ते दिखायी देते। पिता-पुत्री का यह स्नेहालाप उन्हें अप्रिय लगता हो, सो भी नहीं पर शायद सुहाता भी नहीं था। साँझ की वेला गीले खुले बालों में गोपा को देख वह झल्ला जातीं। श्रीमती नाथ को ये दो बातें वस्तुतः कभी भी प्रिय नहीं रही हैं—एक तो गोपा का दोनों वेला नहाना उस पर शाम को सिर धोना। दूसरे 'हुजूर' का—श्रीमती नाथ अपने पति को हुजूर कहती हैं—नित्य इस भाव से यहाँ आना जैसे वह उपकार करने आते हों। लेकिन श्रीमती नाथ ने यदि कहीं पराजय अनुभव की है तो वह इन्हीं दोनों बातों में।

लेकिन यह तो नित्य की बात है। वेला झुकने भी आयी, चाय भी लगा दी गयी और आज अभी तक घोड़ागाड़ी का पता नहीं था। नहानघर से गोपा का गुनगुनाना थोड़ी देर पूर्व तक सुनायी पड़ रहा था। गोपा जिस वेला बाल झार बालकनी आयी—वह, वर्षा उपरान्त के कलंकहीन आकाश-सी निरभ्र लग रही थी। पचीस वर्षीया गोपा को अतीव सुन्दर तो किसी ने भी नहीं कहा होगा किन्तु वह गोपामुख विवेकशील ही कहा जाता रहा है। उस मुख में गौरव का भी इतना संक्षिप्त आभास था जो उसे मूर्ति की संज्ञा दे सकता था। कदाचित् इसका भी कारण है; गौरवपूर्ण विवेक, व्यक्ति को दीपाभ देता है, जो निखरकर सौष्ठव बनता है। सौष्ठव, पागल नहीं करता; वरन् जाड़ों में तापी गयी आग की-सी सन्तुष्टि देता हैं। वैसे इस प्रकार के व्यक्तियों का अपना विशिष्टाचार होता ही है, गोपा का भी है। साँचित देह-यष्टि की गोपा यदि घर-आँगन खुले बाल रखती है तो उसे शोभा भी देता है। यह एक विशिष्टाचार ही सही किन्तु जब दाक्षिणात्यों की भाँति बाल ऐसे सघन-दुदीर्घ हों जैसे मयूरपंख तब ये केश ऐसे विशिष्टाचार को सन्तुलित ही करते हैं। वैसे गोपा के अनिर्वचनीय सौन्दर्य को यदि कहीं प्रश्रय मिला है तो वे हैं उनके नयन। ऐसे में होता यह है कि इन बड़े नयनों की बड़ी-बड़ी पलकें बड़ी कठिनाई से उन्हें ढाँप पाती हैं, लगता है न कि नयन खुले ही रह जायेंगे। ऐसी आँखें या तो किसी को खुलकर देखती ही नहीं, किन्तु जब देखती हैं तब लगता है हठात् पूरा आकाश, मय धूप के खुल आया हो। गोपा ने ऐसा क्यों किया है कि सदा अपने सौन्दर्य को भूषा-विशेष से इतना ही शापित होने दिया हैं कि वह अधिकांश गोपन ही रहे।

बालकनी पहुँच छूटते ही ममी से पूछा,

— पापा अभी नहीं आये?

— आना उनके लिए बाध्यता तो नहीं है।

और अधबिना पुलोवर अटैच्ड छोटी टेबल पर रखते हुए श्रीमती नाथ ने गोपा ओर इस भाव से देखा जैसे क्या तुम नहीं जानती?

गोपा ऐसी पारदर्शिताओं से सदा बचती रही हैं। वह अपने पापा की व्यस्तता एवं किसी सीमा तक विवशता, असमर्थता सब बूझती है। साथ ही उसे ममी की

यातना, रिक्तता का बोध है। उपेक्षित होंने का अर्थ भी वह बूझ ले गयी है किन्तु बूझना तथा बोध होना एक बात है तथा पक्षधर बनकर इस सबको सहना दूसरी बात है। बोध हमें असंग बनाता है किन्तु पक्षधरता प्रतिक्रिया को जन्म देती है।

गोपा रेलिंग थामे गोमती निहारती खड़ी रही। साँझ की पँचरंगिता में गोपा अद्वितीय क्षण की भाँति मौन बनी खड़ी रही। तभी रिवर-लेन के कदम्बों से लहराती सेवार-जैसी घोड़ों की कत्थई अयाल दिखायी दी।

नाथ बाबू ने आते ही देरी के लिए गोपा से क्षमा माँगी। कल के उत्सव के लिए जब नाथ बाबू ने आश्वासन दिया कि 'बेनबो' को कैटरिंग के लिए कह दिया गया है तथा आमन्त्रण-पत्र भी सबको पहुँच गये हैं तो श्रीमती नाथ ने आँखों-ही-आँखों में सन्धि कर ली। अपनी पुत्री गोपा के जन्मोत्सव के बारे में श्रीमती नाथ को अत्यधिक चिन्ता थी किन्तु वह यह भूल गयी थीं या भूल जाती रही हैं कि नाथ बाबू अपनी पुत्री गोपा को उतना ही स्नेहते हैं जितना अपनी पत्नी श्रीमती नाथ से भय खाते हैं। आश्वासन दे दिये जाने पर भी नाथ बाबू आश्वस्त नहीं थे कि उनकी पत्नी की क्या प्रतिक्रिया हुई, कारण कि सारे समय वह दृष्टि बचाये बैठी रहीं। नाथ बाबू गमले लगे सुकुमार पौधे की वृत्तिवाले व्यक्ति हैं। उन्हें यह शोभनीय नहीं लगता कि किसी भी बात के लिए दौड़ा-धूपा जाये। जब वह किसी को तेज चलते देखते हैं तब उन्हें सदा यह भय बना रहता है कि एक दिन यह व्यक्ति अवश्य कहेगा कि वह पूरी पृथ्वी नाप आया है। उनका विश्वास था कि जो कुछ किया जाये या किया जाना है उसे व्यवस्थित ढंग से ही सम्पन्नना चाहिए। वह सोच-समझकर कार्य करने में ही विश्वास नहीं करते थे—बल्कि चलने तक में सोचना-समझना आवश्यक मानते थे और छड़ी इसका प्रमाण थी। पहले छड़ी चलती थी तब उनके पैर। नाथ बाबू अपनी पत्नियों से अत्यन्त सतर्क रहनेवाले व्यक्ति थे। पत्नी ही उन्हें एक ऐसा गहरा जलाशय लगता रहा है जिसके अतल तल में पैठ कुछ खोज लाने के लिए वह कभी भी उत्सुक नहीं रहे हैं। अपने यौवन में भी ऐसा पैठना उन्होंने कभी स्वीकार नहीं किया। शोभनीय ढंग से ही वह जीवन के सारे सम्बन्धों को स्वीकारते रहे हैं—भले ही वह मैत्री हो अथवा शत्रुता। अशोभनीय देख लेने पर कदाचित् उन्हें मूर्च्छा तक आ सकती थी। गोपा के ननिहाल वह कोई तीस वर्ष पूर्व गये थे तब से फिर नहीं गये। पुन: न जाने का कारण जो लोगों को ज्ञात हो सका वह यह था कि गोपा के नाना ने, जो देहाती ताल्लुकेदार थे, वार्त्तालाप करते हुए अनेक बार बगासियाँ लीं किन्तु एक बार भी अपने दामाद श्री सौरीन्द्रनाथ से क्षमा-याचना न की। जबकि इसके विपरीत श्रीमती नाथ में आचार का सन्तुलन था। बल्कि यह सन्तुलन कसे हुए तार की भाँति था, छूते ही झनझना उठता था। नाथ बाबू की शोभाप्रियता, उन्हें कुछ भी नहीं कहने

देती थी जबकि श्रीमती नाथ के निकट क्रोध सही अर्थों में भाव होता, घृणा अपने सम्पूर्ण रूप से व्यक्त होती। श्रीमती नाथ की स्पष्टवादिता ने नाथ बाबू के कुलशील को आटे में नमक के बराबर भी कठिनाई से ही स्वीकारा होगा। पत्नी से विवाद हो जाने पर नाथ बाबू 'बैठक' को ही तब रक्षास्थल समझते, जहाँ पूरी मजलिस जमी होती। ताश, किस्सागोई जाने क्या-क्या होने लगता। जज शम्सुद्दीन, अवकाशप्राप्त कर्नल सहाय, सर्जन बहल आदि के साथ ताश-शतरंज में नाथ बाबू ऐसे ही शान्त हो खो जाते जैसे धूपभरी शारदीया दोपहर में झील-स्नान कर रहे हों। नाथ बाबू की पौरुषता का क्षेत्र घर के बाहर ही रहा। घर, चाहे वह वृन्दाधाम हो या नववृन्दा उन्हें प्रीतिस्थल से अधिक कर्त्तव्यवेदी ही लगता है। परिवारों और घरों की कोलाहलता से वह अपने ढंग से अलग-थलग रहते आये हैं इसीलिए दोनों परिवारों और घरों का सम्भवत: कोई भी सदस्य उनसे समरस नहीं हो पाया होगा। दोनों घरों के बीच घोड़ागाड़ी की अनन्त यात्राएँ कर लेने के बाद भी नाथ बाबू यह नहीं तय कर पाये होंगे कि वस्तुत: उन्हें सम्पूर्ण कहाँ होना चाहिए था। अपनी घोड़ागाड़ी में जब वह अकेले बैठे हुए चल रहे होते तो उन्हें सदा यह लगा कि यदि सम्भव होता तो वह इसी प्रकार बैठे हुए चलते चले जाते।—लेकिन अपेक्षाकृत यह कहा जा सकता है कि नाथ बाबू जितने संयत दूसरों से रहते हैं उतने गोपा से नहीं हैं। दोनों परिवारों में किसी सीमा तक गोपा ही उन्हें मोहती रही है। कदाचित् यही कारण भी था कि अनेक अप्रिय बातों के होते हुए भी यदि वृन्दाधाम वह नियमित आते हैं तो उसमें गोपा के प्रति उनका आकर्षण था।

कल गोपा का जन्मदिन है। उनके लिए भी प्रिय दिन है कारण कि ठीक बीस वर्ष पूर्व इसी दिन वह जस्टिस नियुक्त हुए थे। यद्यपि गोपा के होने को लेकर उनके मन में अनेक प्रकार की अनाश्वस्तताएँ भी थीं पर उस बारे में वह अपने निकट भी ऐसे चुप थे कि स्वयं उन्हें ही पता नहीं था कि वह क्या कहना-सुनना चाहते रहे हैं।—कल के आयोजन में उन्होंने लखनऊ के सभी भद्रों एवं कुलीनों को निमन्त्रित किया था ताकि उक्त अवसर पर गोपा के लिए भावी वर की सम्भावनाओं को भी मूर्त कर सकें।

गोपा, एक अर्थ में नाथ बाबू की नारी प्रतिकृति कही जा सकती थी—वही रंग, वही देहयष्टि अन्यथा श्रीमती नाथ जितनी अतीव सुन्दर आज भी हैं उसे देखते गोपा का रंग, छवि कुछ भी तो नहीं। श्रीमती नाथ बिल्लौरी आभा की, जिन्हें उनके पचपनवें वर्ष में भी सुन्दर ही कहा जायेगा—सुडौल नाक, चिकनी-चन्द्राकार आनुपातिक ठोढ़ी और लहराते कुन्तल। दमकती मणियों-सी नीली आँखों में मन्त्रों की-सी बाध्यता सभी ने देखी है। रतजगा किये नेत्रों का एक विशेष आकर्षण हुआ करता है और जिसके नेत्र सदा रतजगेपन का बोध करवायें उन्हें क्या कहा जाये? सुन्दर व्यक्तित्व की महिलाओं में दर्प एवं प्रगल्भता दोनों ही मिल जाते हैं किन्तु उसका शील-प्रभाव गिरता हो, सो नहीं। वैसे श्रीमती नाथ को इस अर्थ में अपवाद मानना होगा। शील, धर्म नहीं वरन् चरित्र-आभा है। शीलवान् न बोल पाये किन्तु

प्रज्ञित आँखों से परिचालना करता चलता है। श्रीमती नाथ में शील भले ही उनका चरित्र न रहा हो किन्तु उसे वह अंगीकृत कर अपने में समा सकी हैं। लग्नोपरान्त भी जब अनेक वर्षों तक कोई सन्तान न हुई तब नाथ बाबू को दूसरे विवाह के लिए बाध्य होना पड़ा। लेकिन संयोग की बात कि दूसरे विवाह के पाँच वर्ष बाद गोपा का जन्म हुआ। दम्पति को इससे प्रसन्नता अवश्य हुई लेकिन पति-पत्नी का सम्बन्ध तब तक बिवाई हो चुका था। श्रीमती नाथ के आत्मसम्मान पर आयी आँच में वह और भी दमक उठी थीं। पत्नी उपेक्षित रह भी जाये किन्तु माँ नहीं। नाथ बाबू को अपने नये परिवार को लेकर अगत्या नववृन्दा जाकर रहना पड़ा।

श्रीमती नाथ अपनी पुत्री गोपा में स्वयं की उपेक्षा, तिरस्कार के प्रति विद्रोह अपनी ही भाँति प्रतिमूर्त देखना चाहती हैं, किन्तु सन्तान दो संस्कारों की प्रजा होती है। उसका प्रजात्व प्रतिनिधित्व में होता है। हमारा प्रत्येक रोम-रोम अपने पूर्वजों का प्रतिनिधित्व कर रहा होता है। नाथ बाबू का गाम्भीर्य, आकार तथा श्रीमती नाथ का दर्प गोपा में ऐसे समरस थे जैसे आकाश में लिखा कोई एकान्त शिखर हो।

गोपा अपने पापा एवं ममी को कितना स्नेहती है अथवा नहीं, इस पर उसने कभी सोचा ही नहीं। किसी विशेष प्रकार के सोचने से हम सब प्रायः कतराते हैं। जहाँ तक गोपा ने सोचा है वह यही कि पापा अपनी दूसरी पत्नी के साथ रहते हैं। उनकी दूसरी पत्नी को वह विचारों तक में 'छोटी माँ' नहीं कह पायी होगी, क्यों? वह स्वयं नहीं जानती। दो-एक बार ही वह अपने बचपन में नवव्रन्दा गयी है। दूसरी माँ से उसका भाई शिशिर है। अच्छा है। प्रायः वह सड़कों पर दिख जाता है। लेकिन—? होगा ! शिशिर की बड़ी बहन भी है शोभा। शोभा, गोपा से बड़ी है। तीन वर्ष पूर्व शोभा के ब्याह में गोपा नववृन्दा गयी थी। उसे स्पष्ट अनुभव हुआ कि किसी को भी गोपा का ऐसा आना सुहाया नहीं। वह बीच ही में उठ आयी थी तब। क्यों—? शोभा, दीदी है? दीदी को ऐसा होना चाहिए? क्या विमाता की सन्तान के साथ कोई सम्बन्ध नहीं हुआ करता? या फिर और कुछ...क्या और कुछ...? और गोपा सोचते हुए घबरा जाती है। तभी न वह इस बारे में कुछ भी नहीं सोचना चाहती। हम सब एक विशेष प्रकार के सोचने से प्रायः कतराते हैं। वैसे उसके पास दिखाने योग्य कोई प्रमाण नहीं है कि पापा उसे नहीं स्नेहते। बचपन में शिशिर गिग पर स्कूल जाया करता था, ठीक वैसी ही गिग गोपा के लिए भी थी, बल्कि कहना चाहिए कि उस पर चढ़े वह आज भी देखी जा सकती है। वैसे शिशिर, पापा तथा ममी की अपनी-अपनी मोटरें हैं। पापा ने सदा आग्रह किया है कि गोपा चाहे तो अलग कार ले ले किन्तु गोपा ने गिग का अपना स्वत्व नहीं छोड़ा। नाथ बाबू को गोपा का इस प्रकार, इस आयु में गिग पर पूरे लखनऊ में देखा जाना प्रिय नहीं है पर पुत्री के लाख मुस्कराने पर भी उसकी आँखों में जैसा दृढ़ निषेध दिखलायी देता है वैसा तो श्रीमती नाथ की आँखों में भी न दिखा होगा। प्रत्येक स्व का एक मूल्य होता है। जो मूल्य नहीं दे सकता वह स्वत्व नहीं प्राप्त कर सकता। ऐसा मूल्य, मुद्रा में नहीं हुआ करता। अपने ही भीतर जाने किन-किन

चीजों से इसका मूल्य आरात्रिक चुकाते रहना पड़ता है। इसीलिए स्वत्ववान् व्यक्तित्व में एक प्रकार की प्रखरता भी होती है। स्वत्ववान् सब-कुछ सौंप सकता है पर उस प्रखरता को कभी अपने से पृथक् नहीं कर सकता इसीलिए स्वत्ववान् मूलत: एकाकी होता है। ऐसा द्वीपभाव उसके अन्तर में हुआ करता है। भले ही वह प्रकट न करे अथवा सामनेवाले पर आभासित भी न होने दे पर उसमें होता ही है द्वीपभाव। गत वर्ष जब गोपा ने एम० एस-सी० में 'टाप' किया और स्वर्णपदक ले जब मंच से उतर रहीं थी तो वह चाह रही थी कि कोई उसे बाहुओं में समेट ले। पापा उसे समेटने के लिए उठे भी थे पर उसने पापा को कैसे मृदुल झिड़क दिया था। यद्यपि वह उस क्षण सच ही समेटे जाने के लिए सम्पूर्ण प्रस्तुत थी पर पापा के समेटे जाने पर उसे मान हो आया। उसे वह उठना नैसर्गिक नहीं लगा। माता-पिता के प्रति सन्तान की जो एक नैसर्गिकता होती है यदि वह एक बार किसी भी कारण से खण्डित हो जाये तो संस्कारी सन्तान सहज नहीं रह पाती है। सम्बन्धों की यह असहजता ही उसे सालती है। गोपा के निकट आज चाहे इस बात का कैसा ही कटु उत्तर क्यों न हो पर जब वह बच्ची थी तब उसे यह बात निरन्तर सालती थी कि पापा क्यों एक निश्चित समय ही यहाँ आते हैं और देर रात हो जाने पर भी लौट जाते है? कहाँ जाते हैं? क्या सबके पापा इस प्रकार इत्ती रात हो जाने पर भी लौट जाते हैं? कभी भूलकर भी रात नहीं रहते—नहीं, यह उनका प्रदर्शन भर है। वह निश्चय ही ममी से या उससे नहीं स्नेहते। जब वह बड़ी हो गयी तो उसे अनेक बार कहने को मन हुआ कि यदि हम उन पर बोझ हैं, तो क्यों नहीं, क्यों नहीं, अलग...लेकिन अलग होना और क्या होता है?

बचपन में कितनी बार चाहा कि वह पापा से सटी सोती रहे। बहुत हुआ तो पापा ने उसके सिरहाने बैठ कोई कहानी...एक राजा था जिसकी एक रूपवती राजकुमारी थी....सुना दी। वह समझते गोपा सो गयी। जबकि वह एक आँख धीरे से खोल देखती कि पापा कैसे दबे पैरों से बिस्तरे से उठे और नाइट-बल्ब की रोशनी में पापा के संग पापा की पतली-छरहरी छाया भी कैसे दबे पंजों से कमरे के बाहर हो रही है। वह चीख पड़ना चाहती रही है, लेकिन ...? बिस्तरे पड़े-पड़े उसने अनेक बार दूसरे कमरे में ममी-पापा का विवाद भी सुना है। ममी की तेज आवाज झाड़फानूस की भाँति झनझनाती होती किन्तु पापा अनुत्तर बने चुपचाप अपनी घोड़ागाड़ी में बैठ चले जाते रहे हैं। गोपा ने चाँदनी रातों में अपनी खिड़की से मंकी-ब्रिज पर जाती पापा की घोड़ागाड़ी को अनेक बार देखा है। आज भी वह सोचती है कि पापा के पास क्या किसी बात का उत्तर नहीं है? गोपा को आज भी याद है कि वह अपने छोटे-छोटे हाथों से खिड़की के ठण्डे पल्लों को छूते हुए गाल सटा पापा के लिए रोयी हैं। मंकी-ब्रिज पर लगे लैम्पपोस्टों को जाने कितनी बार गिना होगा। पापा की जाती घोड़ागाड़ी के साथ वह भी जाने कहाँ-कहाँ जाती रही है। दूसरे कमरे में सोती ममी की नाक बजने के अलावा कहीं कोई शब्द नहीं होता। सारा घर रात्रि की निर्जनता में ठहरी हुई मछली की भाँति चौकन्ना लगता।

अपनी पुस्तकों की 'जिम', 'जेनी' से वह बराबर पूछती थी कि क्या सबके पापा रात को ऐसे ही चले जाते हैं? सब बच्चे क्या इसी प्रकार खिड़कियों के ठण्डे पल्लों से नाक सटाये, गाल छुआये रोते रहते हैं? जब कभी बालिका गोपा हाथ पकड़कर पूछ बैठती कि रात कहाँ चले गये थे तो पापा बहला दिया करते थे— तुम्हें क्या पता? तुम तो सो गयी थीं। सवेरे काम रहता है न इसीलिए जल्दी ही बाहर चले जाना पड़ता है—झूठ!! पापा झूठ बोलते हैं। जज होकर झूठ बोलते है।

उसे कभी याद नहीं पड़ता कि कहीं किसी के यहाँ या पार्क में घूमने गये हों तो पापा भी साथ गये हों। उत्सवों में, पार्टियों में जब वह सारे बच्चों को अपने माता-पिता के साथ देखती तो कितनी उदास हो जाती थी। जबकि वह जानती है कि शिशिर और शोभा को लेकर पापा सब जगह जाते हैं। अनेक बार उत्सवों या किसी के यहाँ आयोजन के लिए वह तैयार हो जाने के बाद भी अस्वीकार कर देना चाहती रही है पर ममी की असम्पृक्त दृढ़ता देखकर वह मन मारे जाती रही है। लेकिन जब से उसने स्वत्व प्राप्त कर लिया है तब से उसने प्रायः स्वतन्त्र निर्णय लिये हैं। आरम्भ में ममी ने रोष प्रकट किया है पर गोपा के मौन तथा विनम्र मुद्रा के सामने उन्हें चुप हो जाना पड़ा है। लेकिन फ्राकवाली गोपा जब स्कर्टवाली हुई तभी से उसने इस बारे में सोचना ही छोड़ दिया है। एक ऐसा तहखाना जिसे सदा के लिए बन्द कर देने में ही मुक्ति थी लेकिन कोई कब तक अपने व्यक्तित्व में ऐसा बन्द तलघर लिये चल सकता है? प्रत्येक तलघर से प्राचीनता की, जीवनहीनता की एक दुर्गन्ध उठती है। विचारमात्र से उस दुर्गन्ध का बोध होता है। यदि उसे समय-समय पर धूप न दिखायी जाय तो उस जीवनहीनता को किसी भी मूल्य पर वहन नहीं किया जा सकता। पर सारी कठिनाई इसी धूप दिखाने ही में तो होती है। गोपा अपने भीतर के इस तलघर के प्रति लाख संयत, असम्पृक्त, सन्तुलन रखती हो पर ऐसा तलघर भीतर-ही-भीतर आवाज करता है। उस आवाज की, ध्वनि की प्रतिध्वनियाँ उठती हैं....और...और एक टीस-सी रोज सालती है कि क्या किसी दिन हम इस अप्रिय तलघर को किसी अज्ञात में समर्पित कर निश्चिन्त हो सकेंगे?—जो सब जानते हैं वही वह भी जानती है कि नाथ बाबू अपनी पुत्री कुमारी गोपा नाथ को बहुत स्नेहते हैं, मानते हैं....और वह इस बात पर वैसा ही फीका-फीका-सा मुसकरा देती है जैसे फीकी चाय पी जा रही हो।

जबकि ममी ने उसे सामाजिकता तो दी ही है, किसी अंश तक स्नेह भी दिया है। वह केवल यही जानती है कि ममी ने केवल गोपा के लिए क्या घर, क्या परिवार (जैसा भी वह है) और क्या बाहर लांछना तक सही है। गोपा को याद है कि कभी-कभी ममी उसे छाती से सटा फूट पड़ती थीं और पता नहीं किस आशंका में वह प्रलाप तक करने लगती थीं। लेकिन यह सब तो शैशव की बात है। अब तो शायद ममी अपना रोना भी भूल चुकी होंगी। वैसे ममी ने शासन करना ही सीखा है। वृन्दाधाम में नाथ बाबू की इच्छा से कभी कोई कार्य सम्पन्न हुआ होगा, यह स्मरण नहीं। श्रीमती नाथ ने कभी एक क्षण को भी अपने को

याचित नहीं होने दिया। आज वह वृन्दाधाम में हैं तो इसमें नाथ बाबू का जो भी भाव या विवशता रही हो लेकिन श्रीमती नाथ की दृढ़ता ही इसका प्रमुख कारण रही है। बड़े-से-बड़े विरोध, लांछन को वह गरिमा के साथ अनुस्यूत कर ले गयी हैं, शायद गोपा ही के लिए। अन्यथा श्रीमती नाथ उन व्यक्तियों में से नहीं जो बातें पी जायें। अपनी भावनाओं को होम होते वह अनेक बार देख चुकी हैं किन्तु अपने तथा गोपा के अधिकार की पाई-पाई वसूलने में तनिक भी उपेक्षा या भावुकता नहीं दिखायी होगी। इसीलिए जीवन के सारे सम्बन्ध उनके निकट भावना के स्थान पर, व्यवहार अधिक हो गये थे। स्वयं नाथ बाबू को अलग होने के बाद कभी भी व्यावहारिकता की सीमा नहीं लाँघने दी। पति को नववृन्दा गये आज बीसियों वर्ष हो गये और तभी से श्रीमती नाथ ने पति के इस जाने को सौमित्ररेख मान लिया तथा वृन्दाधाम के शंख में अपने घोंघे को समाप्त कर देने में ही श्रेयस् समझा। उनके लिए पति की संज्ञा, सर्वनाम तक नहीं रह गयी। पति होता है इसकी प्रतीति भले ही अपने मन में निरर्थक हो गयी हो पर उस सामाजिकता को एक दिन के लिए भी कम नहीं होने दिया। श्रीमती नाथ का सारा संघर्ष इसी एक बिन्दु पर अधिकांश केन्द्रित रहा। श्रीमती नाथ ने इस संघर्ष को दाँतों में दबे कौर की भाँति कभी पृथक् नहीं होने दिया।

नववृन्दा से आयी वस्तु सदा नौकरों को खिला-पिला दी गयी होगी लेकिन गोपा को वह देखने भी नहीं दी गयी। वृन्दाधाम और नववृन्दा के बीच केवल गोमती ही नहीं थी जिसे नाथ बाबू घोड़ागाड़ी से रोज पार कर लिया करते थे पर श्रीमती नाथ का चोट खाया हुआ व्यक्तित्व भी था जिसे पार कर सकना नाथ बाबू के लिए सर्वथा असम्भव था। श्रीमती नाथ की इतनी सतर्कता ने उन्हें माँ भी कम ही रहने दिया था। म्यूजियम से सटे विक्टोरिया पार्क में गोपा को लेकर आया का जाना इसलिए श्रीमती नाथ ने बन्द करवा दिया था कि वहाँ शिशिर और शोभा को लेकर नववृन्दा के नौकर पहुँचते हैं। वैसे गोपा को अपनी ममी से प्रेम है, स्नेह है। वह जानती है कि उसके चारों ओर जो भी भौतिकता, वैभव बिखरा हुआ है उसे उपलब्ध कराने में ममी का सम्पूर्ण स्वत्व लगा है। इसे अर्जन करने में कितना मूल्य किसी नारी को देना होता है इसे गोपा, शैशव से ही समझ ले गयी है। पर इस समझ ने ही उसे अन्तर में इस सबके प्रति विराग या वितृष्ण भी बना दिया है। यदि यह सब न भी होता तो भी गोपा, गोपा ही रहती। इस सुख-साधन एवं वैभव के साथ एक विशिष्ट सामाजिकता जो ममी ने प्राप्त कर रखी है उसे पापा ने अपनी तरह से, तो दूसरों ने दूसरे प्रकार से तीन-तेरह कर देने की काफी चेष्टा की है, लेकिन ममी ने सामाजिकता के इस छाजन का एक-एक तिनका गौरैया की भाँति सहेजा है इसलिए उस पर आँच आने पर वह विफर उठ सकती हैं अतः वृन्दाधाम में श्रीमती नाथ का आदेश-ही-आदेश दिखलायी पड़ता है। लेकिन वह क्या है जो पापा-ममी को पृथक् किये हुए है? वृन्दाधाम आनेवाले पारिवारिक इष्ट-मित्रों में

पापा भी एक इष्टमित्रवत् ही क्यों लगते हैं? इससे अधिक क्यों नहीं? ममी, पापा को वैसे ही क्यों नहीं सहेजतीं, समेटतीं जैसा कि अन्य ममियाँ करती हैं? ऐसी ममी की सन्तान क्या...??

नाथ बाबू अपनी पत्नी को कल के आयोजन के विषय में विस्तार से बता रहे थे। वह वैसी ही तटस्थ बनी, बुनते हुए सुन रही थीं जैसे कि चट्टान, जल का संगीत सुनती है। बहुत हुआ तो कहीं टोककर पूछ लिया। सभी को बड़ा दम-घुटा-सा लग रहा था लेकिन मर्यादा, कर्त्तव्य सभी कुछ तो था अत: बैठे रहने के लिए सब बाध्य थे। लेकिन गोपा के लिए एकदम ही असह्य हो गया और वह उठ पड़ी।

साँझ पड़े देर हो गयी थी। मंकी-ब्रिज की बत्तियाँ किंचित् आकार में शुरू होते अन्धकार में चमक रही थीं। आरम्भ होता हुआ अँधेरा नीले थूथे के घोल-सा आकाश में फैला था। तारे उगने के क्रम में थे। सामने के सुदूर आकाश में वृश्चिक राशि का तारापुंज स्पष्ट दिखायी पड़ रहा था। गोमती में अभी कोई हाथ-मुँह धोकर गया था। पानी के वृत्त का शब्द तो कभी का शेष हो चुका था लेकिन उसकी वर्तुलता फैलती ही जा रही थी जैसे कि मूक वासना हो। आज मंगलवार था इसलिए गोमती गोदभरी वधू-सी लग रही थी। कल जब बाँध खोल दिया जायेगा तब गोमती वैसी ही रिता जायेगी जैसे प्रसव उपरान्त लौटी महिला। तभी जज शम्सुद्दीन तथा डाक्टर बहल के आने की सूचना मातादीन ने दी। गोपा पहले ही उठ चुकी थी। चाय की टेबल से नाथ बाबू भी उठे। श्रीमती नाथ को न उठते देख मोनी चाची ने उनके कन्धे शाल से ढँक दिये। व्यवस्थित होने के लिए गोपा कमरे में लौटी।

बालकनी से सटा एक बड़ा हाल था जिसमें इतनी खिड़कियाँ थीं कि जहाँ बैठ यह बोध ही नहीं होता था कि आप कमरे में हैं अथवा लान पर। यह हाल ग्रीष्मकाल में नाथ-परिवार के सोने के लिए बनाया गया था। माधवी की सघन लताएँ एवं विविध गन्धित फूल इसे घेरे रहते। रेलवे-क्रीपर के कारण गर्मियों में हरा ठण्डापन रहता। वैसे माधवी, रेलवे-क्रीपर की सघनता एवं गन्धिमा अभी भी है किन्तु परिवार-विभाजन के बाद से इस हाल में अब ग्रीष्मकालीन उत्सव, अनुष्ठान ही सम्पन्न होते। जब कभी शनिवार को खासे लोग जमा हो जाते तब बैठकें भी यहाँ हो जातीं। इस हाल के ठीक नीचे वह हाल है जहाँ आजकल के इस नाथ-कुल के उत्सव सम्पन्नते हैं। वृन्दाधाम तल्लोंवाली कोठी है पर कमरों की व्यवस्था में यूरोपीय ढंग अपनाया गया है। प्रमुख हालों के दोनों ओर कमरों की दुहरी पर्तें हैं, जिन्हें विभाजित करते गलियारे हैं। पूरी कोठी में अब तीन सूट ही काम में आते हैं। शेष सदा बन्द रहते हैं। बायें हाथ का भाग लगभग बन्द रहता है। गोपा और श्रीमती नाथ के अपने-अपने चार कमरोंवाले सूट दाहिने हाथवाले भाग में हैं। इसी दाहिने हाथ के गलियारे से वृन्दाधाम के प्रशस्त उपवन में जाने का मार्ग है। कोठी और गोमती के बीच दो हिस्सों में ऊपर-नीचे के ढंग पर दो

लान हैं। कोठी से सटा लान बड़ा है, जो कि चार सीढ़ियाँ उतर जाने पर छोटा लान बन जाता है। बड़े और छोटे लान की विभाजन-सीमा पर पत्थरों की छोटी-छोटी मेहराबोंवाली एक सुन्दर-सी दीवार बनी है। छोटा लान ही ऐन गोमती पर घाट का रूप ले लेता है। सुन्दर सीढ़ियोंवाले घाट पर दो गोल छत्रियाँ बनी हैं। घाट पर एक छोटी-सी नौका हमेशा बँधी रहती है। जब कभी गोपा या अन्य कोई नौका-विहार करना चाहता है तब इसका उपयोग होता है। मातादीन नौकायन में बहुत होशियार है। लान, घाट तथा उपवन का सारा कार्यभार मातादीन के जिम्मे है। नाथ-परिवार का यह उपवन कभी अपनी श्रेष्ठता के लिए पूरे लखनऊ में प्रसिद्ध था। गवर्नमेण्ट-हाउस के बाद यहीं के गुलाब दूर-दूर तक अद्वितीय माने जाते थे। नाथ बाबू को गुलाबों का बहुत शौक रहा है। भारतीय फूलों के बारे में उनका ज्ञान आज भी अकाट्य है पर ढलती आयु के साथ उनकी सक्रियता भी कम होती गयी। गोपा ने इस उपवन को धीरे-धीरे वन हो जाने दिया है। फूल अब भी फूटते हैं किन्तु उपवन की व्यवस्थानुरूप नहीं वरन् वन की निश्चिन्तता लिये हुए। वन के लिए अपेक्षित देख-रेख—यही गोपा का आदेश है। यह उपवन शेष लोगों के निकट शोभा-प्रदर्शन के स्थान पर अब गोपा का स्वत्व था और अपने स्वत्व को किसी को भी दिखाना, वह भी विशेष रूप से शोभा रूप में, गोपा को नहीं सुहाता। स्वत्व, शोभा नहीं, भले ही प्रदर्शन हो लेकिन सबके निकट भी नहीं।

गोपा उपवन में निकल आयी। त्रयोदशी का चन्द्रमा क्षितिज अन्धकार में बड़े आँसू-सा फूट आया था। इस आरम्भ होती हुई चाँदनी में गाछों लिपटा कुहरा आलोकने लगा था। रात्रि में ही अब हलकी ठण्डक शेष रह गयी थी। मौसम का सुहानापन, देह पर जल की भाँति धारने योग्य हो रहा था। आकाश से जाड़ों का भारीपन भी कम हो गया था। आँधार-आलोक की ऐसी झलफलिया में गोपा को सदा बिसमिल्ला की शहनाई के मन्द्र स्वर याद आते हैं। सबकी पुकार की उपेक्षा की जा सकती है पर जब वाद्य पुकारने लगता है तब आप रोम-रोम से उस पुकार पर खिंचे चले जाते हैं। यह संगीत ही की विशेषता हुआ करती है कि उसकी डाक जिस विशिष्ट को पुकारती होती है उसके अतिरिक्त किसी अन्य को वह सम्बोधित भी नहीं होती। गोपा को प्राय: एकान्त अच्छा लगता है। इसका कारण भी यही है कि एकान्त उसे संगीत की सम्पूर्ण तुष्टि देता है। दूर कहीं भटका मोर बोल रहा था। उसका प्रिय फौवारा कनबतिया करता छूट रहा था। वह जाकर फौवारे की जगत पर बैठ गयी। जो निर्जन कभी अपनी ही अभिव्यक्ति लगता है, इस वेला गोपा को लगा कि वह निर्जन किसी भी, कैसी भी चेतना को उजाड़ सकने की क्षमता रखता है। गोपा, एक सुख के लिए कितना भटकी है और वह है अगोपा होने की स्थिति। सृष्टि का सबसे बड़ा रहस्य अपने से पृथक् हो जाना है। गोपा को अपने ही भीतर जैसे कहीं चमक गया कि जैसे वह स्वयं श्रेष्ठ खण्डित, भग्न मूर्तियों युक्त पुराकालीन कोई उजाड़ मन्दिर हो। कभी-कभी ही सही, पर ऐसे उजाड़त्व का बोध कैसा ठण्ढा कर जाता है। फौवारे के जल में त्रयोदशी की

कमनीय चाँदनी नीली मलमल-सी भीग रही थी। ऐसी चित्रवतता में क्या कुछ भी, अपने से भी बोलना सम्भव है? ऐसे में अबोलापन ही सोहता है। वही निष्कृति है। निस्तब्धता एक भाव है, जिसमें चेतना, गति एवं प्रज्ञा तक को प्रभावित करने की क्षमता होती है और रह जाते हैं हम—बालू में धँसे विवश रथचक्र की भाँति। जहाँ सब-कुछ होता है पर फिर भी कुछ नहीं होता। उस अवशता को कोई संज्ञा या भाषा अभिव्यक्त नहीं कर सकती। उसके प्रति न उद्विग्न ही, न तटस्थ ही, कुछ भी तो नहीं हुआ जा सकता। लगता है कि हम अनेक गतिचक्रों के बीच घिरे हैं। कदाचित् यह घिरा रहना ही नियति नहीं तो स्थिति अवश्य ही है। क्या किसी दिन अपने से पृथक् हुआ जा सकता है?

गोपा, फूल की भाँति चौंकी और तितली की भाँति उठी। गोमती ओर लगी रेलिंग पकड़ अपने से पृथक् होने की चेष्टा में खड़ी रही। वैसे तो हम प्रत्येक समय संक्रमण एवं स्थिति में होते हैं, निहित भी रहते हैं तथा आसक्त भी। किन्तु प्रत्येक का एक क्षण-विशेष अथवा स्थिति-विशेष ही होती है जिसमें वह समग्र शक्ति-सम्पन्न होता है, क्योंकि वहीं वह सिमटा हुआ होता है जैसे कि उड़ने के पूर्व तुले पंखों को समेटे बैठी बलाका हो। अपने को समेटे देख उस क्षण में, स्थिति में हमें जन्म-जन्मान्तरों की सूत्रता का बोध चमक जाता है जैसे कि ईशान कोण की बिजली का एकाकी दर्द। आँधार-आलोक की उस झलफलिया में गोपा अपने जन्म-जन्मान्तर के सूत्र थामे सम्बन्धहीन समय का एक भाग बन गयी थी। ऐसा ही क्षण हमें बन्धु, मित्र एवं सत्य लगता है। ऐसा ही बन्धु प्राप्त करने के लिए हमारी यह देह कहाँ-कहाँ नहीं भटकती है तथा मन किन-किन बेरजालियों में नहीं उलझता है ताकि उस बन्धु को, क्षण को, स्थिति को अपने चेतना-जगत् पर फैलाने की चेष्टा कर सकें, और वह चेष्टा ही हमें सुखी कर जाये। लेकिन प्रयत्न हम कर ले जायें, सुखी होना या न होना इस पर निर्भर नहीं करता।

गर्भवती गोमती अवश बह रही थी। मटमैले जल में चन्द्रमा की रजत लम्बी छायाएँ लहरों के साथ हिल रही थीं। फुनगियों पर टिका आकाश, प्रिय व्यक्ति के मन की भाँति लग रहा था। गोमती पार की रिवर-लेन के कदम्बों के पीछे विश्वविद्यालय की यूनियन-बिल्डिंग का आभास था। पथ कितना वर्चस्वी होता है। जाने कहाँ-कहाँ हमसे पूर्व ही पहुँचा रहता है। कोई आ रहा था। उसे अपने पर ही हँसी आ गयी जैसे क्या वह नहीं जानती कि कौन हो सकता है? मोनी चाची शाल लिये आयी होंगी। और सच वह मोनी चाची ही थीं।

नीचे के हाल में प्रतिवर्ष की भाँति ही सजावट थी। झाड़फानूस लकदका रहे थे। छोटे-से मंच पर एक उस्ताद सितार बजा रहे थे। कुर्सियों पर बैठे हुए लगभग दो सौ दर्शक सन्नाटे में खिंचे मौन थे। गोपा का जन्मदिन प्रतिवर्ष संगीत-गोष्ठी के रूप में ही सम्पन्न होता था। मौसम, चूँकि प्रतिवर्ष ही इन दिनों अत्यन्त समशीतोष्ण का होता है अतएव संगीत-गोष्ठी के पूर्व पीछे के बड़े लान में पार्टी का आयोजन होता है। प्रतिवर्ष सवेरे श्रीमती नाथ इस जन्मदिन को भारतीय पद्धति से सम्पन्न करवाती हैं। पण्डित से पाठ-पूजन, आशीर्वचन, हो जाता है। परिवार के तथा घनिष्ठ इष्टमित्रवत् सवेरे ही गोपा को उपहार आदि दे देते हैं। उपरान्त दोपहर का सामूहिक भोजन होता है। नाथ बाबू का लगभग पूरा दिन वर्ष में एक बार वृन्दाधाम में व्यतीत होता है। जन्मदिन की शाम को इसी प्रकार का संगीत का अनुष्ठान होता है। लखनऊ के सभी प्रसिद्ध गायक-वादक आमन्त्रित होते हैं। प्राय: आधी रात के पूर्व तक अनुष्ठान समाप्त हो जाता है। चूँकि यह आयोजन एक प्रकार से सार्वजनिक रूप से सम्पन्न होता है अत: परिचित-जैसे सभी व्यक्ति उपस्थित होते हैं। एकाध बार गवर्नर तक आये हैं पर बदली हुई राजनीतिक तथा सामाजिक परिस्थितियों के कारण आमन्त्रितों में परिवर्तन करने के लिए नाथ बाबू बाध्य हुए हैं। नाथ बाबू के एक चचेरे भाई प्रदेश कांग्रेस के प्रमुख नेता हैं। गत बीस वर्षों में सामाजिक पृष्ठभूमि में बहुत परिवर्तन आया है जिसकी अवहेलना कर ले जाना किसी के लिए सम्भव नहीं था अत: अब राजपुरुषों के साथ-साथ अनेक नेता भी आमन्त्रित होने लगे हैं फलत: गवर्नर महोदय को साग्रह आमन्त्रित कर सकना सम्भव नहीं रह गया था। प्रतिवर्ष उनका ए० डी० सी० सुन्दरतम गुलाबों का एक बड़ा-सा स्तवक तथा सन्देश दे जाता है जिसके पढ़े जाने पर हाल तालियों से गड़गड़ा उठता हैं । सभी आयोजन एक ही प्रकार के होते हैं क्योंकि प्रत्येक ऐसे अनुष्ठान में योग देनेवाले भी प्राय: एक ही प्रकार के होते हैं अत: भूषाओं तथा वसनों की विविधता को छोड़कर एक ऐसी उबा देनेवाली एकरसता इन आयोजनों में होती है कि बस। इसीलिए इस प्रकार की एकरसता को तोड़ सकने के लिए गोपा संगीत-गोष्ठी आयोजित करती रही है। स्वयं गोपा, किसी निष्णात गायिका से कम नहीं है पर लाख कहे जाने पर भी वह मुस्कराती बैठी रहती है पर स्वयं कभी नहीं गाती। उसके उस्ताद बाबू खाँ साहब जानते हैं कि वह क्यों नहीं इस प्रकार के आयोजनों में गाती, अत: लोग बाबू खाँ साहब से कहते हैं कि वह गोपा से गाने के लिए कहें तो सम्भव है वह गाये। लेकिन बाबू खाँ साहब

को गोपा की यह बात कभी नहीं भूलती कि "खाँ साहब ! मैं संगीत अपने को अभिव्यक्त एवं पाने के लिए सीख रही हूँ कभी इसका प्रदर्शन नहीं करूँगी।" उस्ताद ने रोज देखा है कि वह जिस तन्मयता से राग आलापती है उसमें मन्त्रपाठ की-सी भावना अधिक होती है, अत: उस्ताद ने कभी अनुष्ठान में गाने के लिए नहीं कहा होगा।

धूप-छाँहवाली किशमिशी बँगलौरी तथा लम्बी वेणी में फूल सजाये गोपा अप्रतिम लग रही थी। समशीतोष्ण मौसमवाली सन्ध्या में जब वह लान में बैठी सबसे मिल रही थी तब उसके देखने, बोलने तथा व्यवहार में कैसा परों का-सा हलका-फुलकापन था। गोपा, सामाजिक अवसरों पर प्राय: इसी प्रकार व्यवहार करती है। स्वत्व का एक बोझ होता है जिसे ऐसे अवसरों पर अनभिव्यक्त बनाये रखने के लिए निपुणता की आवश्यकता होती है। गोपा जानती है कि सामाजिक अवसरों पर जिस प्रकार रोज के वसन-अलंकार नहीं धारे जाते उसी प्रकार अपने व्यक्तित्व पर भी कुछ अतिरिक्त धारना होता है। वैसे इसे वह कुछ अनुचित भी नहीं मानती लेकिन आवश्यक यह है कि जिस प्रकार भूषा तथा रंग भड़कीले नहीं होने चाहिए उसी प्रकार व्यवहार का सामाजिकपन भी सहज लगना चाहिए। प्राय: लोगों को साधारण-सा देखना-सुनना भी नहीं आता। दृष्टि को विशिष्ट बनानेवाला देखना कैसा हुआ करता है यह अच्छी-अच्छी सुनयनाओं तक को नहीं आता। आपके सामने शीशों जड़ी आँखों से देखती रहेंगी। दृष्टि में ही व्यक्तित्व होता है, विशेषरूप से महिलाओं का, यह अधिकांश नहीं जानतीं। प्राय: स्त्रियाँ उबाती हैं लेकिन गोपा इसके विपरीत है। गोपा ने सारी अप्रतिमता पायी नहीं है बल्कि सीखी है।

गोपा लोगों से घिरी खड़ी थी। दूर टेबलों पर बैरे चीजें लगा रहे थे। रेशमी रंगीनता, लोगों की खिलखिलाहट, सिगरेट का धुआँ आयोजन को उत्सव का रूप दे रहे थे। आई० टी० कालेज की प्रिन्सिपल श्रीमती पीटरसन लान के मध्य में 'बर्थ-डे' केक की सारी मोमबत्तियाँ ठीक कर चुकी थीं। किसी भी क्षण मोमबत्तियों के जलाने तथा केक काटने के लिए गोपा को बुलाया जा सकता था। कुछ व्यक्ति, विशेषकर पुरुष, गोपा से आग्रह कर रहे थे कि आज तो गोपा को गाना ही होगा। जिस बात का उत्तर उसे नहीं देना होता है उसका वह उत्तर न देकर केवल मीठा-मीठा-सा मुस्कराती रहेगी। इस प्रकार की बातों का उत्तर देकर वह छोटा नहीं बनना चाहती है तथा उत्तर न दिये जाने के कारण सामनेवाला कहीं उपेक्षा अनुभव न करे अतएव वह मुस्कराती रहेगी। ऐसी ही किसी बात पर वह मुस्करा रही थी जब पापा एक अपरिचित व्यक्ति के साथ हाल की ओर से आते दिखे। पापा के साथ उस व्यक्ति को देखकर गोपा को लगा कि इस अपरिचित का स्वागत करना होगा। वह अपरिचित, सुदर्शन ही कहा जा सकता था। यद्यपि व्यक्ति ने कोई खास भूषा नहीं पहन रखी थी पर वह अधिकारी वर्ग की अपेक्षा सामाजिक क्षेत्र का बौद्धिक लग रहा था। साधारण खुला रंग, मध्यम कद तथा किंचित् पुष्ट देह के उस

व्यक्ति के घुँघराले बाल होने पर भी उनका कड़ापन स्पष्ट था। यद्यपि उसके मुख पर पत्तों की-सी चिकनाहट तो न थी पर उसकी आँखों में समझदारी के साथ-साथ फूलों की-सी कमनीयता भी स्पष्ट थी। शायद यही कारण था कि उसकी छोटी आँखें तब भी मोहक कही जा सकती थीं। यह मोहकता उनकी बनावट की न थी वरन् उनकी अभिव्यक्ति की थी।

निकट पहुँचकर नाथ बाबू ने गोपा को व्यक्ति का परिचय दिया,

— गोपा! इनसे मिलो, यह हैं महिम बाबू। आर्ट-स्कूल में वाइस-प्रिन्सिपल होकर आये हैं।

गोपा नमस्कार तो कर ही रही थी पर देखती जा रही थी कि यह व्यक्ति लखनऊ के लिए सच ही सर्वथा नया है। वहाँ उपस्थित छोटी-सी भीड़ के लिए भी स्पष्टत: वह नया था।

गोपा औरों से परिचय कराने के सामाजिक कर्त्तव्य को पूरा करने जा ही रही थी कि श्रीमती पीटरसन की पुकार सुनायी दी।

गोपा केक-टेबल की ओर चलने को हुई तो देखा कि महिम महाशय पीछे रहे जा रहे हैं, बोली,

— क्या आप नहीं चलेंगे?

— कहाँ? बर्थ-डे केक काटना आप नहीं देखेंगे?

— आपके द्वारा किसी भी चीज का काटा जाना...

न महिम महाशय अपना वाक्य पूरा कर सके और न ही गोपा सुनने के लिए ठहर सकी। गोपा ने यद्यपि अपने जाने को सार्वजनिक दृष्टि में सहज बना लिया था क्योंकि वह किंचित् हँसी भी थी तथा रुकी भी थी पर महिम को स्पष्ट ही लगा कि वह क्या कह गया। स्वयं उसे कभी विश्वास नहीं कि वह इस प्रकार की बातें इस तरह पहले ही दिन कह सकता है। वह स्वयं आश्चर्यचकित था। उस पर गोपा का जाना उसकी दृष्टि में स्पष्ट कर गया कि प्रथम परिचय की मर्यादा भी निभानी नहीं आती आपको।

यद्यपि पार्टी के सारे समय गोपा टेबल के दूसरी ओर बैठी रही तथा महिम अपरिचितों के साथ दूसरी ओर था, पर पार्टी के बाद जब महिम दोनों लानों के बीच पत्थर की मेहराबोंवाली दीवार की ओर बढ़ रहा था तब किसी को भी ऐसा नहीं लगा जैसे गोपा सायास महिम की ओर गयी। अनेक लोग वहाँ पहले से ही थे और दो-दो चार का झुण्ड बनाये खड़े थे। कुछ बच्चे लान पर कूद-फाँद भी कर रहे थे। पार्टी के बाद वातावरण में वाद्य के झाला बजाये जाने का-सा आभास था।

महिम दक्षिण ओर लगभग कोने में महराब पर झुका छोटे लान तथा गोमती को देख रहा था। साँझ हो चुकी थी। वैसे चतुर्दशी थी अत: किसी भी क्षण चन्द्रोदय हो सकता था। चूँकि सामने पेड़ों की सघनता थी अत: कहा नहीं जा सकता था कि चन्द्रोदय नहीं हुआ। लेकिन इतना स्पष्ट था कि गोधूली के बाद का अँधेरा था।

— आप यहाँ अकेले क्यों खड़े हैं?
गोपा को देखकर महिम को अच्छा लगा।

— अभी यह आपका शहर तथा लोग सभी कुछ तो नये हैं, अतः अकेलापन तो होना ही है।

— क्या कल जब आप यहाँ नये नहीं रहेंगे तब अकेलापन...

— पता नहीं आप क्या समझीं।

— क्या सच ही मैं कुछ समझी?
दोनों हँस दिये।

— गोपाजी! आपको जन्मदिन की हार्दिक बधाई।

— आपको बहुत दिन तो शायद नहीं हुए यहाँ आये?
नहीं, गत सप्ताह ही आया हूँ।—लेकिन आपने यह क्यों पूछा?

— आपके पूर्व जो श्री ससीम भट्टाचार्य थे वह अब कहाँ हैं?

— बम्बई में उन्होंने अपनी एक संस्था 'तूलिका' खोल ली है।....क्या आप उनसे परिचित थीं?

— यह क्यों पूछा आपने ?

— मुझे लगा कि आप कला की किसी विधा में रुचि अवश्य रखती होंगी।

— आइये, चला जाये।

— कहाँ?

— क्या आप संगीत में रुचि नहीं रखते?

— ऐसी तो कोई बात नहीं। क्या कोई संगीत आयोजन भी है?

— आपको नहीं पता?

— असल में आपके फादर से तीन-चार दिन पूर्व ही 'अवध-क्लब' में भेंट हुई थी। उन्होंने जिस प्रकार मौखिक आमन्त्रण दिया था उसके बाद छपे हुए आमन्त्रण को पढ़ना क्या आवश्यक था?

— अच्छा, आइये अब चलें।

दोनों जब हाल की ओर बढ़ रहे थे तब अधिकांश लोग आयोजन के लिए जा चुके थे। आयोजन में गोपा ने महिम को पास ही बैठाला। दो कार्यक्रमों के अन्तराल में महिम को गोपा रागों के बारे में हलके से बताती रही। एकाध बार महिम ने कहा भी कि लगता है आपको संगीत का बहुत ज्ञान है। वह अपनी प्रिय मुस्कराहट देती रही।

और जब कार्यक्रम समाप्त हुआ तथा लोग जब लगभग जा चुके तब महिम भी चलने को हुआ।

— क्या आप किसी......

— नहीं, कोई सवारी तो नहीं है पर मुझे उसकी आवश्यकता भी नहीं है।

— आप रुकें, एक मिनट में प्रबन्ध हुआ जाता है।

— 'गोपाजी ! मैं बिलकुल यहीं तो रहता हूँ। अपने कालेज की बगल में। हमारे आपके बीच में बस गोमती ही तो है।

महिम ने देखा कि वह न जाने क्या कह गया। गोपा अपनी कोठी के बड़े फाटक की प्रभुता के नीचे खड़ी अपनी भूषा, अलंकार तथा मन:स्थिति में चित्र लग रही थी। महिम का वाक्य गोपा तक पहुँचा यह उसे भली-भाँति अवगत हो गया।

— मेरा मतलब; बस यह गोमती......

— अच्छा, नमस्कार !!

किशमिशी बँगलौरी तथा घुमावदार कंगनों ने गोपा को जिस अर्थ में मार्मिक बना रखा था वह प्रथम बार महिम को बोधित हुआ। कंगनवाले नमस्कार करते हाथ उसके अन्तर में घिरते ही चले गये। रास्ते भर महिम अपने भीतर नमस्कार करते कंगनित हाथोंवाले दृश्य के शीशत्व को सुरक्षित बनाये रखने के लिए सावधान रहा।

होली में तीन दिन रह गये थे। छुट्टियाँ हो गयी थीं। मौसम बड़ी तेजी से बदल गया था। रातें तो अभी भी सहन योग्य थीं पर दिन तपने लगे थे। होली की छुट्टियाँ बड़ा उबा देती हैं। और त्योहारों की छुट्टियों में आप बाहर आ-जा सकते हैं लेकिन होली में निकलना असम्भव होता है। यह विचारमात्र कि अब घर पहुँचकर छुट्टियों भर सम्भवत: घर से निकलना न होगा अत: अपनी इन्स्टीट्यूट से निकलकर सीधे घर जाने को गोपा का मन नहीं हुआ। रोज वह सीधे घर जाती है पर आज ऐसा लगा कि वह घर नहीं जाना चाहेगी। कोई ऐसी मित्र भी नहीं थी जिसके घर वह जा सकती थी। यह नहीं कि कोई परिचित या मित्र नहीं था। वह चाहती तो लखनऊ के किसी भी कोने में जा सकती थी पर किसी के घर ऐसे लदे-फँदे जाना उसे नहीं सुहाया। दिनभर इन्स्टीट्यूट में काम करने के बाद विज्ञान की पुस्तकों का बण्डल उठाये किसी परिचित के घर वह कभी नहीं गयी होगी। यहीं विश्वविद्यालय में सरकार साहब रहते हैं। सरकार साहब रिश्ते में तो जीजा लगते ही हैं पर वैसे भी गोपा को वह पसन्द करते हैं। कभी-कभी वह चाय के समय उनके यहाँ पहुँच जाती रही है। सरकार साहब ने कितना चाहा कि गोपा एम० एस-सी० के बाद उनके रसायन विभाग में ही आ जाये। सरकार साहब के अध्यक्ष होने के कारण कोई कठिनाई भी नहीं हो सकती थी पर चुनते समय गोपा ने बोटेनिकल इन्स्टीट्यूट में डिमान्स्ट्रेटर बन जाना ज्यादा उचित समझा। सरकार साहब उससे बराबर आग्रह करते रहे और गोपा बराबर हँसती बैठी रही।

— गोपा! जब नौकरी ही में जाना है तो ब्राइट कैरियर चुनना चाहिए। इस सरकारी छोटे-से इन्स्टीट्यूट में अगर तुम दस बरस बाद मान लो डाइरेक्टर भी हो गयीं तो....

— लेकिन जीजाजी! यह आपसे किसने कहा कि मैं डाइरेक्टर बनना चाहती हूँ या बन सकती हूँ?......... क्षमा करें, मैं तो समझती हूँ कि स्त्रियों के लिए बड़ी-से-बड़ी नौकरी कानूनन तौर पर टाइपिस्ट की कर दी जानी चाहिए।

और वह इस प्रकार के उत्तरों से हतप्रभ कर उठ जाती रही है। —आज वह सरकार साहब के यहाँ भी नहीं जा सकती। हजरतगंज जाने का विचार जरूर आया, बल्कि कुछ काम भी थे लेकिन वह जान गयी कि वह हजरतगंज भी इस समय नहीं जाना चाहती। इसी अनिर्णीत मन:स्थिति में वह अपनी गिग पर बैठी हुई चली जा रही थी। मंकी-ब्रिज की चढ़ाई के पूर्व एक छोटा-सा चौराहा पड़ता है। विश्वविद्यालय की इस सड़क में दक्षिण ओर से रिवर-लेन आकर मिलती है तथा उत्तर ओर की लेन आर्ट्स कालेज की ओर जाती है। अभी वह इस चौराहे पर पहुँची ही थी कि उसे विचार आया कि क्यों नहीं महिम महाशय से मिल आये?

गोपा ने इस विचार के आते ही अच्छा यही किया कि इस पर तर्क नहीं किया बल्कि तुरन्त ही कोचवान हशमत मियाँ से कहा,

— हशमत चाचा! जरा हम आर्ट्स कालेज जायेंगे। वहीं ले चलिये।

— अच्छा हुजूर!

लेन थी ही कितनी बड़ी? स्टेडियम पार करने पर दो-तीन पुरानी इमारतों के खँडहर के बाद आर्ट्स कालेज की अकेली बिल्डिंग खड़ी थी। जब वह कालेज पहुँची तब उसे ज्ञात हुआ कि आज शनिवार है अत: कालेज आधे दिन का था। उसे झल्लाहट हुई। पहली बार उसने किसी निर्णय के बारे में कोई तर्क-वितर्क नहीं किया था और उसे पछताना पड़ा। कालेज के बरामदे से उत्तर ओर दो-एक छोटे बँगले दिखलायी दे रहे थे। महिम ने जैसा कि उस दिन बताया था कि वह पास ही वहीं रहता भी है अत: वह इन्हीं बँगलों में होगा। क्या वह जाये? पर वह ऐसा नहीं कर सकती। कालेज तक जाना एक बात है लेकिन किसी के घर ऐसे हठात् पहुँच जाने में सम्बन्ध को जो नया अर्थ मिल जाता है उसके लिए वह मानसिक रूप से तैयार नहीं थी। अभी वह बरामदे से उतरकर गिग पर चढ़ ही रही थी कि कालेज का चौकीदार महिम महाशय को सूचित कर आया था। तभी महिम ने उसे पुकारा,

— गोपाजी!

अपनी गिग पर वह बैठ चुकी थी। राग के बजाये जाने के पूर्व जिस प्रकार आरम्भ में स्वरों का पूरा ठाठ बजाया जाता है उसी प्रकार वह हँसी। महिम बोला,

— आइये।

— आयी तो थी.....

— तब, लौट क्यों रही हैं?

— बस हो गया।

— जी नहीं। आइये, चलिये।

गोपा को भी लगा कि इस प्रकार लौट जाने से महिम महाशय को अपमान लगेगा। या तो उसे आना ही नहीं चाहिए था और यदि कालेज तक आने का निश्चय किया था तो घर जाने की सम्भावना पर भी सोच लिया जाना चाहिए था। पर कठिनाई यही थी कि उसने इस बारे में रंचमात्र भी नहीं सोचा था।

बँगला यद्यपि छोटा ही था तथा महिम अभी आया-ही-आया है यह वहाँ की व्यवस्था से स्पष्ट था। सब-कुछ के बाद भी नयेपन में एक गन्ध होती है जो किसी पर भी व्यक्त हो जाती है। पता नहीं पुराने बसने और नये बसने में ऐसा क्या आमूल अथवा गुणात्मक परिवर्तन आ जाता है। जबकि आपके पास वे ही वस्तुएँ

होती हैं। चित्र आप खूँटियों पर ही सजाते हैं। रैकों में किताबें ही रखी जाती हैं पर देखने भर से ही लग जाता है कि यह सब-कुछ नया-नया ही बसाया गया है अथवा इस परिपार्श्व के साथ ये चीजें रस-बस गयी हैं।

उत्तर और पश्चिम की तरफ खिड़कियाँ थीं। पश्चिम की बड़ी खिड़की से गोमती, छतरमंजिल का विशाल गुम्बद तथा पूरी बिल्डिंग और उसके प्राचीन पेड़ों की सघन पंक्ति—सब-कुछ कितना सुहावना लग रहा था। यद्यपि वातावरण में गर्मी अभी भी थी। सूर्य छतरमंजिल के पीछे जा चुका था अत: कमरे में सुखदता आने लगी थी। उत्तर की खिड़की के ठीक ऊपर एक बड़ा-सा तैल-चित्र था। किसी महिला की आकृति थी। आकृति की पृष्ठभूमि में नीले रंग के प्रयोग से जो एक खुलापन आ गया था उसके कारण मुख पर जो गहरा रंग प्रयोग किया गया था वह मुखर हो उठा था। आकृति साधारण थी लेकिन ताँबे के रंगवाले उस मुख में एक ऐसी स्वप्नशीलता थी जो उसे आपके निकट सजीव करती थी। सम्भवत: चित्रकार का यही उद्देश्य रहा होगा। गोपा को तो यही लगा, पता नहीं महिम महाशय को कैसा लगता रहा होगा।

महिम कमरे में नहीं था अत: गोपा कमरे का निरीक्षण करती बैठी थी। नौकर ने छोटी टेबल पर चाय लगा दी। चाय भी लग चुकी तथा महिम का पता नहीं था अत: उसे कुछ उलझन हुई।

— तुम्हारे साहब कहाँ गये?

— आ रहे हैं।

तभी दूर से महिम की आवाज सुनायी दी।

— क्षमा करें, एक मिनट में आया।

जब महिम आ गया तो गोपा ने मार्क किया कि महिम महाशय तैयार होने गये थे। तब केवल घरवाला कुरता-पाजामा पहने थे पर अब वह बाहरवाली जैसी भूषा में थे।

गोपा ने जैसे ही चाय बनाने के लिए कप उलटने के लिए हाथ बढ़ाया तो महिम बोला,

— जी नहीं, भला आप चाय क्यों बनायेंगी?

— चाय बनाने का काम आदिमकाल से नहीं तो बहुत पहले से स्त्रियों का ही रहा है।

— मैं समझता हूँ कि आपने कभी चाय.....

— क्या मैं ऐसा भ्रम देती हूँ ?

महिम महाशय की बात काटकर वह हँसते हुए उत्तर देकर चाय बनाने लगी।

— देखिये, मैं कहता न था कि आपको चाय बनानी नहीं आती।

— कैसे?

'कैसे' जिस ढंग से गोपा ने कहा महिम को लगा कि एक सादी-सी दो शब्द की जिज्ञासा भी कितनी कलात्मक हो सकती है। बोला,

— हमेशा चाय बनाने के पूर्व यह पूछा जाता है कि आप चीनी कितनी चम्मच लेंगे।

— लेकिन आपको पता होगा कि अब लोग पूछते नहीं क्योंकि एक चम्मच कह देनेवाले शालीनतावश किस मुश्किल से चाय पीते हैं अतः चीनी सामने कर दी जाती है।

और दोनों हँस दिये। दोनों को लगा कि बड़ा खुलापन है। चाय पी जाने लगी।

— आप इस समय कहाँ से आ रही हैं ?

— इन्स्टीट्यूट से ।

— क्या आप बोटेनिकल इन्स्टीट्यूट में.......?

— हाँ, डिमान्स्ट्रेटर हूँ, क्यों ?

— ऐसे ही।

— लखनऊ कैसा लग रहा है?

— क्या आप नहीं सोचतीं कि स्थानों का क्या अच्छा-बुरा लगना?

— आप तो बेचारे स्थानों की महत्ता ही समाप्त किये दे रहे हैं। —आपके यहाँ से गोमती तथा छतरमंजिल का दृश्य कितना अच्छा लग रहा है।

— हाँ, निरपेक्ष रूप से भी स्थानों का सौन्दर्य, अच्छा लगना होता है पर वास्तव में तो सन्दर्भ ही उसमें मर्म उत्पन्न किया करता है।

— सन्दर्भ क्या?

— सन्दर्भ मनुष्य का होता है। यदि क्षमा करें तो एक बात कहूँ।

— मैं समझती हूँ अब चलना चाहिए।

महिम चर्चा को एक रूप देना चाह रहा था पर गोपा ने जिस ढंग से उसे बीच ही में शेष कर दिया उससे वह हतप्रभ ही नहीं हुआ बल्कि उसे लगा कि उसे ऐसी बात नहीं चलानी चाहिए थी, पता नहीं गोपा ने क्या सोचा होगा।

महिम उसे गिग तक छोड़ने आया। सीट पर बैठ जाने के बाद गोपा नमस्कार करती बोली,

— अच्छा....महिम बाबू ! आपकी एक बात पर सोचती रही।

— कौन-सी बात ?

महिम और अधिक हतप्रभ हुआ। बल्कि किसी सीमा तक उसे घबराहट भी हुई कि पता नहीं उसकी कौन-सी बात पर गोपा ने क्या सोचा।

— सन्दर्भ के माध्यम से देखा गया सौन्दर्य का अच्छा लगना प्रायः सालता भी है।

— अच्छा, नमस्कार!!

और महिम गोपा की जाती गिग को देखता खड़ा रहा। सामने के दक्षिण आकाश में मंकी-ब्रिज की पृष्ठभूमि तथा पेड़ों की सघनता के परिपार्श्व में गोपा की गिग समाती जा रही थी। काले बालोंवाला गोपा का सिर, गिग के पहिये, कोचवान का साफा, गिग का घोड़ा, सब उसमें से बीत रहे थे।

जब वह अपने बरामदे लौटा तब गिग मंकी-ब्रिज पर से जा रही थी। सन्ध्याकाश में यद्यपि जाता हुआ दृश्य स्पष्ट था पर उस गिग में आसित एक मुख, जो दिख तो नहीं रहा था पर महिम को उसकी प्रतीति हो रही थी।

होली की छुट्टियों भर महिम अपने कमरे में बन्द रहा। वह उकता सकता था पर इस बीच वह कुछ चित्र आँकने में व्यस्त रहा। प्राय: उसे ऐसा लगा कि वह इन छुट्टियों में एकाध बार गोपा के यहाँ हो आये पर वह आश्वस्त न हो सका कि उसे जाना चाहिए कि नहीं। अभी गोपा को वह किसी भी स्तर पर पकड़ नहीं सका था। चूँकि अवचेतन में गोपा उसे झकझोर गयी थी और वह चेतना में इसे स्वीकार नहीं करना चाहता था अत: अपने भीतरवाले कमरे में ईजल पर दिन-दिनभर आँकता रहता। चूँकि वह नया-नया आया था अत: कालेज का भी थोड़ा-बहुत काम समझना पड़ रहा था। भीतरवाले कमरे से उत्तर ओर आइरन-ब्रिज, रेलवे पुल तथा अत्यन्त क्षीण रेखा में मेडिकल कालेज के गुम्बद तथा हार्डिंज-ब्रिज आदि दिखते थे। गर्मियों की प्रलम्बित सन्ध्याएँ बड़ी देर तक दिखलायी देती थीं। गोमती में कपड़े धोते धोबियों की छीयो-छीयो भी सुनायी देती। चूँकि आसपास बस्ती सघन नहीं थी अत: गोफन के पत्थर की भाँति सन्नाटा गुन्नाता रहता। एकाध टूटा-फूटा मन्दिर तथा पुराना घाट ही उसके बँगले की बगल में थे। देर शाम होने पर वह प्राय: उस घाट तथा शिवाले के आँगन में बैठकर अपनी दिनभर की थकान मिटाता रहा है। 'अवध-क्लब' भी वह शुरू के दो-चार दिनों को छोड़कर फिर नहीं जा सका है। देर रात हो जाने पर वह कभी-कभी हजरतगंज तक टहलते हुए गया है। इक्के-दुक्के लोगों को छोड़कर हजरतरंज का खालीपन उसे जाने क्यों बहुत प्रिय लगा है। 'कपूर्स' से कुछ नहीं तो काफी पीकर भी वह लौट आया है। हजरतगंज आते-जाते वह मंकी-ब्रिज पर प्राय: ठिठका है। गोपा की कोठी, लान, सब देखकर प्राय: उसे लगा कि वह जाकर मिल आये। लौटते में उसे ऊपर के एक खास कमरे की तीन खिड़कियों में प्रकाश दिखता रहा है। वह बराबर आश्वस्त रहा है कि वे खिड़कियाँ गोपा के कमरे की ही हैं। वह अवश्य पढ़ रही होगी, शायद देर रात में सोती है। उन खिड़कियों में सफेद परदों से आती रोशनी रात की उस अँधेरी शून्यता में कितनी मार्मिक लगती। कोठी के बाहर अशोकों की सघन पंक्ति, बड़ा-सा लान तथा उसके दोनों ओर दूर तक चले गये रास्ते जहाँ के लोहे के बन्द फाटकों पर जलती रोशनियाँ नीचे के अन्धकार में चमकती रहतीं। कोठी से निकलकर रास्ता एक तरफ तो स्टेट-बैंक की ओर निकल जाता तथा दूसरी ओर मंकी-ब्रिज की एक मेहराब में से गुजरकर छतरमंजिल की ओर चला जाता। कभी-कभी उसे बचपना सूझता कि वह किसी प्रकार गोपा को अपने यहाँ होने की प्रतीति करवा सके। असम्भवता में कितनी मोहकता होती है। वह अपने

भीतर ही बार-बार यह पूछता होता कि उसे गोपा के यहाँ जाना चाहिए कि नहीं? और क्यों जाना चाहिए? लेकिन इसका क्या प्रमाण कि गोपा उसके आने की कामना करती है? यदि जन्मदिन की भेंट भर ही उन दोनों के बीच होती तो सम्भवत: वह गोपा को लेकर इतनी उलझन में न पड़ता लेकिन उस दिन उसके यहाँ आकर गोपा ने स्थिति को जो एक नया मोड़ दे दिया था उससे वह गत दिनों में जूझता रहा है। वह क्यों आयी थी? क्या प्रयोजन हो सकता है? लेकिन क्या महिम किसी के आने-जैसे मात्र सौजन्य को अत्यधिक महत्त्व नहीं दे रहा है? गोपा जिस वर्ग की है वहाँ लोग सौजन्यवश अनेक सामाजिकताएँ बरतते हैं जिनका साधारणत: उस वर्ग में कोई अर्थ, प्रयोजन, कुछ नहीं होता। इस वर्ग के लोग क्यों किसी दुकान में घुस जाते हैं? क्या कुछ खरीदना उनका प्रयोजन हुआ करता है? नहीं तो, भीतर गये और एक नजर डालकर मुस्कराते हुए लौट पड़े। प्रयोजन तो मध्यमवर्गीय चेतना है। गोपा उस दिन इन्स्टीट्यूट से लौटते हुए निष्प्रयोजन ही उसके घर पर चली आयी होगी क्योंकि उस दिन जन्मदिन पर एक महिम नाम के व्यक्ति से साक्षात् हुआ था जो कि यहीं पास ही में रहता है—और महिम के निकट कुछ भी स्पष्ट नहीं हो पाता।

एक रविवार को सवेरे-सवेरे गोपा की चिट लेकर उसका नौकर आया। लिखा था कि यदि बहुत व्यस्त न हों तो चले आयें। गोपा की इस चिट से उसे लगा कि उसने इस बीच एक बार भी न जाकर उचित नहीं किया। गोपा ने न जाने क्या सोचा होगा। वह एक नारी होकर स्वत: आयी और आज जब उसने बुलवाया तब वह जा रहा है। उसे अपने पर झल्लाहट आयी। प्रत्यक्ष तो यही है न कि बिना बुलाये वह नहीं गया लेकिन जबकि इतने दिनों अनेक बार वह कल्पना में गया है। मंकी-ब्रिज पर खड़े होकर उसके कमरे की खिड़कियों का प्रकाश देखा है पर क्या कभी किसी दिन गोपा यह जान सकेगी? और मान लो, कुछ जान भी जाये तो क्या उसे विश्वास आयेगा?

और जब वह पहुँचा तब वह पीछे के लान में धूप की छतरी के नीचे बैठे हुए कुछ पढ़ रही थी। मातादीन लान ओर के हाल के दरवाजे तक छोड़ गया। छोटी टेबल के पास तीन कुर्सियाँ रखी थीं। धूप में अभी तेजी तो नहीं थी लेकिन बिना छतरी के वहाँ बैठना सम्भव नहीं था। वह लान के सिरे पर बैठी थी। लान में चूँकि पानी दिया गया था अत: घास गीली थी। महिम किनारे-किनारे चलकर गोपा तक पहुँचा। गोपा ने हँसते हुए उसका स्वागत किया।

— आइये। लेकिन अच्छा तो यह होगा कि आप अपने जूते वहीं पत्थरों पर छोड़ दें।

और महिम ने देखा कि गोपा भी अपनी चप्पलें पत्थरों पर छोड़कर गीली घास पर नंगे पैरों बैठी हैं।

— घास का गीलापन बड़ा सुखद लग रहा है। आइये, चले आइये।

गोपा जिस ढंग से महिम को बुला रही थी उससे ऐसा लग रहा था जैसे वह समुद्र-स्नान कर रही हो तथा देर से आये महिम को स्नान के लिए प्रेरित कर रही हो।

— गर्मियों का यह इलाज आपने खूब निकाला।

— अब क्या किया जाय! भारत, यूरोप होने से तो रहा और कोई आवश्यकता भी नहीं इसकी।—नहीं, यदि आपको असुविधा हो रही तो चलें।

— नहीं, कमरे से अधिक अच्छा यहाँ लग रहा है, फिर अभी गर्मी बढ़ी भी नहीं है।

— नहीं, उधर घाट के पास एक लता-कुंज है। पर मुझे वस्तुतः इस तरह खुले में बैठना सदा रुचिकर लगता है।

— हाँ, यह तो इसी से सिद्ध है कि लोग तो जाड़ों में धूप की छतरी का प्रयोग करते हैं पर आप गर्मियों में...

— देखिये, अब आप मेरे साथ ज्यादती कर रहे हैं। मैं ऐन दोपहरी में थोड़े ही ऐसा करती हूँ। सवेरे-सवेरे सहा जा सकता है इसीलिए।...अच्छा बोलिये, आप क्या ठण्डा लेना चाहेंगे?

— जो आप लें।

— देखिये, मैं तो ले चुकी हूँ, पर इसका मतलब यह नहीं कि और नहीं ले सकती हूँ पर पसन्दगी आपकी रहेगी।

— मुझे वस्तुतः काफी ही पसन्द है पर...

— आप चाहेंगे तो ठण्डी काफी भी आ जायेगी।

— लेकिन गोपाजी! काफी मीन्स हाट!!

दोनों हँस दिये। मातादीन को काफी का कह दिया गया। गोपा जिस सहज भाव से बैठी थी उससे महिम को यह नहीं लगा कि उसे लेकर गोपा ने बहुत-कुछ सोचा होगा। जिस सहज भाव से गोपा उस दिन उसके घर चली आयी थी लगभग उसी निर्भाव से उसने आज उसे बुलवा लिया। कहीं कोई अतिरिक्त भाव नहीं कहा जा सकता था। कम-से-कम गोपा को देखकर तो यही लगा।

— क्या आप इस बीच बहुत व्यस्त रहे?

— नहीं तो। कुछ चित्र पूरे करने की चेष्टा में रहा।

— इसका मतलब कि अभी पूरे नहीं हुए।

— दिन में अब काफी गर्मी होने लगी है इसलिए बिलकुल भी काम नहीं होता।

— अब तो आपका कालेज बन्द होनेवाला होगा। पहाड़ चले जाइये।

— क्या आप जा रही हैं?

— जी नहीं, हमारा इन्स्टीट्यूट नहीं बन्द होता।
— पूरी गर्मियाँ यहीं रहेंगी?
— बताइये, कहाँ जायें?

कहकर गोपा हँस दी। मातादीन काफी ले आया था। गोपा काफी बनाने लगी।
— सुनिये, आज आपका कोई विशेष कार्यक्रम इस समय तो न होगा।
गोपा की बात महिम सहसा नहीं समझ पाया।
— यह आपने क्यों पूछा?
— मातादीन! साहब के यहाँ कह आओ कि यहीं खाना खायेंगे।

महिम इस साधिकारता को भी नहीं समझ पाया।
— लेकिन इसकी क्या जरूरत थी?

गोपा उत्तर न देकर काफी पीते हुए मौन चेष्टा करती रही कि यह प्रसंग जल्द-से-जल्द समाप्त कर दिया जाये।
— आपको दिल्ली अच्छी लगती है या लखनऊ?
— दिल्ली में अगर अच्छा लगने को होता तो तैमूर-नादिरशाह लौट जाते?
— तो आप भी अपने को उसी कोटि का मानते हैं?
— इसे रूपक ही लें, सांगरूपक नहीं।
— आपकी तो साहित्य में भी खासी गति लगती है।
— असल में गोपाजी! बनना तो साहित्यकार ही चाहता था लेकिन..
— लेकिन क्या?
— लेकिन यही कि बनना तो चित्रकार था। और सही बात यह है कि नहीं जानता कि चित्रकार भी कितना-कुछ बन सकता हूँ। क्योंकि केवल चित्र बनाने भर से ही कोई चित्रकार नहीं हो जाता। पता नहीं, वह क्या है जो किसी रचना, कृति, चित्र या व्यक्ति को ऊपर उठा देता है। और वह सायास नहीं होता। मैं जानता हूँ अभी वह मुझमे नहीं। कभी वह होगा भी कि नहीं, नहीं कहा जा सकता।

महिम बोल रहा था। गोपा उसे ध्यान से सुनती रही। गोपा जिस मुग्ध भाव से महिम को बोलता हुआ सुन रही थी उसमें यही लग रहा रहा था जैसे वह उगते हुए अंकुर की जिजीविषा को प्रशंसा के भाव से देख रही हो।

धूप और कड़ी हो चली थी। चमक और खुल आयी थी। गोपा बोली,
— आपके पास तो बहुत-कुछ बोलना है। आइये, कमरे में चलें।
— लेकिन कमरे में चलने के पूर्व जरा आपके घाट पर खड़े रहेंगे।
— आइये।

दोनों उठकर घाट पर निकल आये। बायें हाथ मंकी-ब्रिज की महराबें खिंची हुई थीं। महराब ने दृश्य को गोट लगा दी थी। छतरमंजिल के ऊपर का थोड़ा-सा आकाश मेहराब की इस फ्रेम में आकर जड़ गया था। यद्यपि धूप थी पर चारों ओर के पेड़ों की सघनता के कारण हलकी रम्यता लग रही थी। गोमती में किसी

प्रकार की चपलता नहीं थी।

— शाम को यहाँ बहुत अच्छा लगता है।

— जो स्थान गर्मियों की दोपहर में भी सुन्दर लगे उसे ही वास्तविक सुन्दर माना जाना चाहिए।

गोपा ने हँसते हुए कहा,

— भले ही उसके साथ कोई सन्दर्भ न जुड़ा हो तो भी?

— क्या आप मानती हैं कि कोई सन्दर्भ नहीं है?

महिम ने बात कहते हुए पूरा प्रयास किया था कि गोपा इसे एक सर्वसामान्य बात के रूप में ग्रहण करे पर महिम ने देखा कि दोपहर के खुले आलोक में गोपा का निखर आया रंग मुख पर हलका लला गया हैं। वह बोली,

— धूप तेज तो है ही पर चमक कितनी असुविधाजनक है, आइये चलें।

बड़े लान की तीन सीढ़ियाँ चढ़ती गोपा की एड़ियाँ, महिम ने देखा कि कितनी चिकती एवं आरक्त वर्ण हैं। प्राय: सीढ़ियाँ चढ़ती महिलाएँ जितनी आकर्षक लगती हैं उतने पुरुष नहीं। साड़ी की लय में लुकती-छिपती एड़ियाँ, महिलात्व के प्रति कैसा इन्द्रजाल बुनती चलती हैं।

खाने की टेबल पर श्रीमती नाथ से महिम की भेंट हुई। वैसे महिम टेबल-मैनर्स में पटु नहीं माना जा सकता क्योंकि उसे न तो भूत-प्रेत की कहानियाँ ही आती हैं और न ही किसी प्रकार के स्केण्डलों में उसकी कभी रुचि रही है। इसलिए वह क्लबों, डिनरों अथवा पार्टियों में सदा अकेला पड़ जाता रहा है। वैसे श्रीमती नाथ भी टिपिकल अर्थ में सामाजिक महिला नहीं कही जा सकती थीं क्योंकि उनके पास एक ही क्षेत्र की बातचीत का विषय था और वह था—वैभव-सम्पन्नता। हाँ, यह बात दूसरी थी कि इस सीमित विषय पर भी वह इतने लच्छेदार ढंग से बातें कर सकती थीं कि आरम्भिक दो-चार भेंटों में रुचिकर लग सकता था लेकिन कुछ दिनों के बाद उनसे बातें करना मुश्किल होता था। वैसे वह पटु ही कही जा सकती थीं पर कुल मिलाकर इस प्रकार की बातों के बावजूद वह प्राय: निरीह रईस वृद्धा ही लगा करती थीं।

— हाँ, गोपा के जन्मदिन पर आपको देखा अवश्य था पर बातचीत न हो सकी—क्या लखनऊ पहली बार ही आये हैं?

— जी हाँ।

— सुना आप दिल्ली में थे। आपको सुनकर आश्चर्य होगा महिम बाबू कि दिल्ली में कब गयी थी। अच्छा, आप बताइये कब गयी हूँगी?

— अब भला क्या बता सकता हूँ, लेकिन; यही आठ-दस बरस पूर्व गयी होंगी।

श्रीमती नाथ बहुत प्रसन्नता में खिलखिला रही थीं।

— जी नहीं। सन् १९१८ में वाइसराय ने यू० पी० के सारे बड़े जमींदारों को पहली लड़ाई के सिलसिले में बुलवाया था, तब गयी थी। राजा साहब कसमण्डा, उनकी रानी साहिबा वग़ैरा हम लोग सब साथ ही गये थे। जमुना पर जो लुडलो-कैसल है न, वहीं हम लोग ठहराये गये थे। तब आपकी यह नयी दिल्ली बड़ी तेजी से बसायी जा रही थी। आप शायद जानते हों...

गोपा समझ गयी कि ममी जब तक इस यात्रा का सारा वृत्तान्त महिम को नहीं सुना देंगी तब तक चुप नहीं होंगी, बोली,

— ममी आज शाम को आपको गोपालगंजवाली चाची के यहाँ जाना है न?

— अरे मैं तो भूल ही गयी थी। उनका नौकर आया था। तुम्हारी चाची ने तुम्हें भी बुलाया है।

— लेकिन ममी मैं नहीं जा सकूँगी।

— क्या तुम्हारी कोई म्यूजिकल सिटिंग है आज?

— नहीं, लेकिन कल इन्स्टीट्यूट की तैयारी कुछ करनी हैं।

— अच्छा, तो महिम बाबू कभी शाम को आइये तब आपसे बातें होंगी। और आप तो वैसे भी पास ही में रहते हैं। कभी-कभी आया करिये, अच्छा।

और नमस्कार कर श्रीमती नाथ अपने सूट की ओर बढ़ गयीं। डाइनिंग हाल में पर्दों के कारण गहरा अँधेरा था। पेडस्ट्रियल फैन चल रहे थे अत: गर्मी का आभास चाहे रहा हो पर गर्मी नहीं थी। श्रीमती नाथ के चले जाने के बाद वस्तुत: गोपा और महिम दोनों को लगा कि अब क्या हो? खाना खाया जा चुका था। बल्कि कहना चाहिए कि फल तक खाये जा चुके थे। महिम कुछ कहने ही जा रहा था कि आइसक्रीम लेकर नौकर आया।

— आपने तो अच्छी खासी दावत दे डाली।

— क्या आप नहीं सोचते कि कुछ देर की व्यस्तता के बाद ऐसा बोध होता है कि—अब?

— यह इसलिए कि हम अपना अधिकांश स्वयं नहीं करते।

— मैं कारण नहीं पूछ रही हूँ। मैं तो इस स्थिति की विवशता की चर्चा कर रही हूँ। मुझे डर है कि आप कहीं यह न कहना शुरू कर दें कि मनुष्य को अपना सारा काम स्वयं करना चाहिए। यद्यपि मैं इस बात को आदर्श मानती हूँ पर महिम बाबू! मुझे सबसे अधिक भय आदर्श से लगता है। महिम ने मार्क किया कि गोपा ने पहली बार उसे 'महिम बाबू' कहा।

— पर आपको देखकर लगता तो नहीं कि आप यथार्थवादी होंगी।

— बड़ी कठिनाई है कि आप हों कुछ और ही, तथा लगें कुछ और। अधिकांश लोगों की विडम्बना यही हुआ करती है।

— अच्छा हटाइये यह सिद्धान्त-चर्चा। आप यह बतायें कि आपने यह चर्चा चलायी क्यों थी?

— ऐसे ही। लेकिन यह बताइये, जो लोग बड़ी जगहों में रहते हैं क्या उन्हें भी ऐसा ही लगता है?

— आप यह कहना चाहती हैं शायद कि चूँकि बड़ी जगहों की विविधता, व्यस्तता इतनी होती है कि अपने से साक्षात् का बहुत कम अवसर आता होगा जबकि छोटी जगहों में अपने से साक्षात् दिन में प्रायः हो जाता है।

— जी हाँ, एकदम यही बात है।......लेकिन कोई पिटा-पिटाया निदान मत बताइयेगा।

कहकर गोपा हँस दी। एक क्षण बाद महिम, गोपा की बात का अर्थ समझा और वह भी हँस दिया, बोला,

— हाँ, शायद नया कोई निदान सहसा नहीं सोचा जा सकता।.... लेकिन उसमें आपको क्या आपत्ति हो सकती है?

— मैं भला आपत्ति करनेवाली कौन होती हूँ। पर वह निदान नहीं है यह मैं जानती हूँ।

सहसा महिम को लगा कि अब शायद चलना चाहिए।

— अच्छा गोपाजी ! तो आज्ञा दें।

— लेकिन इस समय तो धूप बहुत तेज है।

— हाँ, लेकिन जाना ही कितना है?

— क्या जाने का दूरी से भी कोई सम्बन्ध हुआ करता है?

— कम-से-कम इस समय तो है ही।

महिम को लगा कि गोपा उसे प्रत्येक कुछ देर बाद ऐसी कोई बात कहकर स्थिति में खड़ा कर देती है कि, बस। गोपा से बातें करते समय यदि सतर्क न रहा जाये तो उससे सम्पर्क सम्भव ही नहीं।

जब वह नीचे के द्वार तक पहुँचाने आयी तो एक क्षण को ठिठकी,

— क्या सच ही इस समय भी पैदल जाने का विचार है?

— क्यों? क्या आपके यहाँ आने-जाने के लिए सवारी की अनिवार्यता है?

गोपा एक क्षण को किसी बात के लिए उद्यत दिखी पर दूसरे ही क्षण सहज हो आयी,

— अच्छा !!

— आपने मेरी बात का उत्तर नहीं दिया गोपाजी!

— समय ही सबसे बड़ा उत्तर हुआ करता है महिम बाबू !......जिस दिन आपको ऐसा लगे......

— आप रुक क्यों गयीं?

और महिम के देखते-देखते वह जीना चढ़ने लगी। उसकी एड़ियाँ, साड़ी की लय..... जीना चढ़ता एक नारीत्व....... महिम के निकट गोपा की यह मुद्रा उसी भाँति थी जिस तरह कैनवास पर रंग का धब्बा गिर जाये और तब उसे धुलाने के लिए बार-बार ब्रश चलाना होता है।

कालेज बन्द हुए तीन दिन हो चुके थे। महिम अभी निर्णय नहीं कर पाया था कि वह क्या करे। दिल्ली जाना बेकार था। नैनीताल वह जा सकता था लेकिन बस, जाने को विशेष मन नहीं कर रहा था। करने के नाम पर वस्तुत: उसके पास कुछ नहीं था। वैसे उसके बड़े भाई ने दिल्ली से लिखा था कि वह छुट्टियों में क्यों नहीं आ जाता? लेकिन पूरी छुट्टी भर वह दिल्ली में नहीं रहना चाहता अत: वह सोचे बैठा था कि जब छुट्टियों में लखनऊ से ऊकता जायेगा तब कुछ दिनों के लिए हो आयेगा। अत: आजकल वह पूरी तरह से अपने ढंग से रह रहा था। प्राय: गोपा के घर शाम को गया है। वहाँ उसकी परस्पर विरोधी प्रतिक्रियाएँ हुई हैं। वहाँ की उस 'महफिल' में बैठना उसे नहीं सुहाता। फिजूल के किस्से, यहाँ-वहाँ की बातें, इस-उस की लन्तरानियाँ सुनते-सुनते वह प्राय: ऊबा है। जिस गोपा के लिए वह जाता है वह सामने दूरी पर बैठे हुए अपने में व्यस्त बनी रहती है। नाथ बाबू की उपस्थिति में सबको सतर्क बना रहना पड़ता है। गोपा के यहाँ आनेवालों में से वह किसी को पसन्द नहीं कर सका। एकाध बार जाने पर ही वह समझ ले गया कि वह कभी भी इनमें से एक नहीं हो सकता।

वह बरामदे में बैठा हुआ शेविंग कर रहा था। वैसे वह इन दिनों देर से ही उठता रहा है पर आज उसे विशेष देर हो गयी थी। रात वह चित्रकला के विभिन्न आन्दोलनों पर अपने विचारों को लेखबद्ध करने की कोशिश में दो बजे सो सका था। सवेरे इस बरामदे में धूप न आने के कारण बड़ी देर तक सुहाना रहता है। धूप की चिलचिलाहट कगारों पर फैल चुकी थी। दोपहर में बगूले चलने लगेंगे पर इस समय सिवाय धूप की तेजी के शेष सब अच्छा ही था। गोमती इन दिनों और अधिक क्षीण हो जाती है। मंकी-ब्रिज की एक महराब भर का जल उसमें रह जाता है। इधर की कगार नंगी ही कही जायेगी। वैसे दो-एक बाँसों के झुरमुट अवश्य हैं पर वृक्ष नहीं के बराबर हैं। बाढ़ के दिनों में भी प्रवाह इधर ही बढ़ता है। उस पार मील-डेढ़ मील तक वृक्षों की सघन पंक्ति चली गयी है। फलत: बाँध से लेकर हार्डिंज-ब्रिज तक का किनारा खूब सुन्दर है। रेजीडेन्सी के सामने की कगार पर तथा मंकी-ब्रिज के दोनों ओर कुछ पक्के घाट हैं, बुर्जियाँ हैं जहाँ शाम के समय इक्के-दुक्के लोग, परिवार टहलने निकल आते हैं। रेजीडेन्सी के सामनेवाली कगार पर सड़क तथा घाटों के बीच चार-छह लोहे की बेंचें भी हैं। प्राय: घोड़े, घोड़ागाड़ियाँ, फोर्ड वहाँ खड़ी होती हैं और अंग्रेज तथा उच्च भारतीय लोग वहाँ चहलकदमी करते होते हैं या फिर बेंचों पर बैठकर सुस्ताते होते हैं। अत: महिम जिस शान्ति, एकान्त की कल्पना दिल्ली-बम्बई की व्यस्तता में किया करता था वह

लखनऊ में इतने विपुल रूप में उसे अनायास प्राप्त हो गयी थी, कहना चाहिए भोग रहा था। घण्टों वह अपलक इस सारे व्यापार को लगभग पीता रहा है।

अपने बरामदे से ही उसने देखा कि गोपा की गिग मंकी-ब्रिज पर चली जा रही है। उसका कितना मन हुआ कि यदि सम्भव होता तो वह गोपा को इस समय यहाँ बुलाकर सामने बैठालकर खूब सारी बातें करता। लेकिन कौन-सी बातें? वह नहीं समझ सका कि वह कौन-सी खूब सारी बातें कर सकता है? गिग, ब्रिज पार कर गयी। चूँकि गर्मियाँ थीं अतः टब लगा हुआ था वर्ना गिग में बैठी हुई गोपा की मुद्रा सदैव उसे बहुत आकर्षक लगती रही है। उसने सोचा भी है कि वह इसी मुद्रा का एक चित्र बनायेगा पर अभी शायद बहुत जल्द होगा ऐसा करना। और उसे बहुत आश्चर्य हुआ कि गिग तो उसी की ओर आ रही थी। टब की छाया में गोपा-मुख का आभास अवश्य मिल रहा था पर स्पष्ट नहीं था लेकिन उसकी साड़ी की धवलता एवं कड़कपन एकदम स्पष्ट लग रहे थे।

और जब गोपा बरामदे में पहुँची तो महिम को सहसा विश्वास नहीं हुआ कि अभी पाँच मिनट पूर्व जो कामना की थी वह इस प्रकार पूरी होगी। लदे हरश्रृंगार-सी सस्मिता गोपा उसके सामने खड़ी थी। महिम को गोपा सदा प्रिय लगी है, पर इतने दिनों के निकट के परिचय उपरान्त भी महिम आश्वस्त नहीं था कि गोपा जिस सहज भाव से उसके यहाँ चली आती है वह बराबर बना रह सकता है। उसे लगा कि गोपा में कहीं कोई काठिन्य है जिसे वह समझ नहीं पा रहा है।

— इस समय कैसे निकल पड़ीं?

कुर्सी पर बैठते हुए हलके मुस्कराते बोली,

— छुट्टियों का दुरुपयोग हो रहा है?

— डाढ़ी बनाये जाने को आप समय का दुरुपयोग कहती हैं?

— मात्र यही नहीं बल्कि देख रही हूँ कि श्रीमान् दिन के दस बजे तक स्लीपिंग सूट में ही हैं।...वो ऽ ऽ बेड-टी भी ली या नहीं?

दोनों हँस दिये। महिम बोला,

— लगता है आप बहुत स्ट्रिक्ट टास्क-मास्टर हैं। ...इस समय तो इन्स्टीट्यूट जा रही होंगी?

— हाँ ऽऽ, जा तो वहीं रही हूँ। एक तो आपकी 'गान विद द विण्ड' वापस करनी थी..

— और दूसरे?

— दूसरे एक परामर्श करना चाहती थी।

— मेरा ख्याल है नौकरी छोड़ने के बारे में तो नहीं है।

— मान लीजिये हो, तो?

— तब तो आपको तुरन्त छोड़ देना चाहिए।

— क्यों?

— इसलिए कि तब वह जगह किसी ऐसे को मिल सकेगी जिसे इस नौकरी की सचमुच आवश्यकता होगी।

— यह आप कैसे कहते हैं कि मुझे नौकरी की आवश्यकता नहीं है?

— नहीं, यह तो मैंने नहीं कहा कि आपको नौकरी की आवश्यकता नहीं है पर यह तय है कि यह वह नौकरी नहीं है।

— तब?

— अरे कुछ सेक्रेटरी, ऐम्बेसेडर-जैसी नौकरी ही आप लोगों को शोभा देती हैं।

— हाँ, यह तो है।—अच्छा!!

महिम अपनी शेविंग समाप्त कर लोशन लगा रहा था। उसने देखा कि गोपा जिस सस्मित भाव से आयी थी वह मुरझा गया था। गोपा के अन्तर में तनाव आ गया था यह उसके नेत्रों से स्पष्ट लग रहा था। यद्यपि वह उसे दाबने की भरसक चेष्टा कर रही थी पर उसके विशाल नयन उसकी चेष्टा को झुठला रहे थे। सहसा महिम को लगा कि उससे अज्ञात में कुछ भूल हो गयी है। किसी की भूल से यदि किसी फूल की पंखुड़ियाँ बिखर उठें और अगर वह फूल उन्हें समेटने लगे और तब जो खिन्नता उस फूल की हो सकती है लगभग वही गोपा की थी।

महिम ने कहा,

— गोपाजी! शायद अज्ञात में मुझसे कोई भूल हो गयी है लेकिन मेरा आशय था कि आप-जैसे लोगों को.......

और गोपा हठात् उठ खड़ी हुई। गोपा में अब आवेश बिलकुल नहीं रह गया था। वह अपने को सहेज ले गयी थी पर आहत होने की प्रतीति अवश्य स्पष्ट थी, बोली,

— अब चलूँगी,

— सच मानें गोपाजी! यदि आप इस प्रकार चली जायेंगी तो मैं अपने को कभी भी क्षमा नहीं कर पाऊँगा। क्या आप सोच सकती हैं कि मैं कभी आपको.....

— लेकिन अभी तो आपने ऐसा कुछ नहीं कहा जिसके लिए आप इतने दु:खी हों।

— तब आप जा क्यों रही हैं? आप तो परामर्श करने आयी थीं।

— इस समय तो सम्भव नहीं लगता।

— तो फिर कब?

— कभी भी।

— नहीं। निश्चयपूर्वक बताइये, कब?

— शाम को।

— लेकिन आपके घर नहीं।

— क्यों?

गोपा जानती थी कि महिम को उस वातावरण में मुँह बन्द किये घण्टों बैठे रहना अच्छा नहीं लगता है। वह मुस्करा दी।

— देखिये, मैं फिर ऐसी कोई बात नहीं करना चाहता जिससे आप.......

बात काटते वह बोली,

— अच्छा, तो क्या आज शाम को हजरतगंज चलना चाहेंगे?

— हजरतगंज क्यों? और कितनी ही जगहें हैं।

— असल में मुझे कुछ आवश्यक खरीदारी करनी है।

— तो यह कहिये।

— लेकिन गंज में आप कहाँ मिलेंगे?

— क्या आपको ढूँढ़ना बहुत कठिन काम है?

गोपा मुस्कराते हुए उठी,

— अच्छा तो इस समय मैं चलूँ।

— क्या बिना कुछ पिये ही?

— क्या आपके यहाँ आने-जाने के लिए पीना कोई आवश्यक शर्त है....यह उपन्यास मुझे बहुत अच्छा लगा। ....लगता है आपके भाई आपको बहुत चाहते हैं।

और महिम को याद आया कि गत वर्ष इन्हीं दिनों वह दिल्ली में था तथा उसके जन्मदिन पर उसके भाई ने उसे 'गान विद द विण्ड' उपहार में दी थी। उसके एक वर्ष पूर्व भाई ने उसे एक नक्काशीदार ईजल भेंट की थी।

— जी हाँ।

और गोपा मुड़ी। धूप तेज हो आयी थी। गागल्स में गोपा बहुत अधिक निखरी लग रही थी।

जब तक गिग दिखती रही वह बरामदे में खड़ा रहा। हलकी आँधियाँ आरम्भ हो चुकी थीं। लू और धूल वातावरण में स्पष्ट थी। तभी तो गोपा की गिग दूरी में चले जाने के कारण उतनी नहीं खोयी होगी जितनी की लू और आँधी में।

महिम जिस समय गंज पहुँचा, गोपा की गिग 'लन्दन-टेलर्स' के सामने खड़ी थी। गिग पर जिस कदर पैकेट लदे थे उससे लगा कि गोपा काफी देर से खरीदारी करती रही है। दूकान के शो-केस में एक बड़ी सुन्दर-सी साड़ी 'डिस्प्ले' की गयी थी। एक क्षण को उसका मन हुआ कि वह उसे खरीद ले, लेकिन वह सहसा नहीं सोच पाया कि उसका क्या करेगा? क्या गोपा उसकी कोई भेंट स्वीकार सकती है? क्या ऐसा करना अभी जल्दबाजी नहीं होगा? जिस समय महिम गोपा के पास पहुँचा, दूकानदार का आदमी उसे 'पामबीच' के सूट के कपड़े दिखा रहा था। गोपा ने कनखियों से महिम को देखा और मुस्करा दिया।

— गर्मियों में पामबीच का [illegible] करेंगी आप?

— पामबीच का सर्दियों में [illegible] क्या कर सकती हूँ?

— नहीं, मैंने अनेक महिलाओं को इसके स्लीपिंग-गाउन पहनते देखा है।

— दिल्ली में न?

और वह स्वल्प व्यंग्य में हँस दी।

— क्या कीजियेगा, फैशन तो दिल्ली की ही चलेगी।

— अच्छा आप बताइये आपको लाइट सीपिया पसन्द है या फिर यह सिल्वर-ग्रे।

— आप मेरी पसन्द से पहनना चाहेंगी?

गोपा को महिम का यह विवाद करना नहीं सुहाया। उसने फिर नहीं पूछा, बल्कि दूकानदार से बोली,

— एक सूट का इस सीपिया में से दे दें।

— जेण्ट्स सूट का?

— जी हाँ।

दूकानदार को उत्तर देकर गोपा ने घूमकर एक बार दूकान का निरीक्षण किया,

— मिस्टर बढेरा!

दुकान मालिक मिस्टर बढेरा अपना नाम सुनकर दौड़ा आया,

— कहिये जी क्या हुक्म है?

— वो, आप तो फर का कोट दिलवाते ही रह गये।

— जी वो इटालियन तो कई आये थे पर आप जो ब्रिटिश चाहती हैं उसके लिए तो देखिये जी हमने आज आठ महीने से आर्डर सीधे लन्दन दे रखा है। आप खुद देख लें।

और दूकानदार ने अपनी फाइल उठायी। गोपा बोली,

— उसकी कोई आवश्यक नहीं। आने पर यू विल इन्फार्म।

— यह भला हो सकता है कि आपको खबर न दी जाये?

दूकान के नौकर सारे बण्डल लेकर गिग पर रखने चले। बढेरा ने गोपा के सामने बिल कर दिया और गोपा ने पर्स से कुछ नोट निकालकर उसे दिये।

वहाँ से तब गोपा और महिम बाहर निकले। साँझ अन्तिम स्थिति पर थी पर अभी भी अँधेरा नहीं हुआ था। पूर्व ओर का आकाश खूब सिन्दूरी हो आया था तथा जिसकी आभा से गंज की एकमात्र सड़क तथा इकहरी लाल बिल्डिगें दिप उठी थीं। सेण्ट्रल-बैंक के घण्टाघर की घड़ी में साढ़े छह हो रहा था। भीड़ कोई विशेष नहीं थी। वैसे भी गर्मियों में लखनऊ का सम्पन्न वर्ग अधिकांशतः नैनीताल चला जाता है। चूँकि गवर्नर तथा सेक्रेटेरिएट नैनीताल चले जाते हैं अतः अफसरों का खासा बड़ा वर्ग पहाड़ों पर चला जाता है। रईस लोग भी इसी प्रकार चले जाते हैं अतः गंज की रौनक कम हो जाती है। 'मेफेयर' तथा 'कैपिटल' में इन दिनों नाममात्र को ही फिल्में लगती हैं। हाँ, इन दिनों छोटे वर्ग के कुछ लोग यदा-कदा

दिख जाते हैं जो कि सामान्य दिनों में कभी गंज में जाने का साहस भी नहीं किया करते।

वातावरण में जो गर्मी थी उसका कारण इस समय की हलकी लू थी। सड़क पर कई बार पानी छिड़का जा चुका था यह भापीले वातावरण से स्पष्ट था। थोड़ी देर भी बिना पंखे के चलना-बैठना कठिन था। पीछे-पीछे गिग आ रही थी। महिम ने गोपा से पूछा,

— इस छिड़काव से तो जैसे गर्मी और भी भड़क उठी है।

— हाँ, और क्या!! इस सन् '३० में और सौ साल पहले के जमाने में मात्र इतनी ही तो प्रगति हुई है कि पहले भिश्ती ही पानी छिड़का करते थे और अब गाड़ियाँ भी चल गयी हैं।

— ऐम्बेसेडर न चल रही हैं?

— जी हाँ।

और दोनों ने सड़क पार करने के पूर्व इधर-उधर ताका। शाहनजफ रोड जहाँ गंज की सड़क से मिलती है उसके ठीक सामने ऐम्बेसेडर होटल अपने राजसी वैभव के साथ गर्मियों की इस शाम भी विद्यमान था। यद्यपि अन्य मौसमों में यहाँ गाड़ियाँ, घोड़ागाड़ियाँ तथा लखनऊ के सभी सम्भ्रान्त व्यक्ति इसके दरवाजे से आते-जाते देखे जा सकते हैं पर इस समय काफी शान्ति लग रही थी। दरबान ने जैसे ही दरवाजा खोला, भीतर अपेक्षाकृत ठण्डा था। ऐम्बेसेडर होटल एक प्रकार से लखनऊ के सम्भ्रान्त लोगों का हर तरह से अड्डा था। यहाँ से रेस-कोर्स; बाल-डान्स, थियेटर किस चीज का सूत्रपात नहीं होता था? इसका प्रमुख हाल आज भी सर्दियों में बाल-डान्स के लिए प्रयुक्त होता है। बड़े दिन के अवसर पर लगभग एक माह तक जो गहमागहमी यहाँ रहती है वह अविस्मरणीय होती है।

दरबान के दरवाजा खोलते ही चार सीढ़ियों ऊँचा लम्बा-सा सहन दोनों ओर चला गया है। इस सहन के बीचोंबीच फिर चार सीढ़ियाँ मिलती हैं जहाँ से वह बड़ा विशाल गलियारा आरम्भ होता है जो कि बड़े हाल में जाकर परिणत हो जाता है। गलियारे के दोनों ओर केबिन्स थे। जिन दिनों भीड़-भाड़ होती है उन दिनों तो केबिन में बैठना गोपा को ठीक लगता है पर इन दिनों जबकि मेन हाल में गिनती के लोग थे, वहीं बैठना उचित समझा। जिस समय ये लोग हाल में पहुँचे गान लगभग समाप्त हुआ था क्योंकि गिनती की तालियाँ उस समय बज रही थीं। संगीत का जिधर मंच बना है वहाँ दो आदमकद तैलचित्र विक्टोरिया तथा सप्तम एडवर्ड के लगे थे। दीवारों पर अनेक प्रकार की विदेशी सीन-सीनरी के बड़े-छोटे फ्रेमित चित्र सजे हुए थे। एक बड़ा-सा झाड़-फानूस लकदका रहा था। गायिका कोई एंग्लो इण्डियन लड़की थी जो कि गोपा से आँखें मिलते ही मुस्करा दी थी। गोपा के बैठते ही सिर झुकाते हुए बोली,

— नाउ आइ सिंग फार यू मेम!

पियानो पर उसका साथी गत बजाने लगा था। बेंजो, फिडल तथा ड्रम हौले-हौले साथ देने लगे थे और गायिका ने आरम्भ किया। इस बीच बैरा मैनू तथा पानी के गिलास रख गया।

— बोलिये क्या लेंगे?

गोपा ने महिम से पूछा पर देख वह मैनू ही रही थी।

— आज मेरी पसन्दगी नहीं, आपकी रहेगी।

— लेकिन समझौता करना होगा।

— क्या?

— पेय मेरी पसन्द से होगा तथा खाद्य के बारे में आप बतायेंगे।

— गर्मियों में भी कुछ खाया जा सकता है यह मेरी समझ में आज तक नहीं आया!

— हाँ, यह तो ठीक है लेकिन फिर भी बोलिये।

— गोपाजी! ज्यादा अच्छा तो यह होगा कि जाड़ों में आप मुझसे पूछें।

— आप तो जाड़ों के बारे में ऐसे कह रहे हैं जैसे कल से ही जाड़ा आनेवाला है।

अटेण्डेण्ट अपनी नोटबुक के साथ खड़ा था। गोपा बोली,

— पहले आप पाइन-एपल ज्यूस ले आइये!

— ऐज यू लाइक।

और अटेण्डेण्ट नोट करके चला गया। हाल में गायिका की अकेली संगीतमयी आवाज गूँज रही थी जैसे कोई अकेला पाखी उस हाल से बाहर जाने के लिए दीवारों से टकराते हुए रास्ता खोज रहा हो।

— कुल मिलाकर यहाँ भी घुटन-सी आपको नहीं लग रही है?

महिम के प्रश्न पर गोपा चौंकी। वह कुछ मुस्कराते हुए बोली,

— आप भी शायद उन लोगों में से हैं जिन्हें प्रत्येक समय आधारभूत समस्याएँ ही सालती रहती हैं।

— मैं आपका मतलब नहीं समझा।

— होटल को आप होटल से अधिक महत्त्व क्यों देते हैं?

गान शेष हो गया था। अन्तराल के लिए गायक-वादक उठने लगे थे जब बैरा आर्डर लेकर आया। वातावरण में शान्ति आ गयी थी फलतः इतने से शोर से भी जो एक असुविधा हो रही थी वह अब नहीं थी अतः अच्छा लग रहा था। गोपा ने कुछ देर प्रतीक्षा के बाद कहा,

— अब बताइये, कैसा लग रहा है यहाँ?

— लोग तब यहाँ संगीत वगैरा क्यों होने देते हैं?

— लोग यहाँ अपने को पाने के लिए नहीं वरन् अपने को खोने के लिए आते हैं।

संगीत के शेष होने पर थोड़ी देर में दो-एक टेबलों को छोड़कर बाकी के लोग भी जा चुके थे। वह फिर बोली,

— आज मुझे अनेक दिनों के बाद ऐम्बेसेडर इतना अच्छा लगा वरना यहाँ तो इतने सारे लोग-ही-लोग होते हैं कि बस।....... आप सचमुच ही पूरी गर्मियाँ कहीं नहीं जा रहे हैं?

— मैंने आपको बताया था न कि जो यहाँ है वह अन्यत्र नहीं है।

— लेकिन जो कुछ वहाँ होगा वह यहाँ नहीं हो सकता है।

कहकर गोपा मुस्करा दी।

— जिसके लिए होगा उसके लिए होगा वहाँ।

— तो क्या आपको ऐसा लग गया कि लखनऊ में आपके लिए ऐसा है जो अन्यत्र नहीं है?

— देखिये, अभी कुछ भी कह सकना सम्भव नहीं।

— आप बातें तो बड़ी चतुराई से कर लेते हैं।

— कहिये आपके लखनऊ के ढंग पर आभार प्रकट करूँ?

और दोनों हँस दिये।

— चौबीस तारीख को आपका क्या कार्यक्रम है?

— चौबीस ....चौबीस.........असल में...... वैसे तो कुछ भी खास प्रोग्राम नहीं है। वैसे मैं चाहता हूँ कि ....

— नहीं, आप नहीं चाहेंगे उस दिन, बल्कि मैं चाह रही हूँ कि आप आयें।

— नहीं। यदि मात्र मुझे ही आना है तब मैं चाहूँगा कि आप उस दिन पूरे दिन के लिए आयें।

— अच्छा, यही सही।

और जिस समय वे लोग बाहर निकले मौसम कुछ ठीक था। गोपा अपनी गिग पर चली गयी। महिम ने सोचा कि वह भी सवारी ले ले पर वह घर इतने जल्द लौटना भी नहीं चाहने लगा अत: वह पैदल ही चल पड़ा।

उस दिन गंज से लौटकर उसने निश्चय किया कि वह कोई नयी छवि आँकेगा और जब गोपा आयेगी तब उसे भेंट करेगा। गोपा की जो मुद्रा उसे सबसे प्रिय लगी है उसी को वह चित्रित करना चाहता था—ब्रिज पर जाती हुई एक घोड़ागाड़ी तथा उसमें बैठी हुई गोपा।—और तीन दिन तीन रात के अथक परिश्रम के बाद वह चित्र को बहुत-कुछ मनोनुकूल बना सका। वास्तविकता में उसने केवल यही परिवर्तन किया कि सारा दृश्य कुहरे में डूबा परिकल्पित किया गया।

दूसरे दिन सवेरे ही गोपा आनेवाली है इस विचारमात्र से वह चित्र की 'फिनिशिंग' करता रहा और उसे काफी रात हो गयी। इन तीन दिनों में न उसने मौसम, न भूख, न प्यास किसी की चिन्ता नहीं की। जब चित्र पूरा कर उसने ब्रश रखा उस समय वह इतने उत्साह में था कि वह उस चित्र को लेकर उतनी रात में गोपा तक जाना चाहता रहा। सम्भव होता तो वह उसे आधी रात में जगाकर दिखाता और कहता कि लो देखो गोपा! मैंने तुम्हें किन-किन रंगों में अपने भीतर परिकल्पित कर रखा है। वह अपनी इस ले जानेवाली मधुर कल्पना का आनन्द लेता बिस्तरे पर थका-सा लेटा रहा। वह एकदम ही सो जाना चाहता था पर बारम्बार वह खुली आँखों अपने को मंकी-ब्रिज पर चित्र लिये गोपा के घर की ओर जाते देखता कि वह गोपा के घर पहुँच गया है। उसके कमरे की उन तीन खिड़कियों के सफेद पर्दों से झीना-झीना-सा प्रकाश आ रहा है। वह आवाज देता है—'गोपाजी!' और कुछ ही देर में बीचवाली खिड़की से गोपा झाँकती है और तब वह नीचे के लिए चल पड़ती है। बड़े-से दरवाजे की लाइट के नीचे आकर गोपा खड़ी हो जाती है—आइये, लेकिन इतनी रात में?...... और महिम हँस देता है। वह फिर पूछती है—यह क्या लिये हैं? और महिम बिना कुछ कहे उसे चित्र देकर तत्काल चल पड़ता है। गोपा इस प्रकार छवि दिये जाने पर अवाक् हो जाती है। महिम को लौटते समय अपनी पीठ पर गोपा के वे बड़े नयन चिपके-से अनुभव होते हैं......और महिम इसी परिकल्पना में न जाने कब सो जाता है।

चूँकि महिम सतर्क था कि वह गोपा के आने के पूर्व तैयार रहे अत: जब वह अन्य दिनों की अपेक्षा जल्द उठा तथा तैयार होने लगा तो उसके नौकर को बहुत आश्चर्य हुआ। यद्यपि महिम पिछली तीन-चार रातों पूरी नींद नहीं सोया था पर आज वह बड़े तड़के अपने बरामदे में चाय पी रहा था तब उसे सारा दृश्य कितना आकर्षक एवं मोहक लगा। प्रात:काल की भव्यता से उसका प्राय: साक्षात् नहीं हुआ है, पर जब कभी भी हुआ है उसे वह दिन ठीक वैसे ही जल की भाँति

लगता रहा है जो कि उसके व्यक्तित्व की भीतरी जड़ों को सींच गया है। इस प्रकार के उसके अनुभव गिनती के दिनों के ही हैं पर उन दिनों पर वह निर्भर करता रहा है।

गर्मियों का इतना अलत सवेरा कितना वर्चस्वी लग रहा था। धुली आँख की भाँति निरभ्र वातावरण। कबूतरों के उड़ते झुण्ड आकाश को सजीव कर रहे थे। प्रात:काल की यह अनिर्वचनीयता उसके सामने से क्रमश: बीत रही थी। उसे लगा कि व्यक्ति को कम-से-कम अपने जन्मदिन पर तो अवश्य ही इस वैराट्य का साक्षात् करना चाहिए। महर्षि या ऋषि बनने के लिए रोज इस साक्षात् की आवश्यकता होती है पर यदि वर्ष में एक बार भी साक्षात् कर लिया जाये तो भी व्यक्ति के लिए बहुत है।

जिस समय वह तैयार होकर कपड़े पहन रहा था उसे लगा कि ड्राइंग-रूम में गोपा आ चुकी है। वस्तुत: जब वह नहा रहा था तभी गोपा आयी थी। आते ही गोपा ने नौकर से पूछा था कि तुम्हारे साहब अभी जागे कि नहीं? गोपा के पीछे-पीछे हशमत मियाँ फूलों का एक बड़ा-सा स्तवक तथा कुछ बण्डल लिये थे। गोपा ने खिड़की में रखे फूलपात्र में लिली सजा दी। उसे लगा कि रोज की अपेक्षा आज कमरा अधिक धुला-पुँछा एवं व्यवस्थित है। कोने में रखी टेबल पर जब हशमत मियाँ ने बण्डल रख दिये तो वह बोली,

— हशमत चाचा! अब आप जा सकते हैं।

— और कहीं नहीं चलेंगी बिटिया!

— अभी तो नहीं चाचा! और अगर कहीं जायेंगे तो भी आपकी जरूरत नहीं होगी। तीसरे पहर आ जाइयेगा।

हशमत मियाँ सलाम कर चला गया। महिम ने गोपा और हशमत मियाँ की यह बातचीत ही कपड़े पहनते सुनी थी। हशमत के जाने पर गोपा ने लिली के स्तवक पर लाल फीते से एक बड़ी-सी चिट लटका दी—हैप्पी बर्थ-डे टू यू!!

और जब तैयार होकर महिम ड्राइंग-रूम में आया तो उसने देखा कि हलके बादामी रंग की साड़ी में गोपा आद्यन्त सुन्दरी लग रही थी। महिम को लगा कि यह रंग गोपा पर जितना सुहाता है उतना श्वेत को छोड़कर और कोई नहीं। और रंग भी उस पर जाते हैं पर उनमें वह खो जाती है जबकि इस तथा सफेद रंग में वह ऐसी लगती है जैसे इन दोनों रंगों ने गोपा को धारा हो। महिम का ध्यान कमरे में घुसते ही लिली तथा फूलपात्र पर लटकी चिट पर गया। महिम देख ले गया कि गोपा मुस्कराते हुए उसे देख रही है।

— धन्यवाद दूँ गोपाजी! आपको।

— क्या? आप मुझे मात्र गोपा नहीं कह सकते?

— कह सकता हूँ बल्कि कहना भी चाहूँगा, पर एक शर्त पर।

— क्या?

— यदि मुझे भी मात्र महिम ही कहा जाये।
— यह नहीं होगा।
— क्यों?
— इसलिए कि नारी कभी पुरुष नहीं हो सकती। नारी को यह शोभा नहीं देता। इससे सन्तुलन बिगड़ जाता है।
— मैं नहीं जानता था कि तुम इतनी परम्परावादी हो।
— हाँ, अभी आप बहुत-कुछ नहीं जानते। मानकर चलना ठीक नहीं होता।
— गोपा! मुझसे अधिक कृतज्ञ तो यह कमरा हो रहा है।
— अच्छा !!
— हाँ, और क्या!! देख रही हो न कि इन फूलों ने कमरे को जैसे एक भाषा दे दी है।
— अच्छा, अब यह बताइये कि कुछ खिलायेंगे-पिलायेंगे या ऐसी ही लच्छेदार भाषा का आयोजन किया है?

महिम को पहली बार लगा कि इतने दिनों के परिचय के बाद यह पहला नैसर्गिक वाक्य गोपा के मुँह से निकला।

— क्या तुम किसी आयोजन का सोचकर आयी हो?
— क्यों? जन्मदिन पर भी नहीं?
— लेकिन अपना जन्मदिन स्वत: मनाने से बड़ी लज्जाजनक स्थिति और क्या हो सकती है?
— अच्छा, तो आइये कोई दूसरा मनाये देता है।

और गोपा उठी। कोने में रखे कागज के पैकेटों को खोलने लगी। महिम ठगा-सा देखता खड़ा रहा। वह वस्तुत: किंकर्त्तव्यविमूढ़ हो रहा था। गोपा ने मिठाई का एक पैकेट सामने करते हुए कहा,

— लीजिये, मुँह मीठा कीजिये।
— वाह, यह कैसे हो सकता है? मेरे ही घर में आप मेरा ही मुँह मीठा करवा रही हैं।
— क्या किया जाये?

और गोपा ने देखा कि महिम का नौकर रामलाल पर्दे के पार खड़ा है. महिम बोला,

— नाश्ता लग गया रामलाल!
— जी साब!
— आइये, चलिये।
— लेकिन पहले मुँह तो मीठा करिये।
— लेकिन एक शर्त पर।
— नहीं। मैं जानती हूँ कि आप क्या कहना चाहते हैं।

— क्या जानती हो?

— आप हर बात क्यों कहना-सुनना चाहते हैं? यह अच्छी आदत नहीं है। चलिये लीजिये।

और महिम ने एक मिठाई उठा ली। डिब्बा बन्द करते देख महिम ने कहा,

— और तुम नहीं लोगी?

— मैं नाश्ता करूँगी।

गोपा ने यह बात जिस तरह से कही उसके बाद आग्रह करना सम्भव नहीं था।

आज कुछ गर्मी अधिक हो गयी थी। रोज की अपेक्षा आज इस समय अभी से लू का प्रकोप दिखलायी दे रहा था। बरामदे की भारी चिकें गिरा दी गयी थीं। सभी कमरों के पर्दे भी गिरा दिये गये थे। इस बँगले में यही अच्छाई थी कि सारे कमरे इस प्रकार जुड़े हुए थे कि किसी भी मौसम में बाहर निकलने की आवश्यकता ही नहीं थी।

डिनर-टेबल से उठते हुए गोपा बोली,

— आपने कभी अपने चित्र नहीं दिखाये।

— क्या तुम ज्योतिष जानती हो गोपा?

गोपा सहसा सकपका गयी। वह महिम की बात नहीं समझ पायी, बोली,

— यह आपने क्यों पूछा?

— यह इसलिए कि तुम यह कैसे जान गयीं कि आज मैं तुम्हें अपने चित्र दिखाना चाहता हूँ।

— इसके लिए ज्योतिष की आवश्यकता नहीं। सीधी-सी बात है कि कोई भी कलाकार अपनी कृति को दिखाना चाहेगा।

— तब तुम संगीत क्यों नहीं सुनातीं?

— इसलिए कि मैं कलाकार नहीं हूँ।..... मेरी बात छोड़िये। आइये, चलें।

गोपा ने देखा कि बँगले का सबसे बड़ा कमरा महिम का 'स्टूडियों' तथा 'स्टडी' दोनों ही है। पर जिस प्रकार यह अव्यवस्थित था उसके कारण उसे स्वल्प उलझन हुई। सामने ही ईजल पर एक बड़ी-सी छवि कागज से ढँकी हुई थी। एक तरफ कोने में खाँचियों चित्र गँजे पड़े थे। वे जिस प्रकार से रखे हुए थे उसमें लगभग उपेक्षा का भाव ही लगता था। खिड़की से सटी छह छोटी रैकों में किताबें थीं। लेकिन उनके पास ही उतनी ही किताबें फर्श पर बिखरी पड़ी थीं। रंगों की प्यालियाँ, ब्रश, तैलरंगों की खाली-भरी ट्यूबें ऐसे ही बिखरी पड़ी थीं। कमरे में

तैल और टरपनटाइन की गन्ध भरी हुई थी। ईजल के ठीक ऊपर एक तेज बल्ब लगा हुआ था। चूँकि सारे पर्दे गिरा दिये गये थे अतः कमरे में अँधेरा था। महिम ने उस तेज बल्ब को जला दिया। सारे कमरे में तो अँधेरा-जैसा बना रहा पर ईजल पर ढँका चित्र उभर आया।

— क्या यह चित्र अभी बना नहीं?

— तुम उस पर बैठो।

निवाड़ की एक फोल्डिंग कुर्सी थी जिसकी ओर महिम ने संकेत किया। वह उस ईजल के पास जाकर खड़ा हो गया। उस प्रकाश में गोपा ने पहली बार महिम को गौर से देखा। उसके घुँघराले बालों पर तेज रोशनी गिर रही थी। महिम ने तंजेब का कुरता तथा पाजामा पहन रखा था। महिम का कद जितना वह साधारण समझती थी उतना नहीं था। हाँ, महिम के मुख पर एक ऐसा सूनापन था जो कि संघर्षी व्यक्तियों के मुख पर होता है। ओंठ यदि पतले नहीं थे तो सुघड़ तो कहे ही जा सकते थे। हथेलियाँ तथा अँगुलियाँ भी विशेष पतली नहीं थीं बल्कि हथेलियाँ किसी सीमा तक गदरायी हुई तथा चौकोर ही थीं। वह कमरे की अस्तव्यस्तता में जाने क्यों मनोहर लग रहा था।

— गोपा! सच मानो यह मैं किसी आवेश में नहीं कह रहा हूँ लेकिन जो चित्र दिखाने जा रहा हूँ वह मुझे अत्यन्त प्रिय है।

महिम ने बात जिस ढंग से आरम्भ की थी उससे वह किंचित् घबरा गयी थी, बोली,

— आपने तो मुझे डरा ही दिया था।

— कैसे ?

— अब आप अपना चित्र दिखाइये।

— लेकिन एक बात है।

— शर्त नहीं कहा इस बार?

और वह खिलखिला दी!

— इसलिए कि तुम मेरी कोई शर्त चलने ही नहीं देतीं।

— अच्छा कहिये।

— एक तो यह कि... यह मैंने विशेष रूप से...तुम्हारे लिये बनाया है।

और महिम ने चित्र पर से कागज हटा दिया।

गोपा चित्र देखकर अवाक् हो आयी। अपने को रंगों में चित्रित देख और वह भी इस मुद्रा एवं सज्जा में—उसकी आँखें तन्मयता में मुँदने लगीं। सुख चाहे इन्द्रियगत हो या भावगत हमें आकण्ठ परितृप्त ही करता है। सारे सुखों की प्रतीति एक ही श्लथता से अनुभवित होती है। गोपा मारे सुख के अपने अस्तित्व की जड़ों में लौटी जा रही थी। क्या वह सच ही ऐसी है? लेकिन कैसी? और वह अधमुँदे नेत्रों से चित्र देखने लगती है। चित्रवाली गोपा अपनी बग्घी में बैठी, कुहरे में डूबी,

अपने बड़े-बड़े नेत्रों से उसी की ओर देख रही है। उसे विश्वास नहीं हो रहा था कि वास्तविक की गोपा कौन है, चित्र में है या वह स्वयं है?

महिम उस चित्र को ही देख रहा था। उसने सहसा ब्रश उठाया और गले के पीछे कालर पर ब्रश चलाने लगा। ब्रश चलाने के ढंग से गोपा को लगा कि वह गले के पीछे के रंग को हलका करने में लगा है। उसके बाद वह दूर एक कोने में जाकर उसे देखने लगा। वहीं से बोला,

— गोपा इसे यहाँ से देखो।

और गोपा मन्त्रमुग्ध-सी खिंची हुई उसके पास जाकर खड़ी हो गयी और सच यहाँ से देखने पर वातावरण एकदम उभर आया। बल्कि बग्घी चलती-सी लगी। ब्रिज की महराब, मुँडेर, बग्घी के पहिये, घोड़े की अयाल तक कितनी सजीव लग रही थी। काफी देर तक वह भी वहीं खड़ी-खड़ी देखती रही। गोपा ने देखा कि महिम फिर उसके चित्र के पास जाकर दूसरा ब्रश लेकर आँखों के पास कुछ कर रहा है। थोड़ी देर के बाद वह बोला,

— आइ थिंक इट इज आलराइट नाऊ।...तुमने कुछ कहा नहीं गोपा!

और महिम ने देखा कि गोपा के मुख पर एक ऐसी चमक, प्रसन्नता थी जिसे देख वह ठिठका रह गया। गोपा का इस वेला न बोलना ही सबसे बड़ा बोलना लगा। उसका मन हुआ कि वह गोपा को अंक में भर ले लेकिन उसने अपना विवेक नहीं खोया।

— आइ थिंक यू डोण्ट डिस्कार्ड इट।

और हँस दिया।

— जब मैं नहीं बोल रही हूँ तो क्या आवश्यक है कि आप बोलें?...बहुत-कुछ बोलने से परे भी होता है महिम बाबू!

और गोपा की आँखें जिस प्रकार पूरे महिम को देख रही थीं उसमें लगा कि वह महिम को अंक में भरे ले रही है।

— आओ, तुम्हें दूसरे चित्र दिखाऊँ।

— जी नहीं, अब नहीं।

— क्यों?

और गोपा मुस्करा दी। मुसकराते हुए उसने जिस मोहक ढंग से अपने दोनों हाथ गूँथकर सामने झुला लिये वह महिम को बहुत अच्छा लगा। गोपा बोली,

— आप इतना भी नहीं जानते? इसी अर्थ में तो नारी और पुरुष भिन्न हैं महिम बाबू। रचना कितनी ही बड़ी कर ले जायें पर किसी भी प्रकार का भोग भोगना पुरुषों को कभी नहीं आयेगा।

दोनों फिर ड्राइंग-रूम में निकल आये। ड्राइंग-रूम में पहुँच गोपा बोली,

— यदि आपको आपत्ति न हो तो एक बार आपके स्टूडियो में अकेली जा सकती हूँ? विश्वास रखें चुराऊँगी कुछ नहीं।

और वह हँस दी।

— चोरी का डर नहीं है गोपा!

— तब किस बात का डर है?

— कहीं कुछ अपना ही न छोड़ आओ।

— मैं इस योग्य नहीं हूँ महिम बाबू।

और वह फिर स्टूडियो की ओर निकल आयी। स्टूडियो में अँधेरा था। उसने बत्ती जला दी। चित्र फिर उभर आया। स्टूडियो में इस समय मात्र वह और उसकी छवि थी, यह विचार ही उसे रोमांचित कर रहा था। उसे उस प्रतिकृति से मोह हो आया। वह बूझ ले गयी कि छवि और उसमें क्या अन्तर था। छवि कल्पना थी जबकि वह वास्तविक। क्या किसी भी दिन वास्तविक की गोपा के भीतर हो रहे हाहाकार को महिम समझ सकेगा? उसे चित्रवाली गोपा ही प्रिय है। जिस असंग दर्प, गौरव में लिपटी है चित्रवाली गोपा, क्या वह स्वयं किसी दिन ऐसी हो पायेगी? अपने भीतर जिस विरोधाभास को वह पाले हुए थी वह इस चित्र को देखकर कितना मुखर हो आया है। वह स्वयं से कभी उस सबकी चर्चा नहीं करती पर यह चित्र... और वह कामना करने लगी कि क्या किसी भी दिन हम वैसे हो सकते हैं जैसा कि लोग हमें समझते हैं? हमारी कैसी विडम्बना है, नियति है कि हम जीवनभर अपनी ही संज्ञा, स्वत्व ढोते चलते हैं। अपने से पृथक् हो सकने की या अन्य कुछ बन सकने की हमें छूट ही नहीं होती। कितना थका देनेवाला बोझ है यह कि जीवनभर हम, हम ही बने रहते हैं। सबसे मुक्ति है पर अपने पर अपना ही बोझ ढोते रहने से कोई मुक्ति नहीं। वह चीख पड़ना चाहती रही कि महिम! मैं वह नहीं हूँ जो तुमने आँका है...मैं तो...मैं तो...और उसने अपने को स्वस्थ बनाने के लिए बिजली बुझा दी। बत्ती बुझने के साथ ही चित्र, कमरे का सारा परिपार्श्व एकदम बुझ गया। वह दीवार से सटी कुछ देर अँधेरे में खड़ी रही, उपरान्त वह स्टूडियो से निकल मुस्कराते हुए ड्राइंग-रूम में प्रवेशी।

आते ही बोली,

— क्या आज रोज से अधिक गर्मी है या मुझे ही लग रही है।

— नहीं, आज कुछ विशेष गरम है भी। पंखा और तेज कर दिया जाये।

— पृथ्वी पर जब कोई बड़ा व्यक्ति जन्म लेता है तब मौसम बदल जाता है।

— लेकिन आज तो मेरा जन्म नहीं हुआ।

दोनों हँस दिये।

— उस दिन भी मौसम अधिक गरम न हो गया होगा यह भला आपको क्या मालूम?

— तो तुम तो सिद्ध करने पर लगी हो कि मैं बड़ा आदमी हूँ। ....कमबख्त इस मौसम ने मेरा कार्यक्रम ही बिगाड़ दिया।

— कौन-सा कार्यक्रम?

— सोचा था कि खाने के वक्त तक जरा सामने के बाँसों के झुरमुट तक चलेंगे।

गोपा ! वहाँ बैठना बड़ा अच्छा लगता है।

— तो क्या अब सम्भव नहीं?

— असल में आज लू अभी से शुरू हो गयी है।

— कोई चिन्ता नहीं। दूर ही कितना है।

— सच??

और उत्तर में प्रसन्न आँखों से हुँकारी भरकर गोपा ने जिस मधुरिमा से देखा, महिम को बहुत अच्छा लगा। वह बोला,

— तो फिर लू से बचने के लिए अपने कान-वान बाँध लो।

— आप तो इस तरह से कह रहे हैं जैसे लू-आँधी में पैदल बाराबंकी तक जाना है।

महिम तैयार होने के लिए चला गया। गोपा ने भी अपना सफेद स्कार्फ निकालकर बाँध लिया तथा गागल्स ले लिये। महिम पैण्ट-शर्ट पहने था तथा पी-कैप लगाये था। रामलाल को बता दिया गया कि सामने कगार तक जा रहे हैं और खाने के वक्त तक लौट आयेंगे।

लू थी, लेकिन अभी तेज आँधी नहीं चलने लगी थी। धूप में खासी चमक थी। यदि उन लोगों ने गागल्स न लगाये होते तो देखना सम्भव न होता। धरती धूप से तप रही थी। गोपा ने इस समय निकलने को कोई सुखद नहीं माना था पर इतना कष्टद होगा यह भी नहीं पता था। कगार दूर से इतनी ऊबड़-खाबड़ नहीं लग रही थी जितनी कि वह थी। जगह-जगह दरारें पड़ गयी थीं। प्रायः छलाँग भरना पड़ता था। उस पर धूल और बालू भी खासी गरम थी। वैसे अधिक दूर नहीं जाना था। जल की यह विशेषता होती है कि उसका न केवल दर्शन ही शीतल होता है वरन् उसका स्मरण भर शीतल होता है। पार के विशाल पेड़ों का इतने निकट होना भी अच्छा लग रहा था। गोमती में जल नाममात्र को ही था। दलदल काफी था। बाँसों के झुरमुट तक जाने में सम्हल-सम्हलकर जाना पड़ रहा था। महिम ने गोपा का हाथ धर रखा था। गोपा को इस प्रकार लिवा ले जाने में महिम को सुख लग रहा था। हम केवल मुँह से ही नहीं अभिव्यक्ति करते हैं बल्कि इन्द्रियों से भी अपने को कह रहे होते हैं। लेकिन अनेक बार आपने देखा होगा कि हाथ और पैर-जैसे अंग तक हमारी अभिव्यक्ति के माध्यम बन जाया करते हैं। महिम का हाथ गोपा के हाथ से बराबर कुछ कहता जा रहा था और जिसे गोपा का हाथ संकोचवश सुनता जा रहा था क्योंकि परिस्थिति ही ऐसी थी कि वह महिम के हाथ में ही रहे। पर वस्तुतः मौन बने रहने पर भी गोपा के हाथ को भी अच्छा ही लग रहा था यद्यपि वह इसे स्वीकार नहीं सकता था।

और वे बाँसों के झुरमुट पहुँचे। पहुँचते ही महिम बोला,

— हमारी यह आँधियों भरी महान् यात्रा पाण्डवों की महाप्रस्थानवाली यात्रा से कम महत्त्वपूर्ण नहीं रही।

— लेकिन उसमें तो अन्त में केवल युधिष्ठिर ही पहुँचे थे।

— हाँ, अन्तर तो है ही। न मैं युधिष्ठिर हूँ और न तुम द्रौपदी।

लेकिन दोनों को ही लगा कि बात बिलकुल गलत थी अतः दोनों हँस दिये।

— आप क्यों हँसे?

— पहले तुम बताओ, तुम क्यों हँसी ?

— इसलिए कि किसी भी चीज का अधूरा ज्ञान होने पर उसका प्रयोग करने पर यही दुर्दशा होती है।

और इस बार दोनों खुलकर हँसे।

— जानती हो गोपा! मुझे सबसे अच्छा दृश्य कौन-सा लगता है?

— नदी, पेड़...यही सब होगा।

— हुश!! कभी तुमने मछली पकड़ते भद्रजनों को देखा है? फिशिंग-राड पत्थर से सटाकर पानी में डाल दी और अपने मुँह पर हैट रखकर धूप में लेटे हुए हैं। जैसे वे स्वयं भी एक फिशिंग-राड हों और जाने किस चीज को पकड़ने के लिए आकाश के जल में लेटे हुए हैं। मुझे ये लोग नम्बरी मूर्ख लगते हैं।

— अरे, अरे, आप तो सबको एकदम मूर्ख कहे दे रहे हैं। जानते हैं, पापा अब भी कभी-कभी बाँध पर फिशिंग के लिए जाते हैं। कम-से-कम मेरे सामने तो यह न कहें।

और इस बार दोनों अत्यन्त प्रसन्न मन से हँसने लगे। झुरमुट के एक ढूह पर गोपा को बैठाल वह भी पास ही में बैठना चाह रहा था पर दूसरा ढूह एक पतली-सी खाईं के पार था। अगत्या वह कूदकर उधर गया और ढूह पर बैठ गया।

— झुरमुट के कारण यहाँ ठण्ढा है न ?

गोपा ने तन्मय होते हुए आँखों से उसे देखा, जवाब नहीं दिया।

गोमती में एक ढेला फेंकते हुए महिम बोला,

— गोपा! मौन का जितना सार्थक प्रयोग मैंने तुममें देखा है उतना और किसी में नहीं।

— और किस-किसका अनुभव है आपको?

महिम को नहीं पता था कि उसके वाक्य की यह ध्वनि भी हो सकती थी और गोपा उसे प्रश्न कर इस प्रकार प्रस्तुत करेगी। वह सकपका गया।

— तुमने तो बात को नया ही मोड़ दे दिया।

— क्या ऐसा नहीं है?.... जाने दीजिये।

महिम को गोपा के इस अस्त्र का उत्तर समझ में नहीं आता था। या तो वह अपने प्रश्नों, जिज्ञासाओं के प्रति ठण्ढी बनी रहेगी या यदि वह उत्तेजित भी होगी तो अनायास फिर अपने वलयों में लौट जायेगी। ऐसे व्यक्ति का क्या किया जाये?

प्रसंग बदलने के विचार से वह बोला,

— सच, लखनऊ मुझे अच्छा लगता है।

— हाँ ऽऽ, अच्छा है।

— क्यों? तुम इतने ठण्ढे तरीके से क्यों कह रही हो?
— क्योंकि मुझे प्रिय नहीं है।
— यू मीन, यू डोण्ट लाइक इट, रादर डिस्कार्ड इट।
— नो, आइ डोण्ट कन्सीडर इट।

गोपा के मुख पर हलका तनाव था। इतना तो स्पष्ट था कि गोपा ने यह वाक्य मात्र 'विट' पैदा करने के ख्याल से नहीं कहा था। कहीं कोई फाँस थी।

— अपने ही शहर के बारे में तुम्हारी इतनी पुअर ओपीनियन है।
— जिसे नहीं जानती, भला उसके बारे में कोई राय कैसे बनायी जा सकती है।
— लेकिन क्यों? लखनऊ में क्या नहीं है? और फिर तुम्हारे पास....
— आप समझते क्यों नहीं कि सब-कुछ चमकनेवाला स्वर्ण नहीं होता।....क्या हम लोग और कुछ बातें नहीं कर सकते?..महिम बाबू!..!!

महिम ने देखा कि गोपा की आँखें लगभग छलछला आयी हैं।

— आइ एम सारी गोपा!

लेकिन गोपा मंकी-ब्रिज की ओर देख रही थी। महिम को गोपा का इस प्रकार यहाँ बैठना बहुत रुचिकर लग रहा था। उसका हिलता स्कार्फ, छोटी चिड़िया का स्मरण करा रहा था। वह इस परिपार्श्व में अप्रतिम लग रही थी। आँधी में बाँसों की पत्तियाँ मछलियों की तरह काँपती हिल रही थीं। एक अर्थ में चारों ओर निर्जन था। वह झुरमुट काफी सघन था अतः यहाँ बैठना बड़ा सुखद लग रहा था।

— गोपा! क्या किसी दिन यदि तुमसे कहा जाये तो तुम गा सकोगी?
— नहीं जानती।
— मेरा मतलब आज से नहीं है।
— जानती हूँ। पर सच ही, कह नहीं सकती।...वह चित्र सच ही आपका बहुत सुन्दर है।
— लेकिन वह अब मेरा नहीं है।
— मेरा ख्याल है आप उसको कहीं प्रदर्शित तो नहीं करेंगे न?
— मैं उसे तुम्हें दे चुका गोपा!

उठते हुए बोली,

— महिम बाबू! अशुभ व्यक्तियों के चित्र नहीं बनाने चाहिए।
— तुम अपने को क्यों कोस रही हो?
— वह देखिये, रामलाल आ रहा है।

और बड़े ही खिन्न मन से महिम उठा। वैसे गोपा थोड़ी देर पूर्व जैसी थी उसकी अपेक्षा इस समय अधिक सहज लग रही थी। बल्कि उसकी दृष्टि में महिम को आश्वसित करने का भाव अधिक था।

लौटते में दोनों लगभग चुप ही रहे।

खाना खाने के बाद क्या बल्कि उस समय से ही दोनों सतर्क थे कि कोई ऐसी-वैसी बात नहीं होगी। जब गोपा ने बहुत आग्रह किया तो महिम ने अपना एलबम उसे दिखाया। बचपन के अनेक चित्र देखकर दोनों ही हँसे। और दोनों ही इसी निष्कर्ष पर पहुँचे कि किशोर काल में प्राय: मूर्खतापूर्ण चित्र ही व्यक्ति के हुआ करते हैं। उसके भाई-भाभी के चित्रों को देखकर गोपा बहुत-कुछ पूछती रही।

— आप बहुत भाग्यवान् हैं।

— क्यों? यह तुमने किसलिए कहा?

— आपकी मुखाकृति कहती है।

— क्या तुम सामुद्रिक-शास्त्र भी जानती हो?

— यह क्या बला है?....अरे मैंने तो आपके भाई-भाभी का चित्र देखकर कहा। कोई आपको इतना स्नेह करता है। ...लेकिन देखिये, मुझे प्रसन्न करने के लिए आप कोई गलत बात मेरे सम्बन्ध में नहीं कहने जा रहे हैं।

और वह हँस दी। महिम को लगा कि गोपा प्रत्येक क्षण सतर्क रहनेवाली व्यक्ति है। आप उसे कभी अनायास नहीं पा सकते। वह स्वयं सीमा में रहती है तथा आपको भी रखती है।

— आपसे एक बात अनेक दिनों से कहना चाह रही थी महिम बाबू!

— कौन-सी बात?

— आप जब आया करें तब ममी से बातें किया करें। उन्हें बातें करनेवाला व्यक्ति अच्छा लगता है।

— ओह। लेकिन क्षमा करना गोपा! उस महफिल में बड़ा अजीब लगता है।

— हाँ, यह तो है।....शाम का आपका क्या कार्यक्रम है?

— तुमने तो कहा था कि तुम पूरे दिन के लिए आओगी।

— तो क्या दिन अभी पूरा नहीं हुआ? असल में गर्मियों के दिन बड़े कृतघ्न होते हैं, समाप्त होने पर ही नहीं आते।

और वह हँस दी। बोली,

— नहीं, शाम को चाय पीकर जाऊँगी।

— मैंने तो सोचा था कि सम्भव होगा तो 'मेफेयर' में.....

— नहीं, शाम को तो पापा आते हैं अतः रहना ही होता है।.....क्या आप नहीं आयेंगे?

— तुम कहो तो आ सकता हूँ।

— अच्छा जरा रामलाल से कह दीजिये चाय लगा दे, हशमत चाचा आते हो होंगे।

महिम को यद्यपि यह अच्छा नहीं लगा पर वह उठा।

जब वह चाय पी रहे थे तभी रामलाल ने सूचित किया कि हशमत मियाँ आ गये हैं। और गोपा चाय समाप्त कर उठी। जैसे ही चलने को हुई, महिम बोला,

— ये पैकेट तो तुम भूले ही जा रही हो। रामलाल!

— जी नहीं। भूले नहीं जा रही हूँ। और हाँ, आप आइये शाम को। अच्छा,

— विश यू मेनी रिटर्न्स आफ द डे!!

और वह मुस्कराकर चल दी। महिम की समझ में कुछ नहीं आया।

गोपा के जाते ही उसने पैकेट खोले तो वह न जाने क्यों उदास ही हुआ। ब्रश, रंग, कैनवास आदि जाने क्या-क्या था। दूसरे छोटे पैकेट में 'शेफर्स' पेन के भीतर चिट पर लिखा था।

'फ्राम मी टु यू!!'

महिम को यह एक यात्राबोध लगा। वह उसी तरह ठिठका-सा खड़ा रहा।

क्रमशः महिम ने श्रीमती नाथ को अनुशासित के साथ-साथ सहृदय भी पाया। इसमें गोपा का कितना हाथ था कहना कठिन है पर अब महिम को वहाँ बैठना तथा लोगों की गप्पाष्टक सुनना-सुनाना उतना नहीं खलने लगा। प्रायः उसे वहाँ देर हो जाती और तब 'मम्मी' का आग्रह होता कि वह भी वहीं खा ले और उसे तब खाना पड़ता।

जन्माष्टमी के दिन सवेरे से ही खूब वर्षा होती रही। उस दिन सवेरे ही औपचारिक आमन्त्रण मिला कि आज उत्सव होगा तथा जन्म के बाद भोजन भी वहीं करना होगा। वैसे तो महिम अब नाथकुल के लिए इष्टमित्र की परिधि से अधिक परिवार की सीमा में पहुँच चुका था, लेकिन वहाँ आनेवाले न जज शम्सुद्दीन साहब ने ही, न कर्नल सहाय ने और न ही डाक्टर बहल ने, किसी ने भी महिम को महत्त्व क्या, मान्यता तक न दी होगी। लेकिन महिम के निकट भी लगभग यही स्थिति थी। एकमात्र नाथ बाबू के प्रति तो वह सादर बना रहा, बाकी लोगों की स्थिति को उसने भी कभी स्वीकार नहीं किया होगा। अधिकतर वह श्रीमती नाथ से बातें किया करता। शतरंज में उसकी भी थोड़ी गति थी अतः जब कभी नाथ बाबू जोरी खेलते तो वह भी उनकी सहायतार्थ बैठ जाता रहा है। जज शम्सुद्दीन साहब अपने को लगाते बहुत हैं, बल्कि लन्तरानियाँ हाँकने में उनका कोई जोड़ नहीं था। उन्हें और कुछ भले ही आता रहा हो पर महिम दावे के साथ कह सकता था कि शतरंज नहीं आती। वही गिनती के किले बनाना ही सीखा था। किला बनाकर बैठ गये और फिर चालों में ढील दिये चले जा रहे हैं। क्या मजाल जो वह अपना वजीर किले के बाहर ले आयें। फलतः एक बाजी दिनों तक चलती रहती। बल्कि कहना चाहिए अधिकतर बाजियाँ बीच ही में खत्म हो जाती रही हैं पर जब से महिम ने आक्रामक खेल खेलना नाथ बाबू को बताया है तब से जज साहब की सारी किलेबन्दी प्रायः धरी-की-धरी रह जाती रही है। घोड़ों के जोर पर वजीर को किस प्रकार कारगर ढंग से प्रयोग किया जा सकता है यह महिम ने अपने चाचाजी से सीखा था। घुड़गाँठ बना ली और तब वजीर को सामनेवाले के किले में धँसा दिया। बल्कि जज साहब ने महिम का नाम ही मिस्टर 'उड़न्त-शह' रख दिया था। महिम को उड़न्त-शह देने में जैसे सिद्धि प्राप्त थी। और जिस दिन शतरंज की बाजी जोर पर हो रही होती महफिल के सारे सदस्य पार्टियों में बँट जाते। अकेली गोपा उसमें कोई योग नहीं दे रही होती। बाकी के लोगों में खासी

उत्तेजना फैली होती। प्राय: डाक्टर बहल जज साहब के साथ खेल रहे होते और वह धाँधली करने पर तुल जाते पर जोरी में नाजोरी की-सी चालें सम्भव ही नहीं। जो जज साहब पहले बराबर बाजियाँ जीतते थे अब उनके लिए जीतना दुर्लभ फल हो गया था अत: वह मन-ही-मन महिम को नापसन्द करते थे। वह चिढ़कर प्राय: कहते,

— कहिये महिम साहब! यह लखनऊवालों का हुनर आपने कहाँ सीखा?

— जज साहब ! शतरंज कब से लखनऊवालों का हुनर है? यहाँ तो तीतरबाजी, बटेरबाजी और कनकौवे लड़ाना ही हुनर समझा जाता रहा है।

जज साहब कट जाते। उनका बस चलता तो वह इस गुस्ताख को निकलवा देते पर क्या करते।

खिसियाकर ही-ही करने लगते।

— सिर्फ शतरंज ही में माहिर नहीं हैं जनाब ! जवाब भी खासा दे लेते हैं।

— यह तो आपकी जर्रानवाजी है वर्ना मैं किस काबिल हूँ।

और इस प्रकार की उर्दू बोलकर वह खुद ही हँस पड़ता। श्रीमती नाथ ऐसे ही समय किसी-न-किसी बहाने से महिम को वहाँ से उठा देती रही हैं क्योंकि लाख कुछ हो, जज शम्सुद्दीन साहब आखिरकार बड़े आदमी हैं। नाथ बाबू को भी कुल मिलाकर महिम का इस प्रकार जज साहब से या किसी और से कहना-सुनना 'जबान लड़ाना' जैसा ही लगता। और तब वह और अधिक गम्भीर हो जाते जो श्रीमती नाथ तथा गोपा के लिए संकेत होता कि महिम को किसी तरह रोका जाये। और महिम हँसते हुए उठ जाता रहा है।

जन्माष्टमी के दिन कालेज बन्द था तथा भयंकर रूप से वृष्टि हो रही थी। गत कई दिनों से काफी वर्षा हो रही थी अत: गोमती में बाढ़ आ गयी थी। ऐसे मौसम में बरामदे में कुर्सी डालकर या तो देखते रहना ही उसे अच्छा लगता है या फिर हलके-फुलके स्केच बनाना। पिछले दिनों वहाँ बैठकर इतने सारे विभिन्न स्केच वह बना चुका है कि अब स्केचिंग को मन ही नहीं करता। दिनभर की मेघाच्छन्नता तथा तेज वृष्टि में सामने का सारा दृश्य कैसा धुँधला गया था। सरसराती ठण्डी हवा में छतरमंजिल के विशाल पेड़ कैसे सरसराते होते। वृष्टि के तेज सपाटों में एक-एक चीज भीग-भीग उठती। सघन वर्षा के कारण चारों ओर निर्जन रहता। एकाध घोड़ागाड़ी या मोटर जब भीगती हुई उस धुन्ध में से गुजर रही होती तब वह दृश्य कितना अप्रतिम होता यह केवल महिम ही अनुभव कर सकता होता। उसने मंकी-ब्रिज के अनेक अवसरों के, विभिन्न स्थितियों के चित्र आँके हैं। प्रत्येक सेतु को देखकर वह भावप्रवण हो जाता है। यदि सेतु न होते तो क्या पृथक्ताएँ एक हो सकती थीं? सेतुमात्र को देखकर उसमें पूजाभाव जाग्रत हो जाता है। दो पृथक्ताएँ एक हो सकें इसलिए सेतु अपने को समर्पित करता खड़ा रहता है। परमार्थ के प्रति ऐसी निष्ठा अन्यत्र दुर्लभ लगी है उसे। यात्राएँ, व्यक्ति, स्थितियाँ,

ऋतुएँ तथा इन सबके माध्यम से समय तथा अन्त में काल, सेतु पर से गुजर रहा होता है और सेतु अपने विनयी अस्तित्व के साथ मौन बना रहता है। जब कभी इस प्रकार के सेतु उसने टूटे हुए देखे हैं तब महिम को लगा है कि जैसे उसके भीतर किसी पुण्य का क्षय हुआ है। खण्डित सेतुओं को देखकर महिम को अपने होने की जड़ों तक में ठण्डापन अनुभव होता रहा है। वह अनेक बड़ी-से-बड़ी बातें भूल सका है पर यदि उसने कभी छोटी-सी पुलिया को भी टूटा देखा होगा तो वह उसके अवचेतन में अटकी रह गयी होगी फलतः उसे कैसे-कैसे विकट सपने आते रहे हैं यह और कोई नहीं जानता।

वह अपने बरामदे में बैठा हुआ बहुत-कुछ ऐसा ही सोच रहा था कि उसने ब्रिज पर से मोटर गुजरती देखी। उसे लगा कि कोई चित्र उसमें जन्म ले रहा है। वह उठना चाहने लगा पर उसे अपनी सृष्टि रचना से अधिक बाहर जो सृष्टि रची जा रही थी वह सार्थक लग रही थी। और उसने देखा कि कार उसी की ओर आ रही हैं। कार वह पहचान ले गया कि यह तो श्रीमती नाथ की है। वह बरामदे के बाहर तक श्रीमती नाथ के स्वागत के लिए गया। ड्राइवर ने उनके लिए पल्ला खोला तथा उन्हें छाते में बरामदे तक ले आया।

— अरे ममी! आप इस समय कैसे?

— बेटे! मैंने सोचा कि तुम्हें वैसे तो आज का निमन्त्रण मिल ही गया होगा पर मैं खुद ही जाकर आमन्त्रित कर आऊँ।

— आप तो व्यर्थ ही औपचारिकता बरत रही हैं।

— नहीं महिम! अनेक बार ऐसी औपचारिकताओं की आवश्यकता हुआ करती है और फिर हमारे घर में वर्ष में दो ही तो उत्सव होते हैं। एक तो गोपा का जन्मदिन, दूसरे भगवान् का जन्मदिन। वैसे मुझे तुमसे एक शिकायत है।

— क्या शिकायत है ममी?

— यही कि तुमने अपने जन्मदिन पर मुझे नहीं बुलाया।

— अरे उसमें क्या रखा था ममी! वह तो बस ऐसे ही। और फिर उसमें मनाना क्या?

— तुम न सही, हम लोग मनाते।—अच्छा कोई बात नहीं।

और उन्होंने पीछे की ओर देखा। ड्राइवर तब तक एक बण्डल लिये था। वह ड्राइवर से बोली,

— इसे कमरे में ले जाकर रख दो शफीक!

महिम की समझ में कुछ नहीं आया, वह बोला,

— यह क्या ममी!

— कुछ नहीं बेटा! उस जन्मदिन का तो मुझे पता नहीं था तो सोचा कि आज भगवान् के जन्मदिन में सबका जन्मदिन है। माँ की यह सौगात समझना। अच्छा, और बरसते पानी में न निकल पड़ना, समझे। शफीक आयेगा और ले जायेगा—तो मैं चलूँ।

— लेकिन आप बैठीं भी नहीं। चाय-वाय पीकर जाइये।

— अरे बेटे! आज तो मुझे बिलकुल भी फुर्सत नहीं। फिर आज तो मैं निर्जल उपवास रहती हूँ। अभी झाँकी का सारा काम पड़ा है। अकेली गोपा क्या-क्या करे? फिर लोगों के शाम के लिए जलपान का प्रबन्ध करना है।

— आप कहें तो मैं जल्द आ जाऊँगा।

— हाँ, ऐसी कोई बात नहीं, गोपा पूजा का सारा भार सम्हाल लेगी और तुम बाहर का देख लेना। वह भी यही कह रही थी और बताने आयी भी थी।

...लो, तुम आराम से तैयार हो लो। दो घण्टे बाद मोटर आ जायेगी।

और श्रीमती नाथ शाल में लिपटी वापस लौट गयीं। जब महिम ने वह बण्डल खोला तो उसे गोपा द्वारा लाया गया 'पामबीच' देखकर आश्चर्य नहीं हुआ बल्कि वह मुस्कराते हुए बोला,

— तो यह ममी के माध्यम से भी तुम ही हो—अच्छा!!

जिस प्रकार से कीर्त्तन हो रहा था तथा उसमें गोपा योग दे रही थी उसे वह न केवल अप्रिय ही नहीं लगा वरन् उसके सौन्दर्यबोध को ऐसी ठेस लग रही थी जिससे वह जूझ रहा था। आज तक वह अनेक रूपों में गोपा को देख चुका है तथा किसी में कम तो किसी में ज्यादा वह अच्छी ही लगी है। पर आज गोपा को देखकर वह समझ नहीं पा रहा था किस प्रकार अपने को समझाये? बड़े टिपिकल ढंग का कत्थई रेशमी खूब बड़ा-सा घाघरा तथा अनुकूल वर्ण की साड़ी। लम्बी-सी वेणी तथा टिपिकल इसी अनुरूप का प्रसाधन। नाक की हीरे की कील जो अन्य दिन उसे कितनी सोहती रही है, पर आज उसकी चमक महिम को खुभती रही। वह चिल्लाकर कह देना चाहता रहा कि गोपा! भगवान् के लिए तुम यह भूषा उतार डालो। रंगों का यह मोह, इन्द्रजाल तुम पर नहीं जाता। तुम तो आकाश की स्वच्छता में ही मोहक लगती हो पर वह कह ही नहीं सकता था। अत: वह बराबर बाहर ही बना रहा। बल्कि कहना चाहिए कि जब वह गोपा के घर पहुँचा था और उस समय उसने जो लाल पाड़ की सफेद साड़ी पहन रखी थी उसमें वह कितनी अद्वितीया लग रही थी यह क्या किसी भी दिन गोपा समझ सकेगी? अवश्य जानती रही होगी तभी तो उसने वह पहनी थी तब भला यह फूहड़ भूषा पहनने की क्या आवश्यकता थी?

झाँकी के लिए केले के खम्भों से कितनी सुन्दर नक्काशीदार महराबें, जालियाँ, छज्जे आदि दोनों ने बनाये थे। गोपा ने गुजराती-मराठी ढंग की रंगोली से सारा पूजाघर अल्पित किया था। इस बार महिम के मना करने पर खिलौनोंवाली मूर्खतापूर्ण झाँकियाँ नहीं बनायी गयी थीं। महिम का आग्रह संस्कार पर अधिक था

न कि सज्जा पर। तीन-चार घण्टों की मेहनत के बाद पूजनोपरान्त जब भजन-कीर्त्तन आरम्भ हुआ तब उसे घोर वितृष्णा हुई। आज तक समझ में नहीं आया कि हम हिन्दीवाले क्या कभी भी संस्कारशील नहीं हो सकते? हमेशा बंगालियों का कीर्त्तन-भजन सुनते हैं पर कभी भी उससे प्रेरणा नहीं ग्रहण करते बल्कि निहायत ही फूहड़ तरीके से 'ॐ जय जगदीश हरे' 'रामधुन' करने बैठ जाते हैं। पता नहीं किस मसखरे ने पूजा की दिव्यता को इस प्रकार के शोर के ढंग पर प्रचलित किया। उसे सदा इस प्रकार के भजन-कीर्त्तन सुनकर विद्रोह हुआ है। पूजा की तन्मयता हिन्दीवालों के किसी उत्सव में नहीं होती। गोपा को भी जब उसने उसी रूप में देखा तो उसे गहरी ठेस लगी। उसका वश चलता तो वह बीच ही में चला जाता पर वैसा कर सकना सम्भव नहीं था और न उचित ही होता । कैसी अजीब बात है कि जो कुछ हमने दूसरो से सीखा जैसे पार्टियाँ आदि, उसमें तो हम अनुरूप गरिमा का पालन कर ले जाते हैं पर अपनी ही चीजों को युगानुकूल, गौरवपूर्ण बनाने के प्रति हमारी कोई दृष्टि ही नहीं है। कहना चाहिए किसी भी स्तर पर चेष्टा तक नहीं दिखायी देती। हम मौलिक रूप से मूढ़ हैं, फूहड़ हैं और जब समाज के उच्च स्तर पर यह मूढ़ता है तब निम्न स्तर पर क्या आशा की जानी चाहिए? हमारी संस्कृति, धर्म एवं सभ्यता का यह आचार-व्यवहार पक्ष इतना गरिमापूर्ण है कि उसे सहन नहीं किया जा सकता। ईसाइयों के आक्रामक मिशनरी रूप के प्रति हमारे मन में रोष होता है पर हम आचरण-व्यवहार के स्तर पर उनसे बड़ी रेखा नहीं खींच पाते अत: हममें से टूट-टूटकर कुछ-कुछ सामनेवाले में जुड़ता जाता है। इट इज एन इन्सल्ट टु बी हिन्दू इन दिस वे!!

महिम को सच ही बड़ा गुस्सा था। हाल में अनेक लोग एकत्रित थे। किसी का ध्यान इस सामाजिक फूहड़ता के प्रति नहीं था यह सोचकर उसे और भी क्रोध चढ़ रहा था। उसी समय गोपा दिखलायी दी। वह सुदूर दरवाजे के पास परदे की ओट में खड़ी उसी को संकेत से बुला रही थी। वह बड़ी अनिच्छा से गया। परदे के पास खड़ी गोपा का बुलाना उसे मध्ययुग के किसी रनिवास का-सा लगा। इतिहास में वह मध्ययुग को सहन नहीं कर पाता। उसे उस काल के बड़े-से-बड़े योद्धा तक दृष्टिहीन, कल्पनाहीन व्यक्ति लगते रहे हैं। उसका तर्क रहा है कि जब जाति की मेधा नष्ट हो जाती है तब आत्महत्या के गौरवपूर्ण ढंग निकालती है। मध्ययुग की सारी लड़ाइयाँ उसे शौर्य की न लगकर आत्महत्या की लगती हैं इसलिए उसे न उन लड़ाइयों से, न जौहर से, किसी से भी सहानुभूति नहीं होती। आवेश किस प्रकार एक सारी जाति को, संस्कृति को खा जाता है इसका उदाहरण मध्ययुग का इतिहास है।

गोपा उसे भीतर बुला ले गयी और बोली,

— आप वहाँ बैठे हुए क्या कर रहे हैं?

महिम इस समय इस आवेश में था कि उसे उत्तर देना भी सहन नहीं हो रहा था। उसकी आँखें लगभग सुलगी पड़ रही थीं। वह कुछ नहीं बोला।

— क्या बात है? आप कुछ आवेश में लग रहे हैं।

— नहीं, कोई खास बात नहीं है।

— फिर भी कुछ तो है ही।

— हाँ है, लेकिन इस समय न पूछो तो अच्छा है।

— क्या किसी ने.......

— नहीं गोपा! कोई मुझे क्या कह सकता है भला।

— तब क्या बात है?

— गोपा! .... सही बात यह है कि ...... तुम्हारी यह भूषा....... यह कीर्त्तन करने का ढंग..... मुझे वितृष्ण करता है गोपा!......... माई बीइंगनेस जस्ट रिवोल्ट्स इट!! तुम्हें इस भूषा में देखकर मेरे भीतर-जैसे कोई गजनवी मेरी आराध्य-प्रतिमा पर प्रहार करता है.... मैं....... मैं..........

और महिम देखता ही रह गया कि उस लम्बे गलियारे से गोपा भूषा-प्रतिमा बनी लौटी जा रही थी। उसका मन हुआ कि वह भी हठात् लौटकर जाये पर प्राय: वह विवेक नहीं खो पाता है। वह कहने को तो कह गया था गोपा से पर कहते समय ही पश्चात्ताप शुरू हो गया था कि वह गोपा को क्यों यह सब कह रहा है? गोपा इसे अन्य कुछ भी समझ सकती है। उसके इस प्रकार के आवेश के पीछे कितनी अन्य बातें भी सम्मिलित हैं इसे वह कैसे कह सकेगा और यह सब कहने-सुनने का अवसर भी नहीं। और जब गोपा लौट गयी तब तो वह सचमुच ही अपने से ही परास्त हो गया। यदि गोपा न जाती तो स्वयं उसके चले जाने का अवसर था, औचित्य भी हो सकता था पर अब तो उसे यहाँ परिताप करते बैठे ही रहना पड़ेगा। आवेश को आवेश से नहीं ठीक किया जा सकता। जब गोपा अपने कमरे की ओर मुड़ी तब उसे चेत हुआ कि समय के शान्त पोखर में एक क्षण, पत्थर की भाँति 'डुब' सी आवाज करता हुआ विसर्जित हुआ।

वह जाकर फिर हाल में बैठ गया। वह चाहता रहा है कि बिना कुछ और घटे यह उत्सव सम्पन्न हो जाये और जब इस हाल से सारे लोग क्रमश: चले जायें तब अन्त में वह भी बड़े अनुत्सवी ढंग से चुपचाप घर लौट जाये।

जिस समय भोज के लिए बुलाया गया उस समय तक महिम बहुत-कुछ प्रकृतिस्थ हो चुका था। उसे लगा कि उसे यथाशीघ्र गोपा से अपनी बात को स्पष्ट कर देना चाहिए। यह ठीक है कि उसके बाद से वह बराबर हाल ही में बैठा रहा। वह चाहता रहा कि वर्षा कम हो तो वह घाट तक जाकर अपने को अपने लिये अर्जित कर सके। पर वृष्टि थी कि रुकने का नाम ही नहीं ले रही थी। हाल के

वातावरण में वह बड़ी देर से लोगों का फिजूल-फिजूल का बोलना-हँसना सुनता रहा था। यदि गोपावाली घटना न हुई होती तो वह इसी पर बिगड़ता रहता पर अब वह किसी प्रकार भी विवेक को हाथ से नहीं जाने देना चाहता था। भोज के समय नाथ बाबू, श्रीमती नाथ, गोपा और वह ही थे। तब महिम ने देखा कि गोपा सम्पूर्ण परिवर्तित भूषा में थी यद्यपि श्रीमती नाथ अभी भी वही वितृष्ण कर देनेवाले प्रसाधन में थीं। गोपा ने जो भूषा बदल डाली थी, इस उपकार पर उसे मुस्कराकर कृतज्ञता ज्ञापित करनी चाहिए थी और वस्तुतः यह कहना भी चाहता था बल्कि कहना चाहिए कि वह करने भी जा रहा था पर गोपा ने स्वल्प मुस्कराकर तथा कनखियों से महिम की ओर देखा। वह देखना, तौलने के लिए था। महिम तब तक पूर्ण निरभ्र हो चुका था। अवसाद अवश्य रह गया था पर उसे अपने पर परितापित होना ही कहा जायेगा। सामनेवाले के लिए अथवा के प्रति करुणा ही अधिक थी। और जब गोपा ने बिना कोई प्रतिकार या जिज्ञासा किये अपने को इस रूप में बदल डाला था, उसके बाद तो महिम के निकट कुछ रह ही नहीं जाता था।

श्रीमती नाथ ने अपने पति से कहा,

— आपसे कितनी बार कहा कि कम-से-कम आज के दिन तो आपको भजन-क़ीर्त्तन में बैठना चाहिए पर आप हैं कि आज के दिन भी वही महफिल।

नाथ बाबू ने पत्नी को कोई जवाब देना ठीक नहीं समझा अतः गोपा से बोले,

— तुम इस उपवास के चक्कर में अभी से क्यों रहती हो गोपा!

— पापा! क्या यह आवश्यक है कि हम यदि कोई बात नहीं मानना चाहते और दूसरा मानना चाहता है तो उसके लिए...

गोपा की बात को बीच ही में काटती श्रीमती नाथ बोलीं,

— अरे तुम्हारे पापा में तो इतनी भी सदाशयता नहीं कि झाँकी ही देख जाते।

महिम ने और गोपा ने इस बार कितनी अच्छी झाँकी तैयार की।

नाथ बाबू ने महिम की ओर देखा और कहा,

— आपको भी यह शौक है?.....अच्छा है, कुछ होना चाहिए.....कल मैं नहीं आ सकूँगा।

— कोई खास बात?

श्रीमती नाथ के तेवर पति की इतनी-सी बात से तन गये।

— शोभा के समधियाने से कुछ लोग आ रहे हैं।

— कोई खास बात?

— पता नहीं।

नाथ बाबू की बात से लगा कि वह इस बारे में कोई बात नहीं करना चाहते। और सब लोग उठ गये। नाथ बाबू जब कभी यहाँ खाना खाते हैं तब प्रायः कुछ देर बैठते हैं। बातें होती हैं और तब जाते हैं। लेकिन आज उठते ही बोले,

— आप लोग सब बैठें, मैं इस समय चलूँगा।

गोपा ने पूछा,

— काफी नहीं लीजियेगा?

— आज नहीं।

और नौकर ने नाथ बाबू के लिए कमरे का पर्दा ऊँचा किया। श्रीमती नाथ की मुद्रा से लगा कि वह भी पति के साथ बाहर तक जाना चाहती हैं पर नाथ बाबू ने बरज दिया,

— अब आप कहाँ चलेंगी? मैं चला जाऊँगा।

पति-पत्नी के बीच की असहजता महिम-गोपा के सामने किंचित् उभर आयी थी जो किसी को सुखद नहीं लगी। नाथ बाबू के जाते ही श्रीमती नाथ बोलीं,

— काफी आये तो तुम लोग शुरू कर देना, मैं आती हूँ। बहुत थक गयी हूँ जरा अपने को बदल आऊँ।

और वह भीतरवाले दरवाजे से अपने सूट की ओर चली गयीं। बड़ी-सी टेबल बीच में किये महिम और गोपा दोनों नितान्त रह गये। कुछ देर की असुविधात्मक शान्ति के बाद उठते हुए बोली,

— आइये, वहाँ लाउञ्ज में बैठा जाये। खाने के बाद खाने की टेबल पर बैठे रहने से अधिक दु:खदायी चीज कोई नहीं।

महिम ने गोपा की बात का उत्तर इसलिए भी नहीं दिया क्योंकि वस्तुत: वह बात इस ढंग से तथा प्रयोजन से कही ही गयी थी कि उसका उत्तर अपेक्षित था ही नहीं।

रात के दस बज चुके थे। आकाश में मेघाच्छन्नता कम हो रही थी। वृष्टि रुकने के क्रम में थी। लाउञ्ज की खिड़की खोल दी गयी। उस लाउञ्ज में मात्र एक टेबल-लैम्प की रोशनी थी। बड़े-से एडवर्ड-कोच की ऊँची पीठ से टिका गोपा का सिर एक दृश्य लग रहा था। पार्श्व की खुली खिड़की से प्रकाश तो नहीं पर अँधेरे के कम होने का आभास हो रहा था। कमरे में क्रमश: जो गर्मी थी वह ठण्ढी हवा के कारण कम होती जा रही थी। दोनों बूझ रहे थे कि यह मौन तोड़ा जाना चाहिए, लेकिन कैसे? यही प्रयास था।

साहस कर महिम बोला,

— असल में मैं उस समय यह कहना चाह रहा था कि........

वाक्य पूरा नहीं करने दिया गोपा ने, बोली,

— अब उस बात की व्याख्या की आप समझते हैं कि कोई आवश्यकता है?

— नहीं, अनेक बार यदि बात अपने पूरे सन्दर्भ के साथ प्रस्तुत न की जाये तो गलत समझी जा सकती है।

— महिम बाबू ! इस तरह यहाँ बैठना, ऐसे में बैठना और इस तरह बैठना आपको तो चित्र का विषय लगता होगा। आप महीन रेखाओं में ही नहीं बल्कि रंगों में भी विश्वास करते हैं।

महिम नहीं समझ पा रहा था कि गोपा क्या कहना चाहती है। क्योंकि इस तरह की बातचीत का एक प्रयोजन तो अब उसके निकट स्पष्ट हो चुका था कि गोपा विषयान्तर चाहती है।

— मेरा ख्याल है पानी कम ही नहीं बल्कि रुक गया है, अब चलना चाहिए।

— काफी नहीं पियेंगे क्या?

— मेरा मतलब काफी पीकर ही।

— मैं समझती हूँ कि आप मतलब पहले कह दिया करें और तब बात।

और गोपा खुलकर हँस दी। काफी आ चुकी थी। एक प्याला महिम को देकर दूसरा प्याला स्वयं लेते हुए नौकर से बोलो,

— क्या ममी की काफी उनके कमरे में जायेगी?

— जी, हाँ।

— ड्राइवर है न?

— जी हाँ

— अच्छा!!

और नौकर चला गया। महिम बोला,

— लेकिन पानी रुक गया है, मैं टहलता हुआ चला जाऊँगा। आइ लाइक स्ट्राल इन सच ए वेदर। तुम तकलीफ न करो।

— मेरी तकलीफ की बात ही नहीं है महिम बाबू। आज तो आप ममी के मेहमान हैं। और आपको मालूम होना चाहिए कि वह अपने मेहमानों को पूरी औपचारिकता के साथ आमन्त्रित एवं विदा करती हैं। देखिये, अभी वह आती ही होंगी।

और सच ही पर्दे के पास परिवर्तित भूषा में श्रीमती नाथ खड़ी थीं।

जाने क्यों महिम उस दिन के बाद से गोपा के यहाँ अनेक दिनों तक नहीं जा सका। जाना वह प्रत्येक दिन चाहता रहा पर उसे लगा कि वह जा नहीं सकेगा और उसने अपने पर जाने के लिए जोर भी नहीं डाला। वह नहीं गया यह एक वास्तविकता थी। गोपा भी न तो आयी ही और न कहीं भेंट ही हो सकी। वैसे शाम को वह कहीं प्राय: नहीं जाती। दिनभर अपने इन्स्टीट्यूट में रहती है अत: कहाँ भेंट हो पाती? वैसे उसे अपने ही काम में अब इतना समय चला जाता है कि कालेज ही में पाँच बज जाता है। कभी-कभी वह गंज चला जाता है पर रात में ही। लौटते में उसे यथावत् गोपा के कमरे की खिड़कियों से झीना प्रकाश दिखता है। अपने से उसने अनेक बार पूछा कि वह क्यों नहीं जाता है? पर वस्तुत: वह स्वयं को ही कोई सन्तुष्ट कर देनेवाला कारण नहीं दे सका है। वह जानता है कि जाना उसे होगा ही और जितनी देर होगी, समस्या उतनी ही व्यर्थ के लिए उलझेगी पर बस, जाना नहीं हो सका। यह नहीं कि वह यह सोचता रहा हो कि गोपा आये तो बात कुछ आसान हो। लेकिन कौन-सी बात? यही, न जा सकने की स्थिति, तो यह तो स्थिति हुई, बात कहाँ?

उसका नौकर आज सवेरे आया और उससे बोला कि चार दिन की छुट्टी चाहिए क्योंकि उसका ब्याह होनेवाला है। महिम क्या कहता ? और नौकर चला गया। लेकिन रामलाल का इस प्रकार चला जाना उसे अच्छा लगा। उसे लगा कि नौकर भी एक प्रतिबन्ध था और जो कि हट गया। अब वह फिर उन्मुक्त था। इसीलिए शाम को कालेज से लौटकर उसने बिलकुल अपने ढंग पर चाय बनायी और छात्र-जीवन की भाँति केतली, प्याला सब लेकर अपने ड्राइंग-रूम में आकर बैठ गया। सुहाने मौसम को वह भोगने का यह एक ही ढंग जानता रहा है कि एकदम निर्द्वन्द्व भाव से सोफे पर बैठकर टेबल पर मय जूते के पैर लम्बे करके ढीली टाई में लेटे-लेटे चाय पीना। खिड़की से बस देखते रहना। उसके निकट यह एक ऐसा सुख रहा है जिसके लिए वह मूल्य चुकाता रहा है। ब्याह या पत्नी के बारे में उसकी कोई यथार्थवादी मन:स्थिति नहीं थी। किसी उपन्यास के सुन्दर वर्णन की भाँति वह प्रेमिका या पत्नी को सोचता है। पत्नी हो जाने के बाद के बारे में उसके निकट कुछ भी स्थिति स्पष्ट नहीं है। ऐसा नहीं कि अब तक वह किसी युवती के सम्पर्क में नहीं आया है पर कुछ को तो उसने इस आधार पर शुरू दिन ही अपने दिमाग से निकाल दिया था कि एक ने मोजों पर सैण्डिलें पहन रखी थीं।

आज इस बात को चार बरस हो गये थे पर वह उस युवती को कभी क्षमा नहीं कर सका क्योंकि इससे उसके सौन्दर्यबोध को खासी ठेस लगी थी। असल में अभी तक उसे स्त्रियों का ज्ञान या तो किताबी था या फिर अपनी भाभी के माध्यम से जो कुछ देखा उतना ही वह जानता था। अत: पहली बार वह किसी स्त्री या युवती के सम्पर्क में आया तो वह गोपा थी। लेकिन अभी भी वह स्पष्ट नहीं था कि गोपा उसके निकट क्या थी? वह चीजों के होने देने में विश्वास करता था क्योंकि उन्हें अपने अनुकूल बना सकने के लिए जिस निर्णय, कौशल को अपनाना होता है उसका एक प्रकार से उसमें अभाव था। लेकिन इतना स्पष्ट था कि गोपा के प्रति अनुराग था। गोपा भी उसे लेकर आकर्षित है इसके तो उसके पास अनेक प्रमाण थे। यदि स्थिति नैसर्गिक रूप से चलती रहती तो महिम को इस बारे में कुछ भी सोचने की आवश्यकता ही नहीं पड़ती पर उस जन्माष्टमी के दिन उसे जो आवेश आ गया था और उसने गोपा को झिड़क दिया था उसके कारण उसे लगा कि उनके सम्बन्ध एक ऐसी विसंगति में सहसा पहुँच गये हैं जहाँ दोनों ही आगे के लिए सोचने को बाध्य हैं। वह आज तक नहीं समझ सका कि उसे उस दिन गोपा से कहना चाहिए था कि नहीं? और न ही यह स्पष्ट हो सका कि गोपा को यदि बुरा लगा है तो किस सीमा तक। हालाँकि उसने अपनी ओर से वस्तुस्थिति स्पष्ट कर देनी चाही पर गोपा अपने अनुरूप ही बात टाल गयी। इस टाल जाने के दोनों ही अर्थ हो सकते हैं कि यह कोई खास बात नहीं है क्योंकि उसने बिना किसी आपत्ति के तत्काल भूषा बदल ली थी लेकिन यह भी तो सम्भव है कि उसे बहुत बुरा लगा लेकिन चूँकि उन दोनों के बीच एक सम्बन्ध है अत: उसकी रक्षार्थ बिना आपत्ति के उसने कपड़े बदल डाले और अब वह इस पर कोई चर्चा नहीं करना चाहती। तब वह क्या चाहती है?..... और महिम इसके बाद नहीं सोच पाता। उसने एकाध बार सोचा कि पत्र लिखकर ही कुछ कहा-सुना जाये पर यह भी उसे बहुत ही अस्वाभाविक लगा।

वैसे वह इस नाटकीयता के लिए भी प्रतिदिन प्रतीक्षित रहा कि सहसा गोपा ही किसी शाम आ जाये। कमरे में अँधेरा घिरने लगा था। वह उसी प्रकार टाँग फैलाये लेटा रहा। एक बात स्पष्ट थी कि उसे घर से बाहर जाना ही है क्योंकि नौकर था नहीं अत: क्यों नहीं अभी ही चला जाये। और वह उठा। मौसम हलके पुलोवर का हो चला था पर उसने जर्सी पहनना ज्यादा ठीक समझा और घर से निकल पड़ा।

लोगों का यह भ्रम है कि निरुद्देश्य होकर व्यक्ति काफी कुछ घूम-भटक सकता है। जबकि वास्तविकता यह है कि आज तक भी सारा घूमना, भटकना

उद्देश्य से ही लोगों ने किया होगा। उद्देश्यहीन स्थिति की सबसे बड़ी देन यह है कि निरुद्देश्यता का बोझा आप पर बराबर बना रहता है। कोई कब तक दूकानों के शो-केसों को मात्र देखता रहेगा? सबके जाने के साथ जब आप भी अपना जाना मिलाकर चल रहे होते हैं तब आप सहसा पाते हैं कि एक गली के मोड़ के पास मुड़कर साथ जानेवाला तो अपना जाना शेष किये दे रहा है और आपके सामने फिर एक लम्बी-सी सड़क खुल आयी है—जाते जाइये, जाते जाइये। प्रत्येक घर, मोड़ या बस कुछ को अपने में लेकर आपको फिर रीते बर्तन की तरह कर देती है। आप भूल जाते हैं कि लोगों के जाने के पीछे एक यात्रान्त हुआ करता है अतः यह नहीं तो वह, और वह नहीं तो उसके आगे की गली तो उस व्यक्ति के लिए प्रतीक्षारता है, जबकि आप प्रत्येक जगह अपरिचित ही होते हैं। इतने घर होते हैं। घर, जहाँ मनुष्य सब-कुछ ले-देकर पहुँचता है और बदले में घर भी उसे सब-कुछ देता-लेता है पर आप ऐसे घर और प्लेटफार्म दोनों में अन्तर कर सकने की स्थिति में ही नहीं होते इसलिए ऐसे घर भी आपकी ओर शून्यवत् देखते होते हैं अतः आप फिर—जाते जाइये, जाते जाइये।

चार चक्कर गंज के लगाने के बाद गवर्नमेण्ट-हाउस के ऊँचे कद्दावर अशोकों की प्रशंसा करते हुए मिलिट्री-लाइन्स की ओर निकल गया। पुल के नीचे से पटरियाँ गुजरती हुई दूर तक खिंची हुई थीं। दो-चार लाल बत्तियाँ ऊँची होकर आकाश के नीलेपन में उभर आयी थीं। कैसी रिक्तता थी। वह अपने भीतर की इस रिक्तता को फैलाता था और क्षितिज तक यह रिक्तता फैल जाने पर भी उतनी ही उसके अन्तर में बजती रहती थी। पुल पार कर सामने फैले विस्तृत मिलिट्री के मैदान में जाना चाह रहा था पर उसे वहाँ की भीषण सुन्दर निरभ्रता से उकताहट हुई और वह लौट पड़ा। चारों ओर गहरा सन्नाटा था। इक्के-दुक्के बँगले, एकाध मिशनरी स्कूल की लाल बिल्डिग के लगभग जंगल-जैसा था। उधर बन्दरियाबाग की ओर चार-पाँच बँगले अवश्य थे पर घोर निर्जनता थी। तभी एक रेल घड़घड़ाती उधर से निकली और कुछ क्षण के शोर के बाद फिर सन्नाटा खिंच आया। रात काफी हो गयी थी। सड़कों पर बत्तियाँ भी नाममात्र को ही थीं। दूरी पर उसे सियारों की हुआँ-हुआँ भी सुनायी दी। उसने चलना ही उचित समझा।

जिस समय वह 'कपूर्स' में पहुँचा वह काफी थक गया था। उसे किसी सीमा तक झल्लाहट थी। वस्तुतः वह इस मनःस्थिति में पहुँच चुका था कि यदि गोपा से बातें करने का अवसर न मिला तो वह किसी पर भी झल्ला सकता था चाहे फिर वह बैरा ही क्यों न हो।

बैरे ने मात्र इतना ही तो पूछा था,

— खाना खायेंगे साहब?

— क्या खाने का टाइम हो गया?

बैरा चुपचाप खड़ा रहा।

— खड़े मत रहो, रम ले आओ।

और बैरा चला गया। यह नहीं कि महिम पीता है पर यह भी नहीं कि पीता नहीं है। पीता रहा है पर किसी के साथ ही। स्वत: उसने कभी नहीं पी। स्वत: होकर न पीने के पीछे नैतिकता या अनैतिकता-जैसी कोई चीज नहीं रही है, बस वह स्वत: कभी नहीं पीता। शायद उसके अवचेतन मन में रहा है कि स्वत: पीना शराबी होना है। साथ पीने में ऐसी कोई बात नहीं होती।

बैरा टेबल पर सोडा, बरफ, पैग, बोतल तथा गिलास रख आया।

— सुनो बैरा! जब हम खत्म कर चुकें तब तुरन्त खाना लगा दिया जाये।

— आप बता दें अभी से, वेजीटेरियन या नान-वेजीटेरियन सर?

— चिकन होगा न?

— जी साब!

— बस, चिकन, रोटियाँ और बाद में थोड़ा-सा चावल। और हाँ, इस समय के लिए कुछ फिंगर-चिप्स दे जाओ।

बैरा फिंगर-चिप्स दे गया तथा खाने के लिए प्रतीक्षा करता रहा।

महिम ने सोचा था कि एकाध पैग के बाद वह खाना खाकर चल देगा तथा सम्भव होगा तो नौ बजेवाली कोई फिल्म देखेगा। पर पीते-पीते वह अपने ही में खोया हुआ बैठा रहा। उसे अच्छी तरह याद है कि उसकी चेतना किस प्रकार क्रमश: धुँधलाने लगी थी। और जब चार पैग के बाद उसने चिल्लाकर बैरा को पुकारा था तो उस हाल में बैठे हुए कुछ लोगों ने उसे घूरकर देखा था।

खाना खाने के बाद वह इतनी चेतना में अवश्य था कि चल-फिर सके। उसने जब अपनी घड़ी में देखा तो रात के दस बज रहे थे। सिनेमा का समय जा चुका था। गंज के कुछ बार और 'ऐम्बेसेडर' को छोड़कर बाकी सब बन्द हो चुका था। ऐम्बेसेडर के सामने अवश्य ही मोटरें, घोड़ागाडियाँ खड़ी थीं तथा सवारी की कामना में यहाँ-वहाँ कुछ ताँगे घूम रहे थे। एकाध ने उससे पूछा भी और वह जवाब देने जा रहा था कि उसने अपने को 'ऐम्बेसेडर' के सामने खड़ा पाया। एक मोटर का नम्बर भी उसकी आँखों में कौंध गया। यह तो श्रीमती नाथ की गाड़ी थी। क्या यहाँ किसी पार्टी में श्रीमती नाथ आयी हुई हैं? सम्भव है गोपा भी हो। अभी वह सोच ही रहा था कि गोपा और श्रीमती नाथ बाहर निकलीं। श्रीमती नाथ किसी बात पर हँस रही थीं और उनकी खिलखिलाहट से ही महिम ने उन्हें पहचाना। वह अपने को यहाँ पर इस प्रकार उनके द्वारा देखा जाना ठीक नहीं समझ रहा था अत: वह पीछे होने की पूरी चेष्टा में था पर वहाँ दीवार थी और गोपा उसे देख चुकी थी। गोपा उसे देखकर चौंकी। गोपा के चौंकने से श्रीमती नाथ का भी ध्यान गया और वह बोलीं,

— अरे, तुम यहाँ क्या कर रहे हो?

महिम को श्रीमती नाथ की यह बात बहुत अप्रिय लगी। यह ठीक है कि वह वहाँ पार्टी में नहीं गया था पर जैसे उस स्थान पर वह हो ही नहीं सकता था।

— कुछ नहीं, मैं तो इधर से गुजर रहा था।

— घर ही जा रहे हो न?

— हाँ, लेकिन अभी नहीं। आप चलें।

महिम ने देखा कि गोपा उसके बोलने के टूटे-टूटेपन को समझ ले गयी है तथा उसे महिम का यह व्यवहार रुचिकर भी नहीं लगा है, पर वास्तविकता यह थी कि स्वयं महिम को ही गोपा और श्रीमती नाथ का व्यवहार कौन अच्छा लग रहा था?

आज जब इतने सवेरे उसे दूधवाले ने जगाया तो उसे कोफ्त हुई। किसी तरह दूध लेकर वह लौटा। एक बार तो सोचा कि अब सवेरा हो ही गया है, उठ जाना चाहिए, लेकिन उसकी खुमारी अभी गयी नहीं थी और जैसे ही उसे रविवार का ख्याल आया उसने तत्काल निर्णय लिया कि आज वह दस बजे के पूर्व नहीं उठेगा। नौकर के न होने के सुख को वह पूरी तरह भोगना चाहेगा अतः वह वापस लिहाफ ओढ़कर सो गया। पता नहीं वह कब तक सोता रहा पर जब उसने कुछ आवाज सुनी तो वह चौंका। पहले वह समझा कि बिल्ली-विल्ली होगी पर जब उसे कप-प्यालों की आवाज सुनायी दी तो वह हड़बड़ाकर उठ बैठा। और उसने ज़ब देखा तो सहसा विश्वास नहीं हुआ बोला,

— गोपा? अरे तुम?

— गुड मार्निंग टु यू ऐट टेन ओ क्लाक सर!

कहकर हँसते हुए चाय का कप थमा दिया। बोली,

— बेड टी के लिए भी लोग कुल्ला वगैरा तो कर ही लेते हैं लेकिन अपनी-अपनी आदत की बात है यह तो।

और महिम खासा खिसिया गया। मुँह धोकर उसने चाय का प्याला उठाते हुए पूछा,

— मुझे एक बात से बहुत हैरत हो रही है।

— वह क्या?

— कि तुम आयीं किस रास्ते से?

— श्रीमान् को मालूम होना चाहिए कि वे रास्ते जो प्रत्येक महत्त्वपूर्ण नगरों से दिल्ली के लिए सुरंगों के रूप में जाया करते थे बहुत पहले ही मूँद दिये गये हैं। ....दरवाजे खोलकर सोने की प्रथा के आविष्कार के लिए सारी मानवता आपका आभार मानेगी।

— आभार तो मानना ही चाहिए। देखो न चाय कितनी सहजता से प्राप्त हो जाती है।—लेकिन दरवाजा...ओह, अब समझ में आया, दूध लिया और नींद के झोंके में बन्द करना ही भूल गया।....लेकिन तुम खूब आयीं।

— रामलाल क्या हुआ?

— वह कल अपना ब्याह कराने घर चला गया।

— और आपको यहाँ तान खूँटी सोने के लिए छोड़ गया।

— नहीं, कह रहा था कि बाबूजी! एक मँड़वे के नीचे दो-दो शादियाँ हो जाती हैं।

— तब चले क्यों नहीं गये?

— असल में शादी में यह एक आवश्यक शर्त है कि वधू और मण्डप एक ही जगह होने चाहिए।

— आपको सिर्फ बातें ही बनाना नहीं आता, नाराज होना भी आता है।

— मैं और नाराज?

— जबकि नाराज मुझे होना चाहिए था।....तो कल आप इतनी रात गंज में खाना खाने गये थे?

— नहीं, वो...वो..

— और आप जिस स्थिति में थे उसे छुपाया जा सकता था? मैं पूछती हूँ, आपको यह सब करना है तो फिर..

और गोपा तेजी से उठकर खिड़की के पास खड़ी होकर देखने लगी। स्पष्ट था कि उसे मात्र आवेश ही नहीं था बल्कि उसकी आँखें भी छलछला आयी थीं। महिम अवाक् हो आया। उसकी कुछ समझ में नहीं आया कि वह क्या कहे-सुने? गोपा खिड़की का पल्ला थामे जिस भाव एवं मुद्रा से खड़ी थी वह महिम को वस्तुतः बड़ा अच्छा लगा। वह सच ही सब-कुछ सहज देखना चाहता था। वह अपनी जगह स्थिर था पर वह चाहने लगा कि कुछ गति हो। बोला,

— गोपा!

गोपा फिर भी यथावत् ही खड़ी रही।

— सच मानो मैं इतने दिनों प्रत्येक क्षण तुम्हारी प्रतीक्षा करता रहा।

वह उसी प्रकार बनी रहकर बोली,

— आप शराब पीते हैं?

महिम के निकट क्या उत्तर हो सकता था? वह पीता है यह कहना झूठ भी था और सच भी था।

— यह सच भी है और झूठ भी है गोपा!

वह उसी प्रकार अदेखे खड़ी रही और बोली,

— कल रात आपने क्यों पी थी?

महिम के निकट इस प्रश्न का क्या उत्तर हो सकता था? उसने तो सहज ही मँगवा ली थी और पी थी। उसके पीछे विशेष कारण कुछ भी तो नहीं था।

— और आप क्या-क्या पुरुषार्थ करते हैं महिम बाबू!

और गोपा ने इस बार पहली बार अपनी पारदर्शी आँखें महिम से मिलाते हुए पूछा।

— पुरुषार्थ?

— हाँ विलास, शराब, शक्ति—ये ही कुछ पुरुषार्थ तो हैं जिन्हें किये बिना पुरुष को परितृप्ति नहीं मिलती।

— लेकिन तुम मुझे गलत समझ रही हो।

— अभी कुछ भी समझने की मेरी स्थिति नहीं आयी महिम बाबू! और आयेगी ही, ऐसा भ्रम भी नहीं पालती।...वैसे तो आप स्वतन्त्र हैं और यह कोई कहने की बात भी नहीं, वास्तविकता है। लेकिन आप यह क्यों भूल जाते हैं सामनेवाले की भी कुछ भावनाएँ, कामनाएँ, आकांक्षाएँ आपकी ही तरह हो सकती हैं ।

— मैं जानता हूँ मेरे कारण तुम आहत हुई हो।

— अच्छा सुनिये, चाहती तो मैं आदेश देना ही थी कि जब तक रामलाल न लौट आये आप वहीं खायेंगे पर इससे आपको असुविधा होगी। सम्बन्ध, एक बन्धन होता है महिम बाबू।...

— मुझे लेकर परेशान न होओ गोपा! खाने का प्रबन्ध..

— मैं जानती हूँ कि आप कहीं भी खा-पी सकते हैं लेकिन आप क्या साधारण की तरह व्यवहार नहीं कर सकते?

— मैं समझा नहीं।

— रोज आनेवाला व्यक्ति जब अकारण सहसा आना बन्द कर दे तब? आप गोपा की स्थिति क्यों विषम बना देना चाहते हैं? क्या आपको किसी भी दिन विवेक नहीं आयेगा? क्या आपने सोचा कि गोपा को इस विषम परिस्थिति में क्या कुछ देखना-सुनना न होता होगा?

— मुझसे भूल हुई गोपा! क्षमा करना।

और महिम को लगा कि संकोच का जो शिखर दोनों ही ओर जमकर कठोर हो गया लगता था वह पिघलने लगा था। और दोनों की ही आँखें इसका प्रमाण थीं।

सार्वजनिक अवसरों पर या दूसरो के सामने गोपा रंचमात्र भी यह प्रकट नहीं होने देती है कि महिम के प्रति उसका कोई भी अतिरिक्त भाव या सम्बन्ध है, बल्कि सहसा देखने पर लगभग अवज्ञा-जैसा ही लग सकता था। यद्यपि नाथ बाबू तथा श्रीमती नाथ की अनुभवी आँखें समझती सब थीं पर गोपा ने कभी कुछ कहा जा सके का अवसर किसी को भी नहीं दिया बल्कि यदि कभी सड़क पर वह अपनी गिग में दिखी भी होगी तो वह निर्भाव रूप में सिर नीचा किये या तो बुनती हुई क्रास कर गयी होगी या फिर सायास और कुछ करती रही होगी। महिम को अपने भीतर एक विकलता लगती है। वह बहुत-कुछ स्पष्ट कर लेना प्रायः चाहता रहा है पर ऐसे समय अनजान ही गोपा अत्यन्त ठण्ढे व्यवहार से उसे विवश कर देती रही है कि वह चुप ही रहे।

सवेरे उसे डाक से गोपा की दूर की चचेरी बहन के विवाह का आमन्त्रण मिला था। उसने उसे रद्दी की टोकरी में बिना कुछ सोचे-समझे फेंक दिया था पर उसे कालेज में गोपा का सन्देश मिला कि विवाह में पहुँचना है। उसे पहले तो उलझन हुई क्योंकि जब भी गोपा के कुल-परिवार के लोगों से साक्षात् करने का मौका मिला वह कोई विशेष सुखद नहीं लगता रहा। एक ऐसी दूरी, ठण्ढापन जैसे महिम का परिचय उन लोगों के निकट एक अनावश्यक वस्तु है। उसने सन्देशवाहक के हाथ लिख भेजा कि वह नहीं जा सकेगा। पर जब शाम को कालेज से लौटा तो उसे लगा कि पता नहीं गोपा इस पर क्या सोचे। क्योंकि एक बात तो तय थी कि गोपा इससे अवगत है कि केवल आमन्त्रण मिलने पर वह नहीं जायेगा और यदि आवश्यक न होता तो गोपा कभी भी सन्देश न भिजवाती। अतः न जाकर वह गोपा को ही अपमानित करेगा और गोपा को अपमानित करना क्या वह चाहेगा?

और वह जाने के लिए तैयार होने लगा। दिसम्बर लग चुका था। जाड़ा खूब जमकर पड़ने लगा था। साँझ ढल चुकी थी। कुहरा घना हो गया था। सड़कों पर जाड़ों का नीला सन्नाटा खिंचा हुआ था। वैसे महिम यह सोचकर चला था कि अब तक गोपा और श्रीमती नाथ जा चुकी होंगी अतः वह मंकी-ब्रिज के चौराहे पर रिवर-लेन के सामने किसी घोड़ागाड़ी की प्रतीक्षा करता खड़ा था। जाना वैसे दूर नहीं था। बनारसीबाग के पास ही जाना था। गोपा के यह चाचा पब्लिक सर्विस कमीशन के वाइस चेयरमैन थे। महिम को गोपा की यह बात कभी नहीं समझ में

आती थी कि वह क्यों और कैसे एक साथ विरोधाभासों में रह लेती थी। इन चाचा के परिवार से उसकी बिलकुल भी नहीं बनती थी तब भला उनकी लड़की के विवाह के लिए गोपा ने क्यों आग्रह किया? हवा काफी तेज थी। उसने अपना मफलर गले में लपेट लिया। उसे लगा कि उससे भूल हुई, यदि वह चेस्टर भी ले लेता तो लौटने में सुविधा होती। गनीमत यही थी कि वह सोलो पहने हुए था। तभी रिवर-लेन की ओर से उसने मोटर आती देखी। उसे शक हुआ कि सम्भव है नाथ बाबू अपने परिवार के साथ विवाह में जा रहे हों। अत: वह स्थिति को बचाने के ख्याल से चलने लगा ताकि दिखायी न पड़े। अभी वह आधे ब्रिज पर ही पहुँचा कि पीछेवाली मोटर पास आकर रुकी और उसने सुना,

— कितनी देर तुम्हारा रास्ता देखा हम लोगों ने।

आवाज श्रीमती नाथ की थी। महिम बोला,

— मेरा?

— हाँ, गोपा तो कह रही थी कि तुम छह तक पहुँच जाओगे।

और महिम ने देखा कि सीट के अँधेरे कोने में गोपा बैठी है। अवश्य ही वह मुस्करा रही होगी।

— अरे, अब चलो बैठो। जल्दी करो। देर तो वैसे ही हो गयी। कहीं बरात लग गयी होगी तो कितनी बुरी बात है कि घर ही के लोग देर से पहुँचे।

महिम आगेवाली सीट पर बैठ गया। आज वह पहली बार इन लोगों के साथ इस प्रकार बैठकर कहीं जा रहा था। वह नहीं सोच सका कि जब वह सार्वजनिक रूप में इस तरह देखा जायेगा तो लोग क्या समझेंगे।

— तुम्हें कुछ मालूम है महिम?

— क्या?

— तुम्हारे पापा बीमार हैं।

— नहीं तो।..असल में मैं पूछना चाह रहा था कि आप लोग इस समय इधर से कैसे आ रहे हैं?

— तो तुमने पूछा क्यों नहीं?

महिम हँस दिया। बोला,

— क्या हुआ पापा को?

— मुझे तो बीमारियों के नाम से कुछ पता ही नहीं चलता। डाक्टर बहल की राय है कि मेडिकल कालेज में भर्ती करवाना पड़ेगा। पेट का आपरेशन होगा।

— अरे?? कब भर्ती करवाया जा रहा है उन्हें?

— शायद कल सवेरे।

और वे लोग पहुँच चुके थे। बँगले के बाहर ढेरों मोटरें तथा घोड़ागाड़ियाँ खड़ी थीं। शहनाई के स्वर आ रहे थे। बीच के लान में कनात तनी थी। अच्छी खासी भीड़ थी। बरात अभी नहीं आयी थी पर लगा कि किसी भी क्षण आ सकती है। रास्तेभर गोपा बिलकुल भी नहीं बोली थी और मोटर से उतरकर जब तीनों

पोर्च में पहुँचे तो महिम पुरुषों के बीच चला गया तथा श्रीमती नाथ एवं गोपा भीतर स्त्रियों में चली गयीं।

महिम के लिए सार्वजनिकता प्रायः दु:खद रही है। यह नहीं कि अभी वह यहाँ के लोगों से परिचित नहीं हुआ था बल्कि अपने को वह उनसे एकरस स्वतः ही नहीं कर सका था। उसे उस समय और भी उलझन हुई जब लोग अपने-अपने उपहार दे रहे थे तब उसे लगा कि उसे खाली हाथ नहीं आना चाहिए था। लड़की को दिया जानेवाला दहेज एवं उपहार लोगों को दिखाया जा रहा था। उसे उस समय खासी उलझन हुई जब एक पैकेट पर उसने अपने नाम की चिट देखी। वह अवाक् रह गया। चारों ओर लोग-ही-लोग थे। उसकी आँखें गोपा को खोज रही थीं। गोपा के लिए उसकी विकल आँखें कितनी तेजी से स्त्रियों के समूह पर दौड़ रही थीं। गोपा किसी दूसरी युवती से हँस-हँसकर बातें कर रही थी। वह उस दूसरी युवती को पहचनाने की चेष्टा करने लगा बल्कि उसे लगा कि दो-एक पार्टियों में उसे वृन्दाधाम में देखा भी है—ओह, यह तो छोटीवाली रानी साहबा जहाँगीराबाद हैं। एकदम तपा हुआ कुन्दनवर्ण। जिस मुस्लिम सौन्दर्य की वह चर्चा प्रायः सुनता रहा है वह इन रानी साहबा में ही देखने को मिल रहा है। एकदम श्वेत रंग पहने थीं। उनकी देह-यष्टि पर गरारा तथा कुरता इतना सुषमित था कि महिम देखता ही रह गया। मोटर में तो वह देख नही पाया था पर इस समय गोपा को उसने देखा तो वह भी अप्रतिम लग रही थी। हलके चाकलेटी रंग की साड़ी ने उसके व्यक्तित्व को अजीब-सी गहराई दे रखी थी। उसके गले में एकमात्र बड़ा-सा पन्ना उसके पन्ने के कर्णफूलों के साथ मैच कर रहा था। जबकि रानी साहबा ने हीरों के बड़े लटकन तथा हार पहन रखा था जो कि सुलगे पड़ रहे थे।

महिम को अपनी ओर देखते देखकर गोपा भी कुछ क्षण ठिठकी। वह बूझ ले गयी कि महिम इस भीड़ में असुविधा अनुभव कर रहा है, पर वह विवश थी। और वह अपनी सुपरिचित मुस्कान में मुस्करा दी जिसका अर्थ था कि आप परेशान क्यों हैं, मैं जानती हूँ। जबकि वस्तुतः महिम इस समय उसका हृदय से आभारी था और गोपा ने इस बात को बिना कहे भी समझ लिया है यह जानकर महिम गोपा के प्रति जाने क्या-क्या सोच ले गया।

इतना सब-कुछ होने पर भी लौटते में गोपा यथावत् बनी रही। यद्यपि महिम ने उन लोगों के घर पर उतर जाने पर यह कहना चाहा कि वह पैदल ही चला जायेगा पर लगता है कि गोपा पहले से ही जानती थी यह, अतः जब वह कहने जा ही रहा था तब उसने देखा कि वह उसे जिस दृष्टि से देख रही थी उसके बाद महिम कुछ कह न सका।

श्रीमती नाथ बोलीं,

— अच्छा बेटे!

— आप लोग अस्पताल कब जायेंगे?

— आपरेशन सवेरे नौ बजे होगा। मैं सोचती हूँ उसी समय जाना होगा। कल रविवार भी है, जाने में कोई असुविधा भी नहीं होगी।

अभी कोई कुछ कहे इसके पूर्व गोपा बोली,

— आप सवेरे साढ़े आठ बजे तक आ रहे हैं।

एक क्षण का मौन बना रहा और तब श्रीमती नाथ बहुत हौले से मुस्कराकर चल पड़ीं। कुरबान मियाँ ने एंजिन बन्द नहीं किया था अतः गाड़ी घुरघुरा रही थी। कुहरा खासा सघन हो गया था। बाहर की बत्ती में यह सघनता स्पष्ट थी। दस गज की दूरी पर कुछ भी नहीं दिखलायी देता था। श्रीमती नाथ मुड़कर चली जा रही थीं। गोपा और महिम के बीच कुहरा उड़ रहा था। गोपा अपने फरवाले कोट में बात कहकर एक क्षण खड़ी रही और तब मूर्तियोंवाली मुस्कान गोपा देकर चलने को हुई तो महिम बोला,

— गोपा! मैं किन शब्दों से तुम्हारा आभार प्रकट करूँ?

वह हँसते हुए बोली,

— हाँ, ठीक तो है। शब्द तो आपके माध्यम नहीं हैं। अच्छा, अभी ऐसी कोई जल्दी तो नहीं है। तो, कल आप आ रहे हैं।

और नमस्कार में उठे उसके हाथ, वह सारा परिपार्श्व महिम को लगा कि क्या यह सब वास्तविक है?

जब नाथ बाबू को स्ट्रेचर पर आपरेशन-थियेटर में ले जाया जाने लगा तब गोपा विह्वल हो आयी। महिम को लगा कि गोपा यहाँ ठहर नहीं सकती। श्रीमती नाथ ने महिम से कहा था कि वह गोपा को बाहर ले जाये। अस्पताल के बरामदे में अच्छी-खासी भीड़ हो गयी थी। उसी दिन महिम ने नाथ बाबू की दूसरी पत्नी तथा शोभा को देखा। वैसे वह शिशिर को दो-एक बार देख चुका है पर परिचय की चेष्टा दोनों ही ओर से कभी नहीं हुई। आज भी उसने देखा कि आये हुए लोग जैसे बँटे हुए थे। कर्नल सहाय, डाक्टर बहल, महिम, गोपा और श्रीमती नाथ एक तरफ खड़े थे तथा नाथ बाबू का दूसरा परिवार तथा सम्बन्धी लोग दूसरी ओर ख़ड़े थे। नाथ बाबू की दूसरी पत्नी अपेक्षाकृत युवती ही कही जा सकती थीं पर रूप कुछ विशेष नहीं था। हाँ, उनकी आँखों में वितृष्णा का भाव स्पष्ट देखा जा सकता था। शोभा यद्यपि गोपा से बड़ी थी पर वह अपनी मुखाकृति की बनावट एवं अभिव्यक्ति में छोटी लग रही थी। उसने जिस ढंग से कपड़े पहन रखे थे उससे तो वह विधवा नहीं लग रही थी। केवल बिन्दी तथा भरी माँग नहीं थी पर बाकी सारा प्रसाधन काफी बोलता-सा था। यद्यपि वह इस प्रसाधन के बाद भी अप्रिय ही लग रही थी। बार-बार वह जिस ढंग से अपने रूमाल से नाक सुड़क रही थी उससे उसकी ओर सबका ध्यान जा रहा था। शोभा की माँ सिर से पैर तक अलंकारों से सजी थीं जिसके कारण महिम को उनसे वितृष्णा हो रही थी। कुछ और भी महिलाएँ थीं और उनके फैलेपन से स्पष्ट था कि वे सब सुखी परिवारों की मालकिनें हैं। शिशिर को देखकर लगता था कि वह नाथ बाबू का पुत्र है, वैसा ही सारा नाक-नक्शा। गोपा को लेकर महिम अस्पताल के पार्क में निकल आया। सामने के प्रशस्त लान में विविधवर्णी फूल खिले हुए थे, उनके ऊपर नीली मलमल-सा कुहरा तिर रहा था। मेडिकल कालेज के गुम्बद पर दो-चार कबूतर उड़ रहे थे। बिल्डिंग के कारण इधर अभी धूप नहीं आयी थी। इस समय गोपा ने गहरी कत्थई रंग धार रखा था तथा उसी रंग की मखमल की जरी के किनारेवाली शाल ओढ़ रखी थी। उसके मुख पर चिन्ता की अपेक्षा अवमानना, अपमान, परिताप, जाने क्या-क्या लग रहा था। वह निश्चय ही एकान्त चाहती थी।

— गोपा! अभी तो आपरेशन में बहुत समय लगेगा, चलो हम लोग हार्डिंज-ब्रिज तक हो आयें।

गोपा ने एक बार महिम की ओर मात्र देखा कि सम्बोधित किये जाने पर फूल देखता है, और बिना प्रतिकार के चल दी।

प्रोफेसरों के क्वार्टरोंवाली पतली-सी लेन से होकर वे लोग सीधे हार्डिज-ब्रिज की ओर निकल आये। धूप खूब प्रशस्त थी। इस ब्रिज के बारे में गोपा ने केवल सुन भर रखा था, कभी देखने का अवसर नहीं आया था पर उसे बहुत सुहाया। गोमती पर बने सारे पुलों में यह सर्वोत्तम शिल्प का है। जाड़े की धूप, कुहरा तथा मौसम की विनम्रता ने सब-कुछ सुहाना कर रखा था। गोमती में भी इस समय काफी पानी था। इसकी महराबों के भीतर भी कलात्मक कटाव थे। पुल के नीचे से बहता पानी प्रशान्त मौन लग रहा था। उस पार एकदम निर्जन था। केवल टी० जी० होस्टल की अकेली बिल्डिंग खड़ी थी। पार दूर-दूर तक खुली कगार धूप में सूख रही थी। केवल एक कोने में गन्ने की एक बगिया खड़ी थी।

— चलिये गन्ना खाया जाये।

गोपा ने उत्साह में भरकर कहा। लगा कि वह जैसे अपने से जूझ रही है। महिम नहीं समझ पा रहा था कि गोपा इतनी हताश क्यों लग रही है। लेकिन उसने गोपा से इस बारे में कुछ न पूछकर गोपा के प्रति सदाशयता ही बरती क्योंकि वह उत्तर देती नहीं और महिम को उत्तर न मिलने पर खलता कि गोपा उससे न जाने क्या-क्या छुपाती है। गोपा वस्तुतः संगीत के अमूर्त प्रभाव की तरह है जिसे अभिव्यक्त नहीं किया जा सकता बल्कि केवल अनुभव किया जा सकता है।

ब्रिज की बुर्जी में खड़े होते वह बोली,

— यहाँ से कितना अच्छा लग रहा है न? जैसे अविश्वसनीय हो यह सब।

— यह सब क्या?

— अरे यही सब...ये सामने का विस्तार, यह इमामबाड़ा, रूमी दरवाजे का एकाकीपन, यह घण्टाघर, वृक्षों को क्षितिज थामती पंक्ति...अपने से बाहर कैसी प्रशस्तता है महिम बाबू! कभी क्या हम अपने भीतर की गलियों-कूचों से मुक्ति पा सकेंगे?

महिम ने देखा कि गोपा बहुत भावुक हो उठी है। धूप के इतने खुले साक्षात् में महिम को लगा कि गोपा को झकझोरकर पूछे कि तुम क्यों इस तरह हो जाती हो? वह क्या है जो गोपा के अन्तस् में बैठा आरात्रिक मँथता है?

— गोपा! एक बात कहना चाहता हूँ, यदि बुरा न मानो तो।

— मैं जानती हूँ महिम बाबू।

— क्या जानती हो?

— कुछ नहीं...अच्छा लाइये अपना हाथ दीजिये।

और महिम का हाथ उसने गह लिया। इस प्रकार पहली बार महिम के हाथ में गोपा का हाथ था पर महिम को लगा कि नहीं, हाथ नहीं वरन् गोपा ही थी। मुलायम फूलों का गुच्छा आपके हाथ में आ जाये तो जो प्रतीति होती है लगभग वही प्रतीति महिम को हो रही थी। महिम ने उसे दूसरे हाथ से कन्धे से थाम लिया। एक क्षण को गोपा की आँखें बन्द हुईं तथा दूसरे ही क्षण उनमें हलका-सा जल आ गया।

— यह क्या गोपा?

— पता नहीं, आँख में कोई किरकिरी चली गयी शायद।

और वह ऐसी अद्वितीय ढंग से मुस्करायी कि महिम अपनी जड़ों तक भीग उठा। महिम चाहने लगा कि कुछ देर इसी बुर्जी पर और खड़ा रहा जाये पर गोपा बोली,

— आइये, चलें।

— कहाँ?

— अभी तो केवल गन्ना खाने।

और वह हँस दी। रास्ते में महिम बोला,

— पता नहीं, पूर्वजन्म में तुम मेरी क्या थीं।

— आप भी कमाल के आदमी हैं। पूर्वजन्म तक का हिसाब-किताब ठीक कर लेना चाहते हैं।

और इस बार दोनों हँस दिये।

— लेकिन गोपा! क्या तुम्हें लगता है कि मैं ऐसा कुछ कर रहा हूँ?

— लीजिये, अभी आप ही ने तो पूछा था। और जब पूर्वजन्म से बात आरम्भ की गयी है तो निश्चय ही इस जन्म पर भी आती ही।

— तुम क्या सोचती हो?

— किस बारे में? देखिये, एसिड और गैसों की गन्ध सूँघते-सूँघते सोचने की शक्ति ही नष्ट हो गयी लगती है।

महिम को लगा कि गोपा कभी स्वीकार नहीं कर सकती। वह फिर बोली,

— कल रात रानी साहबा कैसी लगीं?

— दूर से आप व्यक्ति को नहीं, उसकी भूषा को ही देख पाते हैं।

— पास से देखना चाहेंगे?

— तुम मुझे गलत समझ रही हो गोपा! मेरा मतलब........

— आपके इस मतलब के मारे तो जान आफत में है।

और वे लोग हँसते हुए गन्ने की बगियावाली कगार चढ़ रहे थे। गोपा बोली,

— यहाँ से दस मील दूर इसी गोमती के किनारे ममी का एक छोटा-सा बगीचा है, वहाँ बड़ा सुन्दर लगता है। पहले तो हम लोग प्रायः जाते रहे हैं पर इधर दो-एक बरसों से नहीं गये हैं उस फार्म पर।

— यदि असुविधा न हो तो एक दिन चला जाये।

— लेकिन आपको नहीं मालूम कि वहाँ मुझे मछलियों का शिकार करना बड़ा अच्छा लगता है जबकि आपको यह सब प्रिय नहीं।

— नहीं, तुम जिसमें सुखी होगी वही मैं चाहूँगा।

गोपा ने इस बारे में कुछ भी नहीं कहा।

बगिया का छोटा-सा फाटक बन्द था। उसमें ताला लगा था। अच्छी-खासी बगिया थी। दूर से जितनी छोटी लग रही थी वस्तुत: उतनी छोटी नहीं थी। मुख्यत: यह अमरूद की बगिया थी। सामने ही थोड़ा-सा गन्ना था। दूरी पर एक आदमी कुएँ की जगत पर खड़ा था।

— यह तो बन्द है।

महिम ने कहा। गोपा पीछे की ओर देख रही थी। हार्डिंज-ब्रिज, मेडिकल कालेज, इमामबाड़ा, रूमी दरवाजा, चौकवाला घण्टाघर सब खुल आये थे। वह दृश्य देखती बोली,

— आवाज दीजिये, कोई होगा तो आयेगा।

— एक आदमी दिख तो रहा है।

संयोग से उस आदमी ने इन लोगों को देख लिया। संकेत दिये जाने पर वह निकट आया और सलाम करते हुए बोला,

— कहिये साहब! क्या बात है?

— यह किसकी बगिया है।

— चौकवाले हकीम साहब की।

— भाई, जरा दो-चार गन्ने, अमरूद खाना चाहते थे। कैसे दिये?

— हुजूर, बेचने के लिए नहीं हैं। वैसे आप लोगों के लिए ही तो हैं। मैं अभी ताला खोले देता हूँ।

और वह आदमी चला गया। थोड़ी देर में उसने ताला खोल दिया। उसने दौड़कर कुएँ के पास ही एक दरी डाल दी और बोला,

— आप चाहें तो खुद पसन्द कर लें वर्ना मैं यहाँ के सबसे अच्छे अमरूद और गन्ने लाये देता हूँ आप तब तक आराम करें। पानी-वानी पियें तो......

— नहीं भाई, उसकी जरूरत नहीं। बस, हमें दो-चार खिला दो, बड़ी मेहरबानी होगी।

वह आदमी चला गया। कुहनी पर सिर टिका महिम लेट गया। धूप उन दोनों पर बुँदकियों में गिर रही थी। हवा एकदम निस्तब्ध थी। बगिया के पेड़ों-पत्तों पर आकाश तना था। जाड़ों के आकाश का जो अतिरिक्त नीलापन होता है उसे किसी भी रूप में व्यक्त नहीं किया जा सकता। गोपा गोदी में दोनों हाथ धरे धूल में पंख फैलाये अलसाती गौरेया-सी लग रही थी।

— अस्पताल में तुम कुछ दु:खी-सी लग रही थीं।

वह हँस दी, बोली,

— अस्पताल में क्या सुखी होने के लिए जाया जाता है?

— मेरा ख्याल है कि नववृन्दावालों का व्यवहार कुछ ठीक नहीं था।

— मैं समझती हूँ कि हम लोग ये बातें करने यहाँ नहीं आये हैं।

यद्यपि बात कठोर थी पर पद्धति एवं ध्वनि दोनों ही विनम्र एवं पीड़ाजनक थी। वहाँ की वह विषमता गोपा को एक तरह से, तो महिम को दूसरी तरह से साल रही थी। उसे पहली बार अनुभव हुआ कि नववृन्दावाला परिवार गोपा को तथा श्रीमती नाथ को बिलकुल भी सहन नहीं करता बल्कि अवसर आने पर अपमानित भी कर सकता है।

— तब कौन-सी बात?

वह आदमी अमरूद लिये चला आ रहा था। गोपा बोली,

— आपने कभी इलाहाबाद के अमरूद खाये हैं?

— मेरी अमरूदों में कोई रुचि नहीं।

महिम ने जिस तरह झल्लाकर कहा उसे देख गोपा को अच्छा लगा, बोली,

— लेकिन मुझे अमरूद बहुत पसन्द हैं। लाल बुँदकियोंवाले हों तो, बस क्या बात है।

गोपा ने जिस ढंग से यह बात कही उससे स्पष्ट था कि वह महिम को और अधिक झल्लाकर मजा लेना चाह रही थी।

अमरूद रखकर वह आदमी बोला,

— गन्ने लेकर माली आ रहा है। आप चाहें तो रस पेर दिया जाये।

गोपा ने महिम से कहा,

— यदि नमक वगैरह डला रस हो तो वह अधिक अच्छा रहेगा, है न ?

— जी, यहाँ सब चीज का प्रबन्ध है। हकीम साहब तो रोज शाम को या तीसरे पहर आते हैं और रस पीते हैं।

और वह आदमी रस तैयार करने चला गया।

— अच्छा, जो अमरूद मैं आपको दूँ, वह खाइये और तब बताइये कि कैसा लगा।

— नहीं, हर अमरूद में से आधा तुम खाओगी और आधा मैं खाऊँगा।

— यह नहीं कहा कि मैं चखकर पहले देखूँ और तब आपको दूँ।

और गोपा को लगा कि वह सीमा लाँघकर बात कर गयी है अत: इसके पूर्व कि महिम बात का सूत्र पकड़े उसने बात पलटते हुए कहा,

— अब तक क्या आपरेशन हो चुका होगा?

महिम, गोपा की तेजी समझ ले गया, बोला,

— और कुछ भी पूछो—यह गोमती कहाँ से निकलती है, क्यों निकलती है, कब तक निकलती रहेगी—हजारों ऐसी बातें हैं जिनकी आड़ में तुम अपने को छुपाती चल सकती हो।

— क्या किया जाये महिम बाबू! ऐसा छल-बल न करें तो यह सारा तामझाम हमारा ऐसा ढह जाये कि हमारा कहीं पता ही न चले। यह सब तो आत्मरक्षा के लिए करना ही होता है। हम लोग वास्तविक के लोग नहीं हैं महिम बाबू! और मजा यह कि हम इसे जानते भी हैं।—अच्छा सच बताइये आपको ये अमरूद अच्छे नहीं लगे?

— भला तुम कोई चीज दो और वह.. ....

गोपा कुछ कहने ही जा रही थी कि वही आदमी दो गिलासों में गन्ने का रस ले आया।

महिम ने कहा,

— भाई हमने तुम्हारा नाम तक नहीं पूछा और तुमने हमारी खातिरदारी की।

— जी, मुझे रमजान अली कहते हैं। आप खातिरदारी करने का मौका तो दें और तब देखें।

— अच्छा भाई रमजान! फिर कभी आयेंगे।

रस पीकर दोनों चल पड़े।

जिस समय ये लोग अस्पताल पहुँचे, नाथ बाबू को थियेटर में थोड़ी देर पूर्व ही ले आया गया था। वह इस समय बेहोश थे। उनके कमरे के सामने से भीड़ कम हो गयी थी। बाहर लोग-बाग खड़े थे। कुछ देर तक ये लोग भी खड़े रहे तब श्रीमती नाथ महिम से बोलीं,

— मेरा ख्याल है कि तुम और गोपा चले जाओ। यहाँ तो अभी काफी समय लगेगा।

— आपरेशन कैसा रहा?

— मेरा तो ख्याल है कि सफल रहा। डाक्टर से नववृन्दावाले बात कर रहे थे। भीड़ जरा छँटे तो मालूम हो।

— तो आप यहाँ...

— मेरी फिक्र न करो। गोपा! अब तुम लोग जाओ। गाड़ी भिजवा देना।

गोपा को भी लगा कि यहाँ जिस तरह से सब-कुछ था उसमें और अधिक रुकना सम्भव न था।

गोपा को घर छोड़कर जब महिम चलने को हुआ तो वह बोली,

— क्या आप इसी समय जाना चाहेंगे?

— जाऊँगा तो, पर थोड़ी ही देर में लौट आऊँगा।

— मैं खाने पर प्रतीक्षा करूँगी।

— बल्कि मैं तो स्वयं ही यह कहना चाह रहा था। असल में तुम मुझे कोई पाइण्ट लेने ही नहीं देतीं। कल रात भी मेरे नाम से वह पैकेट...

— अरे हाँ, आपने तो उसके बारे में आभार तक प्रदर्शन नहीं किया।

और वह खिलखिलाकर हँस दी।

रात में अस्पताल में रहने की आवश्यकता किसी को नहीं थी। आपरेशन पूरी तरह सफल हुआ था तथा रात के लिए दो नर्सें थीं। नववृन्दावाला पूरा परिवार रात ढाई बजे चला गया। नाथ बाबू ने श्रीमती नाथ और गोपा से भी कहा कि अब ये लोग भी जायें। गोपा ने श्रीमती नाथ को समझा-बुझाकर किसी तरह रात के नौ बजे भेज दिया। अगत्या यही तय रहा कि गोपा और महिम थोड़ी देर और रुकेंगे और सच ही कोई आवश्यकता न होगी तो ये भी लौट जायेंगे। नाथ बाबू के कमरे को पूरी तरह बन्द कर फायर-प्लेस से गरम किया गया था अत: भीतर बाहर के जाड़े का जरा भी अनुभव नहीं हो सकता था। अत: जब नाथ बाबू पूरी तरह सो गये तो वह महिम के साथ बाहर निकली। दिनभर दर्द के कारण नाथ बाबू खासे परेशान रहे थे पर इस समय उन्हें नींद का इंजेक्शन दिया गया था अत: वह थोड़ी देर के बाद सो गये। नर्स ने बताया कि अब यदि विशेष कोई बात नहीं हुई तो नाथ बाबू सवेरे तक आराम से सोते रहेंगे और यह सोना ही उनके लिए लाभप्रद है। यद्यपि नाथ बाबू सो चुके थे फिर भी महिम से परामर्श कर उसने यही तय किया कि एकाध घण्टे अभी और देख लिया जाये।

अस्पताल के बरामदे कपड़े टँकी चिकों से ढँके थे पर बाहर तेज हवा थी। यह उनके बार-बार हिलने से स्पष्ट था। ढँके होने के बावजूद बरामदों में खासी ठण्ड थी। लम्बे बरामदों में दो-एक बल्ब अवश्य थे पर उनसे बरामदों का अँधेरापन किंचित् भी दूर नहीं हो रहा था। ऊपर के इन कमरों में अधिकांश खाली पड़े थे। गोपा के मन में आया भी कि एकाध इनमें से खुलवाकर वहीं प्रतीक्षा की जाये पर अस्पताल के एक कमरे में बैठकर प्रतीक्षा करना बड़ा अपशकुनवत् लगा। कुछ देर दोनों ही मौन खड़े रहे लेकिन लगा कि ऐसे खड़े-खड़े प्रतीक्षा करना तो असम्भव हो जायेगा।

— आज तो बाहर चाँदनी रात होगी। क्यों न थोड़ा बाहर घूम आया जाये?

— हाँ, अभी तो घूमा जा सकता है।

— साधारण मनुष्य विवशता में ही तो विराट् को देख पाता है। प्राय: विराट् से भय लगता है न इसीलिए लोग घरों में ही दुबके रहना पसन्द करते हैं।

महिम ने कुछ भी उत्तर नहीं दिया। अस्पताल का बड़ा-सा जीना उनके पैरों की आहट से मुखर हो आया। चारों ओर कहीं कोई शब्द नहीं था। जब वे लोग

जनरल वार्ड की ओर से निकले तब अवश्य किसी के तेज कराहने की आवाज सुनायी दी थी। दो-एक और भी आवाजें थीं पर चूँकि दरवाजे बन्द थे तथा इतना कम प्रकाश था कि देखना-सुनना सम्भव नहीं था। पर मात्र उतनी-सी कराहट रात्रि की उस नीरवता में गोपा को बेध गयी। वह अपने ओवरकोट में सिहर उठी। किसी वितृष्णावश नहीं, बल्कि अपने निर्भाव में ही।

दोनों अस्पताल से निकल उसी सवेरेवाली लेन से होते हुए हार्डिंज-ब्रिज पर निकल आये। दिन की धूप में ब्रिज जितना मधुर लग रहा था इस समय उतना ही गम्भीर। यद्यपि सुन्दर वह इस समय अधिक था पर यह सौन्दर्य ठीक वैराग्यरत सौन्दर्य की भाँति लग रहा था। चाँदनी से अधिक कुहरा था। जिसे स्फटिक चाँदनी कहते हैं वह नहीं थी पर जो था वह अगम्य लग रहा था। तेज हवा कँपा दे रही थी पर जो सुख मिल रहा था वह अुतलनीय था। यहाँ से वहाँ तक ऐसी निरभ्र निर्जनता थी जहाँ किसी भी प्रकार की हलचल की कल्पना भी नहीं की जा सकती थी। गोपा जिस ढंग से चल रही थी उसमें चलने की अपेक्षा टहलने का भाव अधिक था। दोनों एक बुर्ज के पास जाकर दृश्य देखने लगे। शायद कुहरे और चाँदनी में एक डूबी-डूबी-सी आवाज सुनायी दी और तभी दोनों ने देखा कि सारस का एक जोड़ा बड़े ही निर्द्वन्द्व भाव से उड़ता चला जा रहा है। दोनों की दृष्टियाँ एक-दूसरे से टकरायीं।

महिम अगत्या बोला,

— यह सारस मिथुन बताओ कहाँ जा रहा होगा?

— रात को निकले मिथुन प्रायः भटके हुए होते हैं।

महिम को लगा कि गोपा कुछ अधिक कह गयी है।

— गोपा ! क्या किसी भी दिन तुम अपने को नहीं कहोगी?

— क्या सुनना चाहते हैं, महिम बाबू?

गोपा महिम की ओर नहीं देख रही थी बल्कि वह बाहर देखते हुए भी अपने भीतर कहीं सुदूर में देखती खोयी खड़ी थी अतः उसकी वाणी भी लगभग उसी भाँति डूबी-डूबी-सी लग रही थी जैसी कि अभी थोड़ी देर पूर्व सारस-मिथुन की आयी थी।

— क्या तुम कुछ स्वयं नहीं कहना चाहती कभी? तुम केवल सुनाना ही कर सकती हो, क्यों!

— नहीं। सुनाने में पूछे गये की मर्यादा होगी महिम बाबू!..कहना तो निर्बाधता है। आप जानते ही हैं कि सुनाना ही हम जैसों के लिए कठिन है तब भला कहना क्या किसी दिन हो सकेगा?..लगता है बहुत-कुछ कहना अपने साथ ही लेकर लौट जाना होगा। ....सभी के साथ ऐसा होता होगा महिम बाबू! कोई भाषा है जिसमें अपना वह कहा जा सके जो हम अपने में लिये हुए होते हैं? यदि मैं यह कहूँ कि महिम बाबू! मैं अपने को उतार फेंकना चाहती हूँ। ...तो आप

क्या समझे। कहीं, कोई भाषा नहीं है जो आपको अभिव्यक्त कर सके। देह, मन, प्राण इन सबको एक साथ दुःख हो और उसे 'क' माने 'कमल' भाषा से कह सकना असम्भव नहीं तो क्या है महिम बाबू? जब प्रत्येक क्षण आपका व्यक्तित्व आत्मा, अपमान अनुभव करें तो आप क्या और किसे कहने बैठेंगे। और क्यों? कहकर क्या हो जायेगा? जो होगा, क्या उससे भावी अवमानना की अपेक्षा को सर्वथा काटा जा सकता है?.....इसलिए सच मानिये महिम बाबू ! सब मिथ्या लगता है।..हम अपने को नदी की भाँति, प्रकृति की भाँति निरपेक्ष रूप में सौंप नहीं देते, छोड़ नहीं पाते अतः दुःख पाते हैं। अभी आपने देखा न कि सारस-मिथुन किस निरपेक्ष भाव से समय, समय का ठण्ढापन सबमें तैरकर चला गया और हम हैं कि यहाँ पर स्थित है क्योंकि हम अपने अलावा किसी अन्य से अपने को जोड़ना ही नहीं चाहते।...देखा न आपने कि जरा-सा आपने कुरेदा और गोपा कितना कुछ कहने-सुनने पर आ गयी। और यह कहते-कहते गोपा हलका-सा हँस दी।

— क्या तुम मुझ पर किसी भी दिन विश्वास न कर सकोगी?

— अरे बाबा! यदि विश्वास न होता तो क्या इस वेला यहाँ होती?

— मजाक न करो गोपा! मैं जानना चाहता हूँ कि वह क्या है जो...

गोपा ने बड़े धीरे से बरजा और बोली,

— छिः छिः कितनी अच्छी रात हम लोग कितनी फिजूल की बातों में बीतने दे रहे हैं।...महिम बाबू! क्या आपको सच ही संगीत नहीं आता?

महिम कुछ नहीं बोला। उसे अच्छा नहीं लगा कि गोपा ने बात क्यों बदली।

— आप नाराज हो गये महिम बाबू!-हाँ, मैंने जान-बूझकर बात बदली है... असल में अपने मन की व्यथा को सौंपना और अपनी देह को सौंपना दो थोड़े ही होता है महिम बाबू!...आइये चलें।

और बिना कुछ कहे दोनों चल पड़े।

उस दिन तो महिम अवश्य गोपा के यहाँ गया जिस दिन नाथ बाबू को अस्पताल से लौटना था लेकिन उसके बाद से वह अधिकतर अपने कालेज तथा चित्रकारी में व्यस्त रहा। उस रात हार्डिंज-ब्रिज पर जो उसे अनुभव हुआ था उसे वह रंगों में पकड़ना चाहता रहा। कभी वह आकृतियों में समेटना चाहता रहा और कभी अमूर्त रूप में। रंगों का संयोजन कर देने भर से भी वह उसे व्यक्त कर देने की चेष्टा में रत रहा। गत दिनों में उसके भीतर अनेक चित्र उभरते रहे और उन सबको वह आँक देना चाहता रहा।

एक दिन रात में वह स्टेशन पर अपने एक मित्र से मिलने गया था। वह मित्र लखनऊ से पास हो रहे थे। उन्हें विदा देकर जब लौट रहा था तब दस बज चुके थे। उसे उस दिन लगा कि वह लखनऊ में अभी भी अपरिचित ही है। कहना चाहिए कि वह लखनऊ नहीं जी रहा था बल्कि गोपा जी रहा था। उसे हँसी आ गयी। कैसा संयोग है कि वह एक ऐसी युवती के साथ उन दिनों जी रहा था जिसे वह कुछ भी नहीं जानता जबकि लोगों में इन दोनों के सम्बन्धों को लेकर हलका-सा प्रवाद भी था। उसका अकेला ताँगा सड़क पर चला जा रहा था। कैसरबाग के वहाँ थोड़ी हलचल जरूर मिली लेकिन फिर शान्ति। अभी उसका ताँगा कैसरबागवाली बारादरी के सामने से गुजर रहा था कि उसे गाने की आवाज सुनायी दी। उसे याद आयी कि कैसरबाग के इन मकानों में बाबू खाँ उस्ताद रहते हैं। अनेक दिनों से उन्हें देखा नहीं था। वैसे उसे संगीत अधिक समझ में नहीं आता था पर उस समय उसे जाने क्यों बड़ा भला लगा। उसने ताँगा रुकवाकर उससे पूछा,

— क्यों मियाँ! कुछ देर रुकोगे?

— जैसी हुजूर की मर्जी।

— अच्छा रुको, हम आते हैं अभी।

कैसरबाग के इन पीले मकानों में कभी अवध के नवाबों का हरम था। अब इनमें अनेक तरह के लोग रहते हैं। उस्ताद भी एक हिस्से में रहते हैं। चारों ओर वैसे तो अँधेरा था पर उसने जब दरवाजे को धक्का दिया तो वह खुल गया। उसके पैरों ने उसे आगाह किया कि दरवाजे से लगा जीना है। सम्हल-सम्हलकर ऊपर चढ़ा। उसके चढ़ने के साथ-साथ गायन प्रमुख होता जा रहा था। चारों ओर सीलन की बदबू थी। जीना उसे एक कमरे के सामने पहुँचाकर शेष हो गया। कमरे में एक पीला-पीला-सा बल्ब जल रहा था। उस्ताद तथा दो-चार लोग ही

वहाँ थे। एक आदमी तानपूरा छेड़े हुए था तथा एक तबले पर ठेका दे रहा था। सामने दो-एक लोग और थे जो श्रोता से अधिक शिष्य लग रहे थे। महिम के इस प्रकार हठात् पहुँच जाने से व्यवधान हुआ यह महिम को अवश्य लगा। वह चाहता था कि चुपचाप जाकर बैठ जाये और सुने। अभिवादन कर वह कमरे में घुसा। उस्ताद आँखें बन्द किये गायन में तन्मय थे, चौंके। अभिवादन लेकर आँखों से उसे बैठने के लिए कहकर फिर गाने लगे। उसे स्पष्ट हो गया कि उस्ताद का रियाज चल रहा था। वह रागों के बारे में कुछ नहीं जानता था पर उसे अच्छा लग रहा था। और लोग उसे नहीं जानते थे पर उसकी उच्चवर्गीय भूषा देखकर पता नहीं क्या समझे और उनमें से एक ने बहुत धीरे से पान की तश्तरी आगे कर दी। उस छोटे-से कमरे में उस्ताद और गायन को छोड़कर कुछ भी विशिष्ट क्या साधारण तक नहीं थी। कोने में एक गन्दा-सा बिस्तरा एक खाट पर लगा था। एक उगालदान, बीड़ियों के टुर्रे आदि थे फलतः कमरे में जो गन्ध थी वह सुखद बिलकुल भी नहीं थी। बल्कि कहना चाहिए कि एक ऐसी गन्ध भी थी जो कि हलकी शराब के कारण ही हुआ करती है।

उस्ताद बाबू खाँ ने गायन समाप्त कर अपनी बीड़ी सुलगायी और बोले,

— कहिये जनाब! आज इस गरीबखाने पर मेहरबानी कैसे हो गयी?

— बस इधर से जा रहा था और आपकी आवाज सुनायी दी, भला उसको न सुनता तो अपमान न होता?

और दोनों हँस दिये। उस्ताद बोले,

— कहिये आपकी क्या खातिरदारी की जाये?

— आपका गाना सुना, भला इससे बड़ी खातिरदारी और क्या हो सकती है?

— आप तो किवला शर्मिन्दा कर रहे हैं...... हाँ, हमारी बिटिया रानी के क्या हाल हैं?

— ठीक ही है।

— इधर मैं जरा बड़ौदा वगैरा ज्यादा रहा इसलिए उधर जाना नहीं हुआ।....एक बात है जनाब! अगर गोपा बिटिया रियाज कर डालें तो खुदा झूठ न बुलवाये ऐसी आवाज, ऐसा दर्द, रागों की ऐसी समझ जरा मुश्किल से ही मिलेगी, मगर क्या बताऊँ।

तब तक उस्ताद का एक शागिर्द चाय की दो प्यालियाँ ले आया था।

— वाह भाई, वाह अनवर मियाँ! तुमको खुदा ऐसी शोहरत बख्शे जो किसी को नसीब न हुई हो। लीजिये महिम बाबू! अब इस वक्त तो बस यही है।..... किसी दिन आइये तब इस खादिम को जो कुछ आता है वह सुनाया जाये।

— अब उस्ताद! आप मुझे लज्जित कर रहे हैं। वैसे मुझे संगीत की कुछ विशेष समझ नहीं उस्ताद! पर आज मुझे बहुत अच्छा लगा।

— यह मेरा करिश्मा नहीं है महिम बाबू! इसे शंकरा राग कहते हैं। इसे सुनकर पहाड़ों के भी आँसू निकल पड़ते हैं। हर राग में खुदा का नूर बसता है जनाब ! गानेवाला चाहिए। संगीत समझने के लिए गानेवाला होने की जरूरत नहीं होती। सीने में दिल होना चाहिए।..... हाँ, वैसे कभी हमारी बिटिया का गाना नहीं सुना होगा आपने।

— जी नहीं।

— कभी सुन सकें तो क्या बात है।

— अच्छा! उस्ताद! इस समय तो आज्ञा चाहता हूँ। अगर मेरे आने से कुछ हर्ज हुआ तो माफी चाहता हूँ।

और उस्ताद बड़े जोरों पर हँस दिये। वह रुई की बण्डी पहने थे। काफी दुबली-पतली काया का वह व्यक्ति जिस अट्टहास के साथ हँसा उसे देख महिम को लगा कि कोई व्यक्ति इस प्रकार खुलकर हँस सकता है?

चलते हुए महिम बोला,

— किसी दिन आपसे फिर भेंट होगी।

— इंशाल्लाह !!

और महिम वापस आकर ताँगे में बैठ गया।

जब वह घर पहुँचा तो उसे रामलाल ने गोपा की चिट्ठी दी। कल शाम उसे इन्स्टीट्यूट में ही उसने बुलाया था। और उसे लगा कि सचमुच ही आठ दिनों से वह गोपा की ओर गया ही नहीं। वह गया नहीं या जा नहीं सका। वह स्पष्ट नहीं था पर उसे अपराध भाव लगा कि वह अज्ञात में ही गोपा की उपेक्षा प्रायः कर देता है और इस प्रकार के अपने व्यवहार के द्वारा गोपा पर क्या अभिव्यक्त करना चाहता है? वह नहीं जानता। हो सकता है कि वह अपने अवचेतन को जानना ही न चाहता हो। जो भी हो।

गोपा अपनी लेबोरेटरी में ही थी। कहना चाहिए कि वह वहीं प्रयोगशाला में ही जैसे महिम की प्रतीक्षा करती व्यस्त थी। उसका संस्थान वैसे तो पाँच बजे बन्द हो चुका था पर गोपा देर तक रुकी थी। प्रयोगशाला में तरह-तरह के एसिडों आदि की गन्ध थी। खिड़कियों के शीशों से बाहर की सघन लताओं के कारण काफी अँधेरा हो गया था। हाल में बत्तियाँ जल रही थीं। गोपा अपनी टेबल पर झुकी कुछ लिख रही थी। उसका सुपरिचित पर्स टेबल पर रखा हुआ था। प्रयोगशाला में एक गन्ध ऐसी थी जिससे लग रहा था कि गोपा थोड़ी देर पूर्व तक कुछ प्रयोग करती रही है।

गोपा ने उसकी ओर देखा और मुस्करा दी,

— आइये, बस एक मिनट और लगेगा।

— काम कर लो अपना। मेरी चिन्ता न करो।

वह किसी फाइल में कुछ नोट कर रही थी। उसका काम हो चुका था। उसने फाइल दराज में बन्द कर ताला लगाया और निःश्वास छोड़ते हुए कहा,

— मैंने तो उस दिन आपसे कोई ऐसी बात नहीं कही थी जिसके कारण आप फिर न आयें।

— क्यों, उस दिन पापावाले दिन आया तो था।

— ओ हाँ। मुझसे ही भूल हुई। आप तो साल में एकाध बार आनेवाले परिचित हैं, भला उनसे.....

— देखो अब तुम ज्यादती कर रही हो।

— आप ठीक कहते हैं। आपसे रोज आने की आशा करना ज्यादती नहीं तो क्या है।

महिम की समझ में नहीं आ रहा था कि आज वह मजाक कर रही है अथवा गम्भीर है।

— देखो गोपा!......

— मुझे आपका मतलब नहीं सुनना।

और महिम को लगा कि गोपा सच ही गम्भीर है।

— तुम्हें जानकर सुख होगा कि मैंने इस बीच कुछ चित्र आँके हैं।

गोपा चुप ही बनी रही। वह असुविधा अनुभव कर रही थी इतना उसकी आँखों से भी स्पष्ट था। वह तैयार होने जा रही थी। तौलिया उठाते हुए उसने कहा,

— मैं अभी आयी।

महिम पीछे छूटा बड़ा नितान्त हो आया। उसकी समझ में नहीं आ रहा था कि गोपा ने उसे यहाँ क्या इसीलिए बुलाया था? उसकी समझ में कुछ नहीं आ रहा था कि वह क्या करे। यह तो स्पष्ट था कि गोपा आहत हुई थी। लेकिन क्या उसे आहत होना चाहिए?

आते ही बोली,

— महिम बाबू! आशा है आपने क्षमा कर दिया होगा अब तक।

वह महिम की ओर देख नहीं रही थी पर टेबल के निकट सिर झुकाये खड़ी बोलती चली जा रही थी,

— मैं जानती हूँ कि कुछ नहीं होना है..... पर मैं क्या करूँ महिम बाबू?........मैं प्रत्येक साक्षात् को ऐसा अस्वीकार देना चाहती हूँ कि जैसे वह मेरे निकट कभी था ही नहीं।...... आप नहीं जानते कि आप सहज हैं जबकि गोपा नहीं।...... जो कुछ है न यह सब, केवल प्रवंचना है। प्रवंचना का एक दिन, उसके बाद फिर दिन..... ऐसी अनन्त शृंखला...... महिम बाबू! केवल आपको देखना चाहती थी इसीलिए बुला लिया। असुविधा के लिए क्षमा चाहती हूँ।

— यह आज तुम बारम्बार क्षमा क्यों माँग रही हो?

— इसलिए कि आप बीच-बीच में यह बोध करवा देते हैं कि वास्तविकता क्या है।

— क्या वास्तविकता है ?

— आप शायद उस्ताद के यहाँ गये थे। आपकी बड़ी प्रशंसा कर रहे थे।

और वह हँसने की चेष्टा करती रही। महिम को लगा कि उसे ही बात बढ़ानी चाहिए।

— गोपा! वास्तव में तुम ही बोध करवाती हो कि वास्तविकता क्या है।

— यदि मैं आपसे सहमत हो जाऊँ, तो?

— तो यह कि तुम इस बारे में यदि चर्चा करना चाहोगी कभी तो अपनी इच्छा से, मेरी मर्जी से नहीं।

वह हताश होकर कुर्सी पर बैठ गयी। कुछ देर के लिए मौन तिर आया। दोनों को असुविधा होने लगी। अगत्या वह बोली,

— क्या ऐसा नहीं है कि जब भावना या सम्बन्ध को पुकार-पुकारकर कहना पड़े तो वह नैसर्गिक नहीं होता?

— तुम यह कहना चाहती हो कि हमारा-तुम्हारा यह सम्बन्ध नैसर्गिक नहीं है।

— क्या मेरी बात से आपको यही लगता है?

— तब तुम क्या कहना चाहती हो?

— महिम बाबू! आज से ही नहीं, बचपन ही से भाषा कमजोर रही है। गवर्नेस अंग्रेजी के लिए डाँटती थी तो हिन्दी के लिए गुरुजी।....... पता नहीं स्त्रियों को जबकि बहुत-कुछ आता है यह भाषा-जैसी सीधी-सी बात क्यों नहीं आती?

और महिम को स्पष्टत: लगा कि गोपा वातावरण को हलका बनाना चाहती है अत: उसने भी उचित नहीं समझा कि बात उलझायी जाये।

हाथ का पेपरवेट टेबल-शीट पर घुमाते हुए बोला,

— क्या आज रात यहीं रहने का विचार है?

— नहीं तो। मैं चाहती हूँ आज आप जहाँ कहें वहीं चला जाये.... असल में आपको एक सुखद समाचार देना चाह रही थी कि परसों से बड़े दिन की छुट्टियाँ हो रही हैं तो क्यों नहीं दो-एक दिन के लिए बाहर हो आया जाये?

— तुम्हारा मतलब ....

हँसते हुए बोली,

— चलिये इस बार मेरा ही मतलब सही।...... जी हाँ। इन दिनों फार्म खासा अच्छा होगा।

दोनों सहज हो आये थे। गोपा का मुख, आँखें, मुद्रा सभी कुछ पूर्ववत् मोहक हो आये थे।

— तो अब आप चाय पिलायेंगे।

गोपा ने जिस ढंग से यह कहा वह महिम को अच्छा लगा।

जिस समय ये लोग रवाना हुए सवेरा नहीं हुआ था। सवेरे की तेज हवा के सपाटों से बचने के लिए कार के शीशे चढ़ा दिये गये थे। श्रीमती नाथ एवं गोपा पीछे बैठी थीं। गोपा ने काले ऊनी रूमाल से कान बाँधे हुए थे तथा श्रीमती नाथ ऊनी शाल से सिर ढँके हुए थीं। महिम, सामने के शीशे से सवेरे-सवेरे का लखनऊ देखने में व्यस्त था जिसमें सड़कें, पेड़ तथा दृश्य ही प्रमुख थे। दो-चार लोग अवश्य ही हवाखोरी करते हुए विश्वविद्यालयवाली सड़क तथा फैजाबादवाली सड़क पर दिखलायी दिये। निर्जन होने के कारण सड़कें फैल आयी थीं पर सवेरे के भीगे नीले कुहरे ने उनकी प्रशस्तता को सौन्दर्य दे रखा था। विश्वविद्यालय के अन्दर अशोकों की पंक्ति इस समय और अधिक गरिमामयी लग रही थी। महिम को सर्दियों की प्रकृति इसीलिए प्रिय लगती रही है कि रंगों की चटकता भी शेष वातावरण के साथ तदाकार होकर बड़ी ही सुखद लगती है। गर्मियों की भाँति नहीं कि सिर दुखाने पर आ जाये। वर्षा की संकुल हरीतिमा अपने वैविध्य के कारण प्रिय हो जाती है। महिम को रंगों के हलके शेड ही प्रिय हैं। हलके रंगों से प्रयोजन उभर आता है। चटख रंग अपनी सत्ता को वस्तु पर हावी कर देते हैं। क्लासिकीय चित्रों में रंगों की जो चटखता मिलती है उनमें प्राय: सन्तुलन का ध्यान रखा जाता है। तथा वहाँ प्राय: वस्तु के प्रयोजन को रंगों के माध्यम से ही उभारा जाता है। जिस चित्र-आन्दोलन में चित्रकारों ने रंगों की चटखता को ही जो प्राधान्य दिया उनसे महिम सहमत नहीं हो पाता। रंगों की सत्ता वह भी स्वीकारता है। वह भी मानता है कि स्वयं रंग भी विषय हो सकते हैं पर संयोजन में उसका विश्वास है। ऐसा विश्वास उसे परम्परा के साथ जोड़े हुए है। दो भिन्न जाति के रंगों को एक साथ प्रस्तुत करने को वह कला नहीं मान पाता। वह परम्परा तोड़ने की आवश्यकता नहीं समझता बल्कि उसके विकास की कामना करता है। यह उसके चित्रों से भी स्पष्ट है कि जिन रंगों को पहले आधार रूप में या पृष्ठभूमि के संवरण के लिए प्रयुक्त किया होगा उसके क्रम में उसने परिवर्तन किया होगा यदि उसे आवश्यक लगा होगा। वैसे वह प्रयोग को अन्तिम स्थिति स्वीकार कर सकता है। जब सब-कुछ अभिव्यक्त कर दिया जाये और लगे कि अब आगे कुछ भी नहीं कहा जा सकता तब जिस प्रकार भटका सार्थ अनाम यात्रा पर चल देता है उसी प्रकार कलाकार प्रयोग करता है। प्रयोग कभी भी उपलब्धि नहीं हुआ करता। अपने भीतर के पाने की चेष्टा है। प्रयोग के द्वारा जब ऐसा अभीष्ट पा लिया जाता है तब वह व्यक्तित्व ही उपलब्धि की ओर बढ़ता है। लेकिन उसके निकट कला में

विस्फोट सम्भव नहीं। रंगों की सत्ता या अभिव्यक्ति को झुठलाथा नहीं जा सकता। जिस प्रकार प्रत्येक कलाकार के हाथ में पहुँचकर लाल रंग भिन्न हो जाया करता है उसी प्रकार उसकी सत्ता और अभिव्यक्त भी भिन्न हो जाती है। इसीलिए कला न तो उस विषय में निहित होती है और न ही उन रंगों में जो कि फलक पर अंकित किये जा रहे होते हैं बल्कि वह स्वयं चित्रकार के अन्तर्मन में बिराजे रंग और रूप में होती है। रूप और रंग से जो विद्रोह है वह उसकी समझ में बहुत सार्थक नहीं लगता।

वह जाने कहाँ खोया हुआ था कि तभी उसे श्रीमती नाथ की आवाज सुनायी दी,

— क्या सोच रहे हो महिम!

— जी, कुछ खास नहीं।

— तुम ड्राइविंग क्यों नहीं सीख लेते?

— ड्राइविंग सीखने के बाद एक कठिनाई आया करती है ममी!

और वह हँस दिया। श्रीमती नाथ बोलीं,

— वह कौन-सी कठिनाई?

— अपनी गाड़ी हो तो कोई बात नहीं वरना तब ड्राइवरी करनी पड़ती है।

महिम की बात पर तीनों हँस पड़े। श्रीमती नाथ बोलीं,

— गाड़ी भी हो जायेगी।

— गोया ड्राइविंग तो इस समय आ सकती है बाद में नहीं, है न ?

सब फिर हँस पड़े। महिम ने पूछा,

— हम लोग फैजाबाद रोड पर आ गये? आई० टी० कालेज चला गया?

— तब तुम इतनी देर से बाहर क्या देख रहे थे?

— असल में ममी! मैं जाने क्या देख रहा था।

— तुम लोगों के साथ यही तो मुश्किल है।

श्रीमती नाथ ने 'तुम लोग' से स्पष्ट नहीं किया कि उनका मतलब किन-किन लोगों से था। महिम ने भी पूछा नहीं। शायद उचित भी नहीं था। महिम फिर सामने देखने लगा था। श्रीमती नाथ गोपा से कह रही थीं,

— पूरे डेढ़ बरस बाद जाना हो रहा है वहाँ। त्यौरस साल दीवाली के बाद हम लोग गये थे.... तुमसे तो बराबर कहती हूँ कि कभी भी एकाध दिन के लिए हो आ सकती हो। जमीन-जायदाद खरीदना तो आसान है लेकिन उनकी देख-भाल, साल-सम्हाल करना ही तो कठिन होता है। आसान हो तो सब कोई न खरीद लें?...... पता नहीं इतने दिनों घर भी बन्द पड़ा था, न जाने किस हालत में होगा।

— आप तो बेकार ही परेशान होती हैं। बेचारी मोनी चाची तो वहाँ बराबर ही जाती-जाती रहती हैं।

— अरे मोनी चाची जाती हैं यह तो ठीक है लेकिन खुद भी देखना-भालना होता है। हमारे-तुम्हारे कहने में और मोनी चाची के कहने में अन्तर नहीं पड़ता? नौकर आखिरकार नौकर ही होता है। और फिर बेचारी मोनी चाची का ही तो भरोसा है कि वह देख-भाल आती है..मैं तो सोचती हूँ कि यहाँ कुछ दिन बराबर रहा जाये। डाक्टर बहल का कहना है कि इस दस एकड़ में सन्तरे खूब अच्छी तरह लगाये जा सकते हैं।

— गोमती की कगार है, यह आप याद रखें।

— ओ हो, तो कगारवाला छोड़ देंगे खाली ही।

माता-पुत्री की इस बातचीत के प्रति महिम उदासीन था। रेलवे क्रासिंग तथा करामत गर्ल्स कालेज भी जा चुके थे। खुले आकाश के नीचे सर्दियों का सूर्योदय नील कुहरे में डूबा जितना आकर्षक होता है उतना अन्य नहीं होता। सूर्य की लालिमा काँपती, थरथराती तथा घूमती-सी ऐसी लगती है मानो गरम-गरम लावा से भरी थाली काँप रही हो। ऐसे सूर्य को ही आदित्य कहा जाता है। गर्मियों का सूर्य रुद्र होता है। चारों ओर खेतों में चना तथा दूसरी फसलें तैयार खड़ी थीं। सब्जियाँ भी खूब थीं। टमाटर बड़ी बीरबहूटियों की भाँति दिख रहे थे। ओस धुले गोभी के फूल बच्चों के गदराये मुखों की तरह लग रहे थे। महीनों बाद महिम लखनऊ के बाहर निकला था अत: उसमें इस छोटी-सी यात्रा के प्रति भी वैसा ही सम्पूर्ण उत्साह था जैसा कि किसी बड़ी यात्रा में हुआ करता है। पर यात्रा तो अगत्या यात्रा है। यात्रा को अनुभव करना होता है। न अनुभव करने पर बड़ी-से-बड़ी यात्रा भी निरर्थक हो सकती है। छोटे-से-छोटा पानी का रेला भी नदी के जिस आत्मविश्वास के साथ अपनी यात्रा पर निकलता है उसे देख महिम सदा नतशिर हो जाता रहा है। रेले को इससे कुछ भी लेना-देना नहीं होता है कि उसे कितनी छोटी-सी यात्रा सम्पन्न करनी है। रेले की वह यात्रा-मुद्रा कभी भी नहीं भूल पाता। आकाश के नीलेपन में हरे रंग की कितनी विविधता चारों ओर फैली हुई थी।

उसी प्रकार बाहर की ओर देखते हुए बोला,

— एक ही रंग के अनन्त प्रकार केवल प्रकृति में ही सम्भव हैं।

और वह हँस दिया। उसके हँसने पर श्रीमती नाथ ने पूछा,

— तुम क्यों हँसे?

— ममी! मुझे ये ताड़-खजूर देखकर बहुत हँसी आती है।

— इसमें हँसने की क्या बात है?

— आपको सचमुच इन्हें देखकर कुछ नहीं लगता?

महिम की आँखों में मात्र शरारत थी। वह श्रीमती नाथ की ओर देख रहा था। श्रीमती नाथ बोलीं,

— नहीं तो।

— ये पेड़ मूलत: मूर्ख हैं ममी! अपने सारे पत्ते, फल-फूल इतने ऊपर ले जाकर पता नहीं क्या सोचते हैं।

— गोया, पेड़ भी सोचते हैं।

गोपा ने महिम का मजाक उड़ाते हुए कहा।

— भाषा भिन्न हो सकती है पर प्रकृति में सोचने की शक्ति है।

— आपका मतलब तो यह हुआ कि चेतन और जड़ सब सोचते है। सुना तो केवल यह था कि केवल मनुष्य ही सोचता है।

— सोचने का प्रकार भिन्न है। मनुष्य अपने सोचने को भाषा, अभिव्यक्ति दे लेता है, वह एक दूसरी बात है।

—आपको चित्र बनाना छोड़कर इस खोज में लग जाना चाहिए।

और गोपा खिलखिलाकर हँस दी। महिम को बोलने के लिए उद्यत देखकर फिर बोली,

— मेरा ख्याल है कि आप कहने जा रहे है कि रंगों में भी सोचने की शक्ति है।

— मैं यह कहना चाहता हूँ कि प्रकृति मात्र एक अन्धी प्रक्रिया नहीं है बल्कि यदि वह प्रक्रिया है तो सुविचारित।

— लेकिन आपकी इस बात से तो यह नहीं लगता है कि प्रकृति में विचार करने की शक्ति है, क्षमता है। आप तो कह रहे हैं कि वह एक सुविचारित प्रक्रिया है। इससे काफी सीमा तक विज्ञान सहमत हो सकता है।

— यदि मेरी बात की ध्वनि यह है तो मैं यह कहना चाहूँगा कि प्रकृति स्वयं में विचार की शक्ति होती है चाहे वह जड़ हो या चेतन।

— प्रमाण?

— अभी तो मेरे पास प्रमाण नहीं हैं।

गोपा उसे खिझाते हुए बोली,

— चलिये, फार्म पर आपको ढेर-सारी प्रकृति मिलेगी। प्रमाण एकत्र करियेगा। चाहेंगे तो मैं आपकी सहायता ही कर दूँगी। कहते है गोमती की कगार बड़ी प्राचीन है। अच्छा है आपको अपने पक्ष में प्राचीनतम प्रमाण मिल जायेंगे।

श्रीमती नाथ को अपनी पुत्री की वाक्पटुता प्रिय लग रही थी।

तभी दाहिने हाथ एक रास्ता फूटता दिखा। कार धीमी हुई। रास्ता कच्ची सड़क-जैसा था। रास्ते के दोनों ओर लहलहाती खेती खड़ी थी। कार जैसे ही मुड़ी महिम ने पूछा,

— क्या हम लोग आ गये?

श्रीमती नाथ ने उत्तर दिया,

— हाँ, यहाँ से हद शुरू हो गयी। करीब दो मील यहाँ से और है। वो सामने पेड़ों का जाता हुआ झुरमुट देख रहे हो न? वही गोमती है।

कार की चाल बहुत धीमी हो गयी थी। वह बोला,

— यह सड़क बड़ी खराब है।

— पी० डब्लू० डी० की है। असल में हमारी सड़क वो जो सामने गाँव आ रहा है न उसके बाद है।

श्रीमती नाथ की बात पर टीका करते हुए गोपा बोली,

— वैसे वह सड़क भी कोई खास अच्छी नहीं है।

पुत्री की बात पर श्रीमती नाथ बोलीं,

— यहाँ कौन मोटरें चलनी हैं जो सड़क पर ध्यान दिया जाये?

गाँव के बाहर से ही मोटर मुड़कर आगे निकल गयी। थोड़ी दूर बाद ही कँटीले तारों की फेन्सिंग दिखलायी दी, जहाँ एक फाटक भी खड़ा था। फाटक खुला हुआ था। श्रीमती नाथ बोलीं,

— देखा न तुमने? फाटक खुला हुआ है। तब फाटक के होने से लाभ? लोग अपनी जमीन-जायदाद को आँखों के नीचे काजल की तरह सहेजे रखते हैं तब धरती सोना उगलती है। हमारी-तुम्हारी तरह नहीं कि भगवान् भरोसे खुले आकाश के नीचे छोड़कर लखनऊ में बैठे हुए हैं।

और गोपा तथा महिम ने देखा कि अपनी तरफ का शीशा गिराकर श्रीमती नाथ खेतों का निरीक्षण भी करती जा रही थीं। धूप फैल आयी थी। पीछे छूटे खेतों की अपेक्षा इन खेतों को देखकर कहा जा सकता था कि ये समृद्ध फसलवाले खेत हैं। बड़ी दूर तक हरियाली फैली हुई थी। दूरी पर कुछ लोग दिखलायी दे रहे थे। साथ ही यह भी स्पष्ट था कि लोग मोटर की ओर ही देख रहे हैं। खेत बड़ी जल्दी बगिया में परिणत हो गये। सड़क सामने की अमराई के बीच से जाकर एक मकान के सामने समाप्त होती है यह स्पष्ट था, पर यह भ्रम निकला। सामने एक टीला था। सड़क घूमकर उस टीले पर चढ़ जाती थी जहाँ कि छोटी कोठी के ढंग का एक मकान खड़ा था। पूर्व की इन कोठियों पर बंगाली प्रभाव स्पष्ट था। पल्लेदार हरी खिड़कियाँ तथा रोमन शैली के खम्भोंवाला पोर्च। इस पोर्च के सिर पर खुली-सी रेलिंगवाली छत। बाहर से देखकर ही लगता था कि इस कोठी में पाँच-सात कमरे ही होंगे।

कार को यहाँ के नौकरों ने दूर ही से देख लिया था अत: पोर्च में चार-पाँच नौकर तथा बरामदे में मोनी चाची खड़ी थीं। श्रीमती नाथ तथा गोपा के उतरने पर उन लोगों ने अपने ढंग से अभिवादन किया। एक बूढ़े-से नौकर को सम्बोधित करते हुए श्रीमती नाथ बोलीं,

— कहो बेचू! क्या हाल है यहाँ का?

— आप लोग तो अवती नहीं हैं मलकिन! तो जैसन हाल-चाल होई सकित है वैसन चलि रहा है सब!

— अरे तुम लोग किस दिन के लिए हो?

— अरे मुला ऊ तो हई है पर आप लोगन की बात ही न्यारी हो जाती है सरकार! हम लोग ठहिरे चाकर।

— तुम सब लोग तो ठीक हो न?

सब लोगों ने हामी भरी और श्रीमती नाथ, गोपा तथा महिम तीनों बरामदे की ओर बढ़े। सामने ही छोटा-सा हाल था। उस हाल में पचास आदमियों के आसानी

से बैठने की जगह थी। दीवारों पर दो-एक तैलचित्र थे जो कि ढँके हुए थे। छत के बीच में एक फानूस भी कपड़े से ढँका टँगा हुआ था। सिरे पर निचाई में खेंचे जानेवाला पंखा टँगा हुआ था। पंखा, हाल की चौड़ाई से थोड़ा ही कम था। स्पष्ट था कि गर्मियों में उसका प्रयोग होता होगा। पीछे की दीवार गोलाकार थी जिसमें तीन दरवाजे थे। उन दरवाजों से एक बारजा तथा बारजे की हरी रेलिंगें दिख रही थीं। हाल में तीन सोफा सेट तथा एक बड़ी मसनद मय गावतकियों के रखी थी। श्रीमती नाथ जाकर मसनद पर बैठ गयीं। नौकर लोग अभी बरामदे में ही खड़े थे। मोनी चाची श्रीमती नाथ के पास खड़ी थीं।

श्रीमती नाथ बोलीं,

— गोपा! तुम महिम को सब दिखाओ, तब तक मैं इन लोगों से जरा बातें कर लूँ।-सबके कमरे ठीक कर दिये हैं न?

कमरेवाली बात मोनी चाची से पूछी गयी थी।

गोपा और महिम दोनों बारजे में निकल आये। बारजे के ठीक नीचे गोमती थी इसका आभास महिम को नहीं था। बारजे से पार्श्व तथा दूर सामने का दृश्य खुल आया था। चारों ओर काम्य शान्ति थी।

— गोपा! यहाँ भी गोमती ने तुम्हारा साथ नहीं छोड़ा।

— अपना-अपना भाग्य इसे ही तो कहते हैं।

— कितना सुन्दर भाग्य है यह गोपा! इसे प्राप्त करने के लिए न जाने कितने अश्वमेध-यज्ञ करने पड़े होंगे तुम्हें।

— लेकिन याद तो एक की भी नहीं।

अरे चित्रगुप्त महाराज को नोट करवा दो फिर याद रखने की क्या आवश्यकता है? अपना सब वही देखें।

दोनों हँसने लगे।

— बड़ी अच्छी कोठी है यह। यहाँ खड़े होकर मध्य-युग की याद आती है।

— हाँ, काफी पुरानी कोठी है।

— तुम्हारे पूर्वजों ने बनवायी होगी इसे।

— पूर्वज, अच्छा कहा आपने। इसे तो हम लोगों ने अभी पन्द्रह-बीस बरस पहले खरीदी होगी।

— किस अभागे ने बेचा इसको ?

— सच महिम बाबू ! प्रत्येक कोठी के साथ मुझे भी अभागापन ही लगता है।

— नहीं, ऐसी बात नहीं गोपा! मैं तो कहना चाह रहा था कि..

— कोई बात नहीं महिम बाबू! लखनऊ के नवाबों की जो दुर्दशा हुई उसमें इस कोठी के मालिक भी उजड़ गये। चूँकि यह जायदाद इतने जंगल में थी इसलिए कोई खरीदने को तैयार नहीं था। ममी ने जब इसे देखा तो इसे खरीद लिया।

— लेकिन जगह तो खासी अच्छी है।

— आइये उधर चलें।

हाल के दोनों ओर दो-दो कमरे थे। दाहिने हाथवाले कमरों के बीच से ऊपर जाने के लिए सुन्दर-सा जीना था। ऊपर तीन बड़े कमरे थे तथा किनारों के कमरों से लगे हुए दो-दो छोटे कमरे थे। ऊपर पीछे की ओर बारजे न थे बल्कि सामने की ओर दो छोटे बारजे तथा बीचवाले कमरे के सामने तो छत ही थी जो कि पोर्च तक चली गयी थी। नवाब लोगों के दिनों में ऊपर जनानखाना था तथा नीचे हाल में नवाब लोगों की महफिलें लगा करती थीं। नीचे एक तरफ बावर्चीखाना, नौकरों के आवासों का एक सिलसिला चला गया था। दूसरी ओर कोठी का खास बगीचा था जो कि इन दिनों भी अच्छी हालत में रखा गया था। बगीचे में एक छोटा-सा फौवारा भी था जो कि अब उजड़ चुका था। लता-गुल्म अवश्य थे पर वे भी उपेक्षित लग रहे थे। बगीचे में पीछे की ओर सब्जियाँ लगायी गयी थीं। बैंगन, टमाटर और गोभी खूब लगी हुई थी। पीछे की ओर लकड़ी का एक छोटा-सा फाटक था जिसके बाद रास्ता गोमती के किनारों की ओर बढ़ जाता था। चारों ओर कटहल, आम काफी थे। कुल मिलाकर वहाँ की विपुल रम्यता महिम को ईर्षाजन्य लगी।

वह बोला,

— तुमसे ईर्षा करने को मन होता है।

— आप ठीक कहते हैं। मैं भी आपकी जगह खड़े होकर देखती तो मुझे भी ऐसा ही लगता है।

चम्पे की एक नीची डाली को पकड़ते हुए महिम ने कहा,

— पता नहीं तुम क्या कहना चाहती हो और कहती नहीं हो...वस्तुतः मैं कुछ नहीं समझ पाता हूँ गोपा! ....कुछ है जो तुम्हें सालता है।

चम्पे का एक फूल नीचे गिरा पड़ा था। गोपा ने उसे उठाया और उसे महिम को देते हुए बोली,

— लीजिये।....अपने से अलग हो जाने पर क्या जल, क्या फूल और क्या व्यक्ति सब, हाँ सब, धीरे-धीरे रंग, गन्ध तथा अस्तित्व खो दिया करते हैं;.. महिम बाबू। जब मैं फूल झरते देखती हूँ तो मुझे अपने भीतर अकुलाहट होने लगती है।... मेरा ख्याल है अब चलना चाहिए। आप भी तैयार हो लें।

— लेकिन मुझे तुमने बताया ही नहीं कि किस कमरे में मुझे...

गोपा हँसते हुए बढ़ी और बोली,

— आप सब-कुछ जान जाने के लिए इतने आतुर क्यों रहते हैं महिम बाबू?....

क्या आप नहीं मानते कि जान जाने के बाद क्या रह जाता है? सच मानें मैं अपने ही बारे में अनेक बातें नहीं जानती।..आप क्या बिना कमरे के रह जायेंगे, ऐसा विश्वास है आपको?

और गोपा ने बड़े ही तन्मय ढंग से महिम की ओर क्षणान्त के लिए देखा और धूप के टुकड़े की भाँति सरक गयी।

बहुत सुहावना मौसम था। कुहरा वैसे तो कम हो गया था पर दिनभर थोड़ा-बहुत फिर भी बना रहा। धूप में बिलकुल भी तेजी नहीं थी। यही तय हुआ था कि तैयार होकर लंच के समय खेतों और बगिया में हो लिया जायेगा, उपरान्त श्रीमती नाथ तो आराम करेंगी तथा गोपा और महिम गोमती की कछारें देखने निकल जायेंगे। भले ही श्रीमती नाथ यहाँ कम आती हों पर उनकी सतर्कता के कारण यहाँ का कारोबार काफी ढंग का था। रबी और खरीफ की दोनों फसलें बराबर होती थीं। आम और अमरूद की बगियाएँ जितनी विकसित हो सकती थीं, उतनी नहीं थीं। महिम को लगा कि यदि इस दस एकड़ की बगिया को सही रूप में फार्म के स्तर पर विकसित किया जा सके तो इसकी सम्भावनाएँ बहुत बढ़ सकती हैं।

— मैं समझता हूँ ममी! कि यदि जापानी ट्रैक्टरों से काम करवायें तो यह फार्म बहुत विकसित हो सकता है।

हवा में लहराते फसलों के हरे समुद्र को देखते हुए महिम ने कहा। श्रीमती नाथ नौकरों से कुछ बातें कर रही थीं, बोलीं,

— होने को क्या नहीं हो सकता है? पर करे कौन? खेती सन्देसे पर नहीं होती, खटना पड़ता है और हम वहाँ बैठी हैं। अरे, वह तो कहो मोनी, बेचू, ननकू वगैरा हैं तो सब चल भी रहा हैं।

— लेकिन ममी! मुझे यहाँ आकर बहुत अच्छा लग रहा है।

काड्राय की पैण्ट और ऊनी कमीज में तथा आसपास की सारी प्रकृति के सन्दर्भ में महिम ऐसा लग रहा था जैसा वह सिनेमा की किसी आउटडोर-शूटिंग के सिलसिले में आया हुआ हो। श्रीमती नाथ ने अपनी गरम साड़ी के पल्ले को कन्धे पर सोने के एक ब्रोच से सहेजा था। सिर का पल्ला बारम्बार गिर जाता तो उनके मिश्रित बालों में लगी चाँदी की क्लिपें चमक जाती थीं। पूरी बाँह का गरम ब्लाउज, साड़ी के साथ समरसता के कारण कुल मिलाकर उन्हें संगमरमर की एक प्यारी गुड़िया की संज्ञा दे रहा था। पेटेण्ट चमड़े के बोवाले उनके जूते ऐसे चमक रहे थे कि जैसे वह चमकती लहरों के टुकड़ों पर या तो खड़ी हैं या फिर उस पर चल रही हैं। यह नहीं कि श्रीमती नाथ के गौर वर्ण को महिम ने पहले कभी ध्यान से न देखा हो पर धूप और नैसर्गिकता की इतनी प्रशस्तता में उसने वस्तुतः पहली बार देखा था अतः उनकी गौरता, देहयष्टि स्फटिक अवश्य लगीं पर जाने क्यों उसमें मोहकता का अभाव लगा।

महिम की बात पर हँसते हुए वह बोलीं,

— जब यहाँ अच्छा लगता है तो आकर रहा करो यहाँ। लखनऊ की-सी सुविधा भला इस जंगल में कहाँ मिलेगी।...अरे मेरे साथ गोपा की झंझट न लगी होती तो मैं तो यहीं रहती। इसे यही सोचकर खरीदा ही था। अरे, अब इस बुढ़ापे में लखनऊ में क्या धरा हैं। जीवनभर बँधे-बँधे रहे और अब भी वही.....पर क्या किया जाये?

— क्यों? आप लोगों को यहाँ रहने में क्या कठिनाई है? यदि आप और गोपा यहीं रहें तो..

और महिम ने देखा कि श्रीमती नाथ की आँखों में एक विशेष प्रकार की चमक थी, जिसका तात्पर्य था कि महिम का इस प्रकार बात करना उन्हें नहीं सुहाया।

महिम ने सुदूर देखते हुए कहा,

— प्रकृति जिस विपुलता से अपने को सौंपती है इसकी हम कल्पना भी नहीं कर सकते।

वातावरण को सहज बनाने के लिए श्रीमती नाथ बोलीं,

— यदि तुम चित्र बनाने का सामान लाये होते तो तुम्हें और भी अच्छा लगता।

दोनों का ध्यान गया कि दूर जहाँ गन्ना था वहाँ हाथ के संकेत से गोपा उन लोगों को बुला रही थी।

महिम ने कहा,

— हम लोगों को बुलाया जा रहा है ममी!

— चलो, मैं आयी।

प्राय: गोपा को महिम ने जूड़े में ही देखा है। एकाध बार ही उसे वेणी में देखा होगा। जाने क्यों महिम के सौन्दर्यबोध को वेणी ठेस पहुँचाती है। जन्माष्टमी के दिन भी गोपा को वेणी में देखा था। पर शायद उस दिन वेणी प्रमुख कारण नहीं थी क्योंकि इस समय भी गोपा वेणी में थी पर आकर्षक ही लग रही थी। उसने श्रीमती नाथ से विपरीत कपड़े एवं रंग पहन रखे थे। गोपा एकदम श्वेत वस्त्रों में थी। सफेद साड़ी में जरी की नाखूनी बेल उसकी भूषा में खिल आयी थी। सफेद कार्डीगन ने गोपा को इतनी अधिक मोहकता दे रखी थी कि महिम कुछ कहने का प्रलोभन न रोक सका, बोला,

— इस समय तुम अप्रतिम सुन्दर लग रही हो गोपा!

गोपा किंचित् भी नहीं लजायी बल्कि हँसते हुए बोली,

— केवल इसी समय ही?

— नहीं, वैसे तो तुम सदा सुन्दर लगती रही हो पर इस समय...

— मैं सुन्दर लगती हूँ, यह बात आपने पहले तो कभी नहीं कही?

— कहना तो कभी से चाहता रहा हूँ।

— फिर क्यों नहीं कहा?

— तुम नाराज न हो जातीं?

— मेरी नाराजी का आपको ध्यान रहता है?

— क्यों नहीं? तुम भी तो रखती हो।

— अरे, अब आप भी मुझ पर झूठा लांछन लगाने लगे, चलिये आप भी लगाइये।

और वह हँस पड़ी। महिम समझ नहीं पा रहा था, बोला,

— गोपा! जन्माष्टमी के दिन जो तुमने मेरे कहने पर..

— पता नहीं आपको भगवान् ने पूरी क्यों नहीं दी।

— क्या?

— समझदारी।

और वह खिलखिला पड़ी। बोली,

— देखिये अब कुछ न कहियेगा, ममी आ रही हैं। ....एक उस दिन गन्ना पिया था, आइये, देखिये यहाँ का गन्ना।

— यहाँ की प्रत्येक चीज अद्वितीय है।

— अच्छा!

और गोपा ने जिस ढंग से 'अच्छा' कहा उससे महिम को पहली बार नारी की एक संज्ञा 'कामिनी' का अर्थ बोध हुआ।

श्रीमती नाथ आ गयी थीं। आते ही बोलीं,

— महिम! तुम्हें इसने गन्ने के रस के लाभ गिनाये होंगे कि इसमें कौन-कौन-से विटामिन होते हैं। इसका बस चले तो यह दिनभर गन्ना ही पीती रहे।

— लेकिन ममी! सच ही गन्ने का रस बहुत गुणकारी चीज है।

— मुझे तो भई, पीना-वीना नहीं। तुम लोग पीकर आओ। खाना तैयार हो गया होगा। तुम लोग आओ तो फिर खाया जाये। थोड़ा आराम कर यहाँ का कुछ हिसाब-किताब भी मुझे देखना है।

गोपा चरखी की ओर बढ़ती हुई बोली,

— तो आप चलें ममी!

— हाँ, लेकिन देर मत करना, मुझे बहुत काम करने हैं आज!

और श्रीमती नाथ चली गयीं। गोपा और महिम कुछ देर तक चरखी में ईख का पेरा जाना देखते रहे। नौकर ने दो गिलासों में रस तैयार करके उन्हें थमा दिया। थोड़ी दूरी पर कटहल का बड़ा-सा पेड़ था जिसके नीचे पत्थर की एक बेंच बनी थी। पहले से ही उस पर दरी बिछी हुई थी। दोनों उस पर बैठ गये। पत्तों से छनकर धूप बुँदकियों में छिटकी हुई थी। सामने खुले खेतों में विभिन्न फसलें खड़ी थीं। थोड़ी ही दूर पर गोमती की कगार दिख रही थी। गोमती पार का

हरियाला दृश्य तथा उसके ऊपर सर्दियों का धुला नीला आकाश धूप में चमक रहा था। दोनों मौन बने रस पी रहे थे। कोठी का पार्श्व दिख रहा था।

महिम बोला,

— मुझे लखनऊ से अधिक अच्छा यहाँ लग रहा है।

— लेकिन क्या किया जा सकता है?

— क्यों? यहाँ क्या नहीं रहा जा सकता है?

— लेकिन जिस प्रकार रहने पर यहाँ अच्छा लगता है उसके लिए मुख्य रूप से लखनऊ-जैसे शहरों में रहना अनिवार्य हुआ करता है।..और यहाँ ऐसे निश्चिन्त रहना किसे नहीं सुहायेगा महिम बाबू?

— क्यों? अनेक होंगे जो यहाँ एकाध दिन के बाद ही ऊब जायेंगे।

— क्या आप कभी ऐसी निरभ्र ऐकान्तिकता से नहीं ऊब जायेंगे?

— लगता तो नहीं।

— जरूर ऊब जायेंगे महिम बाबू!..आप नहीं जानते हैं कि यहाँ आना टालती रहती हूँ, लेकिन क्यों?

महिम मन्त्रमुग्ध-सा उसे सुन रहा था और वह बोले जा रही थी,

— इसलिए कि यहाँ आने के बाद लौटना नहीं चाहती हूँ...लौटना, वह भी वापस लौटना कितना त्रासद होता है और विशेषकर तब और भी जब आप वहाँ से उन्मुक्त होने के लिए उसी भाँति प्रयत्नरत हों जैसे कि कोई गौरैया अपने प्राणपण से जाल को भेद देने को पंख फड़फड़ाती है।

और महिम ने देखा कि गोपा बोलना छोड़कर सुदूर में कहीं देखना करने लगी थी। स्पष्ट था कि गोपा उस समय वहाँ नहीं थी।

महिम ने हलके से कहा,

— गोपा! क्या किसी दिन मुझ पर विश्वास कर अपने को अभिव्यक्त नहीं करोगी?

— करूँगी, अवश्य करूँगी महिम बाबू!..बल्कि करना ही होगा। और न करूँगी तो इसके अलावा हो ही क्या सकता है?

— लेकिन गोपा!

— शी-ई-ई...यह लेकिन तो मुझे कहना है कि उस कहने-सुनने के बाद मैं जानती हूँ, महिम बाबू! कि कुछ भी शेष नहीं होगा।—आप पर अविश्वास नहीं करना चाहती, पर आप नहीं जानते कि हम अपने ही सत्य से कैसे घबराते हैं, कतराते हैं। उसकी उपेक्षा कर ले जाना चाहने में ही हमारा सम्पूर्ण स्वत्व रत रहता है....कहूँगी, महिम बाबू!-लेकिन उस दिन के बाद फिर कोई कामना, वांछा, याचना मुझे नहीं होगी इसी की तैयारी में हूँ। वरना कहना कठिन भी हो, तो क्या? आदमी ही तो चीखता है। चीख की कोई भाषा नहीं होती महिम बाबू! हम अपने सम्पूर्ण रक्त-हाड़-मांस से बस चीखने लगते हैं

और अनाम में खो जाती है वह चीख। क्या ऐसे ही हम खो जाने को तत्पर हैं? इसी बात की तो तैयारी चाहिए महिम बाबू! वरना कहना ही क्या है? कितना है? प्रत्येक विपरीत के बीच कितनी क्षीणतम सीमा होती है, पता है न आपको? बस, वही।—

इस मानसिक विलास के बाद तो भूख लग ही आनी चाहिए, है न?

और वह रोगियों का-सा फीका-फीका मुसकराते हुए हँसने की चेष्टा करने लगी। महिम उदास था। वह कुछ नहीं बोला।

— आप उदास हो गये न? महिम बाबू! क्या आप किसी भी दिन समझ पायेंगे कि गोपा ने आपको...केवल आपको...

और गोपा के रतनारे नयनों से धारा बह निकली। महिम उसकी ओर बढ़ा तो गोपा ने हथेलियों में अपना मुँह छुपा लिया। महिम उसके कन्धे पर हाथ धरकर थोड़ी देर तक खड़ा रहा, पुनः बोला,

— गोपा! कैसे कहूँ कि तुम महिम की परीक्षा और कब तक लोगी?

लेकिन महिम ने देखा कि अब और बोलना, देखना, सुनना सम्भव नहीं होगा।

वैसे गोपा का भी विचार था कि वह और महिम खाने के बाद गोमती की कछारों में थोड़ा घूम आयेंगे पर गोपा और महिम दोनों ही एक-दूसरे से इस बारे में कुछ नहीं कह सके। गोपा को लगा कि जैसे अनायास ही देह का कोई भाग अनावृत हो गया हो और वह लजा गयी। महिम को भी लगभग ऐसा ही लगा कि जैसे भूल से कुछ अवांछित देखने को मिल गया हो और वह ठिठका रह गया। वह कुछ सोचना चाहने लगा कि वह क्या हो सकता है जो गोपा को इतना साले हुए है? अनेक प्रकार की परस्पर विरोधी बातें वांछित-अवांछित उसे मँथने लगीं पर कुछ ही देर में उसे लगा कि उसका सारा प्रयास निरर्थक है।

खिड़की से धूप आ रही थी। कमरे का ठण्ढापन, खिड़की की धूप तथा कम्बल की गर्मी उसे बड़ी सुखद लग रही थी, और पता नहीं वह कब सो गया। उसने नींद में ही पुकारना सुना कि—'बाबूजी!' और वह चौंककर जागा तो देखा कि मोनी चाची उसे आवाज देती खड़ी हैं।

— क्या है मोनी चाची!

— चलिये, चाय पी लीजिये।

और जब वह तैयार होकर चाय के लिए हाल से सटी बालकनी में पहुँचा तो देखा कि श्रीमती नाथ तथा गोपा चाय के लिए उसकी प्रतीक्षा करती बैठी थीं। उसे देखते ही श्रीमती नाथ बोलीं,

— तुम लोग तो घूमने जानेवाले थे?

— आज सवेरे जल्दी जागना पड़ा था न ममी! इसलिए इस समय नींद लग गयी।

— पता नहीं तुम लोगों की पीढ़ी को यह सवेरे देर तक सोना जाने क्यों अच्छा लगता है। हमारे बाबूजी तो तीन बजे सवेरे उठते थे और...

महिम को लगा कि यदि श्रीमती नाथ को टोका नहीं गया तो पता नहीं अब यह कथा न जाने कितने काण्डों और पर्वों में जाकर समाप्त होगी अत: वह बोला,

— असल में ममी! यहाँ जितनी निश्चिन्तता लगी वैसी बरसों बाद अनुभव कर रहा हूँ।

— लेकिन लखनऊ में भी बम्बई-कलकत्ते-जैसी दौड़-भाग तो नहीं है।

— सवाल दौड़-भाग का नहीं है। यहीं बड़ी बोझहीनता लगी।

— तुम्हें लगी होगी। मुझें तो यहाँ का सब कारोबार देखकर चिन्ता सवार हो जाती है। देख रहे हो न कि कितनी अव्यवस्था है। जितनी देखरेख होनी चाहिए

वैसी होती ही नहीं है। पहले की अपेक्षा फसलें अब आधी रह गयी हैं।

— तभी तो मैंने आपसे कहा कि आप मुझे यहाँ का मैनेजर बना दीजिये, तब देखिये।

और गोपा तथा श्रीमती नाथ दोनों हँस पड़ीं। श्रीमती नाथ बोलीं,

— हाँ, और तब देखिये कि मैं कितना सोता हूँ यहाँ, है न ?

— जी नहीं, यहाँ तब डेवलप्ड फार्म नजर आयेगा।

— किस चीज का?

— अब यह मैं क्या जानूँ! मैंने तो डेवलप्ड फार्म का नाम सुन रखा है वही कह दिया वरना अपने को फार्म-वार्म से क्या मतलब ?

और सब बहुत प्रसन्न मन से चाय पीते रहे। अभी कुछ और कहने वह जा ही रहा था कि गोपा बोली,

— ममी! मैं अब आपकी मदद करवा दूँ।

— तुम्हीं कौन बड़ी पण्डित हो जो इन खेती-बाड़ी, जमीन-जायदाद के कागज-पत्तरों को समझ लोगी। हाँ, तुम लोग चाहो तो थोड़ा टहल आओ, लेकिन दूर मत जाना, समझे महिम? शाम भी बड़ी जल्दी हो जायेगी, फिर जंगली जानवरों का भी डर रहता है यहाँ।

और चाय समाप्त कर तीनों उठ गये।

धूप लगभग ढल चुकी थी। नदी का किनारा था अत: नदी की ओर से कुहरा कछारों, खेतों की तरफ अपेक्षाकृत जल्दी घिर आया था। महिम जब अपने कमरे से तैयार होकर बरामदे में खड़ा गोपा की प्रतीक्षा कर रहा था तब उसने देखा कि जीने से गोपा उतर रही थी। वह देखता ही रह गया। गोपा इस समय मूँगिया वेश में थी। उसने चूड़ीदार पाजामे, कुरते पर दो रंग की ऊनी जर्सी पहन रखी थी तथा रेशमी रूमाल से कान बाँधे हुए थे। दोनों ओर झूलती चुनरी ने उसके खाली हाथों को सन्तुलित कर रखा था अन्यथा गोपा को जैसी भी लगता पर महिम को इस प्रकार लटके खाली हाथ देखकर बहुत असुविधा होती। कान में लटका पन्ना तथा गले की माला भी उसकी इस भूषा के साथ घुल-मिल गये थे। महिम उसे देखता ही रहा। गोपा उसके पास आकर खड़ी हो गयी और चलने की प्रतीक्षा करती रही लेकिन जब महिम को यथावत् देखा तो उसने कहा,

— क्या यहाँ की मैनेजरी मिल जाने पर सौजन्यता भी भूल गये?

— क्या मैनेजरी मिल गयी?

— आपने अपना केस तो बड़े ढंग से रखा था।

— प्रयास कर रहा हूँ, देखें कब सफल होता हूँ।

— आपको क्या आशा है?

— यदि आक्सीजन समय से दे दिया जाये तो केस होपलेस नहीं हुआ है अभी।

— अच्छा!!

और हँसने की चेष्टा करते हुए दोनों निकले।

— लेकिन आपने सिर के लिए कुछ नहीं लिया?

— कोई जरूरत तो नहीं है।

— आप जानें।

— हाँ, यह तो है ही।

दोनों फिर अनमने-से बाग की ओर बढ़ने लगे। पीछे के फाटक से निकलकर वे लोग कछार पर निकल आये। काफी गहरी और दीर्घ दरारें थीं। अभी शाम नहीं हुई थी बल्कि होने में थोड़ी देर थी। हवा किंचित् तेज थी। थोड़ी ही देर में चाँदनी छिटक आयेगी यह दोनों ही को मालूम था। महिम ने पूछा,

— क्या तुम बता सकती हो कि इधर कोई दूर-पास में घाट-वाट-जैसी कोई चीज है?

— थोड़ी देर में आप यह तो नहीं पूछेंगे कि आस-पास गोमती पर कोई पुल-वुल तो नहीं है?

— मान लो पूछूँ ही, तो?

— तो पुल-वुल तो यहाँ नहीं है पर घाट-वाट-जैसा जरूर है थोड़ी दूर पर।

और महिम को लगा कि गोपा सदैव प्रिय ढंग से सतर्क रहनेवाली महिला है। सामने एक दरार बड़ी-सी आ गयी थी। महिम के लिए उसे फलाँग जाना कोई कठिन नहीं था पर गोपा के लिए आसान नहीं था। महिम ने गोपा का हाथ पकड़कर किसी प्रकार पार करवाया और उसके बाद वह उसका हाथ थामे रहा। दोनों मौन चलते रहे। थोड़ी देर बाद गोपा ने दूसरे हाथ से संकेत करते हुए कहा,

— मेरा ख्याल है वह घाट है।

— तुम किसी बात को निश्चयात्मक ढंग से क्या कभी नहीं कह सकतीं?

— जब से मैंने सुना कि केवल मूर्ख ही निश्चित होते हैं तब से मारे भय के अनिश्चयात्मक ढंग से बातें करना सीखा।

दोनों इस बार खिलखिला पड़े। और दोनों ने ही खुली, निर्जन कछार पर बड़ी दूर तक हँसी की खिलखिलाहट दौड़ते हुए सुनी और उसके बाद दोनों एक-दूसरे को बड़ी देर तक मौन ताकते खड़े रहे।

जैसा कि गोपा ने कहा था कि घाट तो नहीं पर घाट-जैसा है, वही निकला। कभी घाट रहा हो तो रहा हो पर आज तो देखकर यही कहा जा सकता है कि कुछ पत्थर के बड़े-छोटे दूह पानी में, किनारे पर गिरे पड़े बिखरे थे। एक ऐसी निस्तब्धता थी कि गोमती के पानी का गहरा चलना, बहना तक अनुभव हो रहा था। जंगल की सबसे बड़ी विशेषता यह होती है कि उसकी एक ऐसी गन्ध होती है जो किसी भी फूल को प्राप्त नहीं। उसमें एक ऐसी ध्वनि होती है जो किसी चिड़िया के पास नहीं। जंगल के उस वनत्व को अभिव्यक्त किया ही नहीं जा सकता।

बड़ी देर तक दोनों चुप हो दृश्य देखते रहे। अन्ततः गोपा बोली,

— आपको यहाँ अच्छा लग रहा है न?

— यह तुमने क्यों पूछा?

— इसलिए कि चारों ओर की निस्तब्धता धीरे-धीरे अपने भीतर प्रभाव करती जा रही है।

— पता नहीं गोपा! तुम कब सच और कब झूठ बोलती हो।

महिम ने देखा कि गोपा गम्भीर हो गयी लेकिन उपरान्त बोली,

— महिम बाबू! सहज होना कितना कठिन होता है, स्वयं अपने ही निकट हम मुखोश लगाये रहना चाहते हैं।

— तुम यह कहना चाहती हो कि इसलिए दूसरों के निकट सहज होने का प्रश्न ही नहीं।

— कुछ-कुछ ऐसा ही मान लें।......और कठिनाई यह है कि हम सामनेवाले का सच-झूठ अपने पर से परखते हैं । दूसरे का स्वर्ण हमारी कसौटी पर खरा उतरना—कितनी भयानक कसौटी है। हम कहते हैं और सामनेवाला उसे विश्वास नहीं करता, वरन् कसता है...... यह कोई सम्बन्ध है?

— लेकिन गोपा! सम्पूर्ण विश्वास तो किसी भी सम्बन्ध में सम्भव नहीं।

— तब तो सब-कुछ व्यर्थ हो जाता है।..... सच तो यह है महिम बाबू! कि हम सहज होने पर भी सहज लग ही नहीं सकते। जो हम होते हैं वह कह नहीं पाते और जो कह रहे होते हैं उस रूप में ग्रहण नहीं किये जाते। कैसी विभीषिका है कि हमारे और सामनेवाले के बीच कोई अभिव्यक्ति, कैसी ही भाषा, मुद्रा, सम्पूर्ण सेतु नहीं बन पाते। तब अपने को सौंपना, पाना सब व्यर्थ हो जाता है।

— नहीं, ऐसी बात नहीं है। प्रकृति जिस रूप में हमारे सामने उद्‌घाटित होती है तब हम उसे अस्वीकार या अविश्वास नहीं कर पाते' एक सूर्य या एक फूल आपके सामने जब पड़ जाता है तब आपको उसे स्वीकारना ही पड़ता है।

गोपा हँस दी। उठते हुए बोली,

— मनुष्य का मन तो लेकिन मूर्त वस्तु नहीं होता। फूल की भाँति उसे कैसे स्वीकारा जा सकता है? मूर्त तो निःशब्द, अभिव्यक्ति से परे अपने को व्यक्त कर सकता है, चाहे वह वंशी का कोमल गान्धार ही क्यों न हो लेकिन कठिनाई तो सारी अमूर्त के सम्बन्ध में खड़ी होती है।—अच्छा, आइये चलें।

— बैठो अभी। कितना अच्छा लग रहा है। बातों में पता ही नहीं चला कि प्रकृति ने हमें चाँदनी के कितने कोमल आच्छादन से मण्डित कर रखा है।

— मैं तो समझती थी कि आप किसी अन्य आच्छादन की भी स्वीकारोक्ति करेंगे।

और वह खिलखिलाकर हँस पड़ी। पुनः बोली,

— लेकिन मैं समझती हूँ कि हमें अब चलना चाहिए।

— गोपा! आज तुमने सवेरे एक स्वीकारोक्ति की थी, याद है?

— क्या सच ही ?

— मेरा ख्याल है वह तुम्हारा मुखोश-रूप तो नहीं था।

— धन्यवाद।

और गोपा हल्के से कूदकर कछार पर निकल आयी।

खाना चल ही रहा था कि ठण्ढी हवा के तेज झोंके शुरू हो गये थे और सबने देखा कि तेजी से चाँदनी गायब होती जा रही थी और बादल घिरने लगे थे। नौकरों ने खुली खिड़कियों के पल्ले और परदे लगा दिये। एकाध बार अवश्य ही हण्डेवाली बड़ी-सी लैम्प भभकी पर फिर सब ठीक हो गया। लैम्प का काफी प्रकाश था। पहले विचार था कि काफी यहीं टेबल पर ली जायेगी पर अब चूँकि ठण्ड बढ़ गयी थी इसलिए उचित यही समझा गया कि महिम के कमरे में 'फायर-प्लेस' के कारण गरमी होगी अत: वहीं पी जाये। वस्तुत: श्रीमती नाथ दिनभर के कामकाज के बाद काफी थक गयी थीं कहना उतना ठीक नहीं होगा जितना यह कि वह कुछ चिन्तित थीं। अत: स्वाभाविक था कि वह जल्द ही बिस्तरे पर पहुँच जाना चाहती थीं पर चूँकि ठण्ढ बढ़ गयी थी इसलिए काफी पी लेना भी आवश्यक था। कहना चाहिए कि महिम अपने कमरे में दिनभर के बाद पहली बार इस समय चिन्तित होकर बैठा था। दिन भर तो वह बराबर बाहर रहा अत: उसका ध्यान ही नहीं गया कि जिस कमरे में वह ठहराया गया है वह कैसा है। असल में वह सूट था। ड्राइंगरूम, बेडरूम, अटैच्ड बाथरूम तथा छोटी-सी बालकनी के कारण वह सूट अपने-आपमें सम्पूर्ण था। यद्यपि कमरे ठीक तरह से साफ कर दिये गये थे पर अनेक दिन बन्द रहने पर दीवारों, चीजों तथा स्थान में एक ऐसी गन्ध आ जाती है जो अगरु-धूप से नहीं जाया करती है बल्कि उसे वहाँ कुछ दिन रहकर ही दूर किया जा सकता है। ऐसी गन्ध अतीत की हुआ करती है। पुराने तैलचित्रों, पुस्तकों, व्यक्तियों और विचारों में प्राय: ऐसी गन्ध आपने भी देखी होगी। अनेक बार तो उस परिपार्श्व में हठात् पहुँचकर आप स्वयं भी अतीत के एक खण्ड-से लगने लगते हैं।

सूट के छोटे-से ड्राइंग-रूम में बैठे हुए तीनों, अतीत के खण्ड-से लग रहे थे। गोपा ने कामदार कत्थई ऊनी गाउन पहन रखा था। मोजेवाले पैरों में स्लीपरें ऐसी लग रही थीं जैसे निर्जीव पैरों ने स्लीपरें पहन रखी हों। श्रीमती नाथ ने बड़ा-सा ऊनी रूमाल गाँठ देकर सिर पर बाँध रखा था। काले रूमाल में उनका गोरा मुख, चित्र के अधिक निकट लग रहा था। वह इस समय सिर से पैर तक काली गरम भूषा पहने थीं। इस कमरे में अपेक्षाकृत छोटी लैम्प के पास मिर्जापुरी दस्तकारी चीजें सजी हुई थीं। लैम्प बड़े ही कायदे के साथ फायर-प्लेस के

मेण्टलपीस पर उभरा हुआ लग रहा था। फायर-प्लेस की पीतल की छड़ पर से प्रकाश की पीली लकीर उतर रही थी। एडवर्ड सोफों में धँसे हुए तीनों, कमरे की गरमी में सन्तुष्ट लग रहे थे। सेण्ट्रल-टेबल पर मीनाकारीवाला एक बड़ा-सा तश्त शोभा के लिए रखा हुआ था। खुरों-जैसे पैरोंवाली नक्काशित शीशम की काली टेबल वहाँ के सारे फर्नीचर की ही भाँति नक्काशित ही नहीं थी बल्कि उसका रंग भी वही था जो कि यहाँ के फर्नीचर के साथ-साथ हर चीज का था। दीवारें बड़ी ऊँची जाकर ही छत बनती थीं जहाँ कि शीशे के तीन रंगीन दीपपात्र झूल रहे थे।

श्रीमती नाथ ने मौन तोड़ते हुए पूछा,

— यहाँ तुम्हें कोई असुविधा तो नहीं हुई महिम?

— कैसी असुविधा?

— अरे नयी जगह होने पर आदमी अनेक प्रकार की असुविधा......

— नहीं, ऐसी तो कोई बात नहीं।

— वैसे बरामदे में दो चौकीदार तो सोयेंगे ही पर इसकी क्या जरूरत है?.......
विश्वास मानें मैं भगूँगा नहीं रात में।

और तीनों हँस पड़े।

काफी आ चुकी थी। गोपा ने काफी रखवा ली और बनाने लगी।

श्रीमती नाथ बोलीं,

— अगर कल सवेरे मावठे का यह पानी बरस गया तो फिर कल तो कुछ भी तुम लोगों का घूमना-फिरना नहीं हो पायेगा।

गोपा ने काफी देते हुए जवाब दिया,

— हर प्रकार के मौसम में घूमने का प्रकार आदमी को आना चाहिए।

और तीनों काफी पीने लगे।

जिस ढंग से श्रीमती नाथ काफी पी रही थीं उससे स्पष्ट था कि वह जल्द ही अपने कमरे में पहुँच जाना चाहती हैं। काफी समाप्त करते हुए बोलीं,

— असल में मैं बहुत थक गयी हूँ। तुम लोग चाहो तो बैठो अभी, मैं चलूँगी।

और बिना किसी उत्तर की प्रतीक्षा किये श्रीमती नाथ, एक क्लासिकीय चित्र, मय अपनी सुनहरी फ्रेम के साथ जैसे उठे और चलने लगे; उठीं और चलीं। वह एक निस्पृह क्षण की भाँति बीतती लगीं। गोपा और महिम पुनः अकेले हो उठे। वैसे दोनों ही चाहते थे कि खाने के बाद कुछ देर बैठा जाये पर श्रीमती नाथ ने जिस सहजता से दोनों की यह मनोकामना पूरी कर दी उससे दोनों ही निपट हो उठे। श्रीमती नाथ की चट्टियों की आवाज बाहर के बरामदे में आ रही थी। साथ ही वह किसी नौकर को आखिरी आदेश देती भी लग रही थीं।

श्रीमती नाथ के जाने पर कमरे में एक प्रकार की रिक्तता आ गयी थी जिसे तोड़ना आवश्यक था अतः महिम बोला,

— शायद वर्षा होने लगी है।

— महिम बाबू! जब मैं कुहरा, वर्षा, फुहार, फायर-प्लेस की गर्मी तथा मन में दिवास्वप्न देखती हूँ या कहीं भी अनुभव करती हूँ तो मुझे बड़ा औपचारिकता-सा लगता है।

— ऐसा क्यों?

— ऐसा इसलिए कि जीवन में प्राय: ऐसा होता नहीं और जब जीवन के किसी कालखण्ड में यह अविश्वसनीय देखने को मिल जाता है तब मैं उसे अपने स्वत्व से वैसे ही पकड़े रहना चाहती हूँ जैसे कोई भूखा रोटी का टुकड़ा पा जाये तो उसके जबड़ों में उसका सारा स्वत्व आ बैठता है। तब वह व्यक्ति मात्र जबड़ा और उसकी पकड़ भर होता है।

महिम ने देखा कि गोपा की आँखें सुदूर खोयेपन में लगभग डूबी-सी लग रही हैं।

— क्षमा करना गोपा! मुझे तुम हमेशा क्षितिज में रहनेवाली लगती हो।

— क्या किया जाये महिम बाबू! जिसको जहाँ जगह मिल जाये। अनेकों को तो और भी जाने कहाँ-कहाँ जाना पड़ता होगा।

— क्या मैं बहुत गलत हूँगा यदि यह कहूँ कि तुम चतुराईवश बड़े-से-बड़ा आक्षेप भी स्वीकार ले जाओगी?

— आपेक्ष ही क्यों? प्रवाद, लांछना सब स्वीकार सकती हूँ बल्कि स्वीकारती रही हूँ पर चतुराईवश नहीं वरन् विवशतावश। पर, सब-कुछ आया महिम बाबू! चतुराई ही तो नहीं आ पायी।

— गोपा! मैं स्पष्ट पूछना चाहता हूँ कि वह कौन-सी विवशता है जो तुम्हारे फूलत्व को पूर्ण रूप में मुकुलित नहीं होने देता।

— मैं आज केवल यही स्पष्ट कह सकती हूँ कि, कहूँगी। आप ही से कहूँगी पर आज नहीं। एक बार मैं कहने का संकट मोल लूँगी। आपको किसी प्रवंचना में नहीं रखूँगी।.... यद्यपि यह भी हो सकता है, कि उस दिन के बाद सब-कुछ शेष हो जाये.....

— तब तुम मुझे नहीं जानती गोपा! मैं तुम्हें...... मैं तुम्हें.......

गोपा ने बिजली की भाँति तड़पकर महिम को टोका,

— आज नहीं, अभी नहीं महिम बाबू!...... मैं जिस दिन कह लूँगी उस दिन के बाद जो कुछ आप कहेंगे सब स्वीकार लूँगी...... स्वीकृति, अस्वीकृति......पर आज सब-कुछ मिथ्या होगा। क्योंकि मैं..... प्रेम चाहूँगी...... सुरक्षा, आश्वासन, सामाजिकता आदि नहीं। जिस दिन अपने जल को स्पष्ट दिखा सकूँगी उस दिन के बाद पूछूँगी कि महिम बाबू!.....

और गोपा ने बड़ी पारदर्शी दृष्टि से महिम को देखा। महिम अपने सोफे पर से उठकर उसके सोफे के पास जाकर खड़ा हो गया।

हठात् हँसते हुए बोली,

— जानते हैं महिम बाबू! स्वीकृति के बाद के एक दृश्य की मैं बार-बार कल्पना किया करती हूँ और वह यह कि आप लेटे हुए हैं और मैं आपके घुँघराले बालों में अँगुलियाँ चला रही हूँ...... कहीं कोई अन्य नहीं। कोई चर्चा की छाया दूर-दूर तक भी नहीं।—अच्छा, मैं चलूँगी।

और गोपा ने किसी भी प्रकार के उत्तर की प्रतीक्षा वगैरह न की, हठात् चली गयी। महिम अवाक् बना देखता रह गया।

रात गोपा को कब नींद आयी वह नहीं कह सकती थी पर वह बड़ी देर तक जागती करवटें बदलती रही थी। बगलवाली खिड़की का परदा हटाकर वह कभी-कभी कौंध जानेवाली बिजली में मेघों का बरसना तथा क्षणान्त में दिख जानेवाले वन-प्रान्तर की नितान्तता में खोयी रही थी। खिड़की की राह वह कई बार जैसे नीचे गयी और महिम के कमरे में झाँक आयी कि देखें वह क्या कर रहा है। महिम अपने कमरे की गर्मी में कितने शान्तभाव से सो रहा था। यह देखकर उसे अच्छा भी लगा पर असुविधा भी कम नहीं हुई। असुविधा इसलिए कि उसे आशा रही होगी कि वह फायर-प्लेस के सामने रखी आरामकुर्सी पर विचारमग्न बैठा होगा और गोपा इन्हीं सब कल्पनाओं में खोयी सो गयी।

सवेरे जब मोनी चाची ने जगाया उस समय भी वृष्टि हो रही थी। वह तैयार होने के लिए उठी तो उसने खिड़की से देखा कि ममी छाता लगाये नौकरों के साथ बगीचे में कुछ पूछताछ करती फिर रही हैं। वह मुस्करा दीं। हाथ-मुँह धोकर उसने फैले बालों को कंघी कर पीछे फैला लिया तथा सामने की ओर एक सफेद रिबन लगा लिया। सफेद वायल के गाउन में नेपाली स्लीपर पहन जब वह सीढ़ियों से नीचे उतर रही थी तो उसने गाउन की जेबों में हाथ डाले बरामदे में खड़े महिम को देखा।

गोपा ने आँखों से अभिवादन किया तथा किंचित् मुस्कराकर पूछा,

— यहाँ क्यों खड़े हैं?

— ममी की प्रतीक्षा कर रहा हूँ।

— वह सवेरे चाय नहीं पीती हैं।

— साथ तो दे ही सकती हैं।

— कहाँ-कहाँ साथ चाहते हैं?

और गोपा ने महिम को आद्यन्त देखा।

— महिम बाबू! पुराने लोगों की बहुत-सी बातें मुझे बड़ी प्रिय हैं।

— जैसे?

— उठकर पहले शेविंग करना।

और महिम ने अपनी दाढ़ी पर हाथ फेरा तथा हँस दिया।

— तुम्हारे अनुशासन का ढंग भी तुम्हारी भाँति ही विचित्र है।

और दोनों चाय की टेबल की तरफ बढ़े।

महिम कुर्सी पर बैठते हुए बोला,

— ममी अगर इस बरसते पानी में न निकलतीं तो क्या हानि थी?

— जब जमीन-जायदाद बसाइयेगा तब पता चलेगा।

— मैं समझता हूँ कि समय बदल रहा है।

— आप कभी-कभी बड़ी मौलिक सूचनाएँ देते हैं।

और हँसते हुए गोपा ने महिम को चाय थमायी।

— मेरा ख्याल है कि यू कैन मिस ए फ्रेण्ड वट नाट ए विट।

— नो, आइ वुड लाइक टु मिस द बोथ बट नाट माइसेल्फ।

— कभी भी नहीं।

— यह तो मैंने नहीं कहा। एक जगह होती है जहाँ सब-कुछ दे देने पर सब-कुछ मय सूद के मिल जाता है।

— तुम उसे जानती हो?

गोपा ने महिम की बात का कोई उत्तर नहीं दिया। वह जिस ढंग से चाय पी रही थी वह महिम को बड़ा अच्छा लग रहा था। बोला,

— आधी रात के बाद बहुत तेज पानी हो गया था।

— तो आप क्या बड़ी देर तक जागते रहे थे?

— ऐसी तो कोई बात नहीं थी। बस, नींद नहीं आ रही थी।

— क्या ऐसे समय आप कुछ पढ़ना पसन्द नहीं करते?

— अनेक बार पढ़ने को भी मन नहीं करता।

— यह तो बुरी बात है। पढ़ना तो एक प्रकार का संयम है।

— तो तुम संयम, नियम आदि में विश्वास करती हो?

— मेरी छोड़िये कि मैं किसमें विश्वास करती हूँ और किसमें नहीं! ....वस्तुतः मैं एक बड़े भारी चाबगान में विश्वास करती हूँ। आपने चाबगान देखे हैं?

— नहीं।

— आप सोच नहीं सकते कि चाबगान कितने सुन्दर लगते हैं।

— तब आपके लिए क्या मुश्किल है?

— हाँ, यह तो है।...आपने ताजी पत्तियों की चाय पी है? ऐसी चाय एक अनुभव ही नहीं उपलब्धि-जैसी चीज होती है।

महिम को लगा कि बात आगे नहीं बढ़ रही है अतः बोला,

— इस पानी ने तो यहाँ का सारा मजा ही किरकिरा कर दिया।

— क्यों?

— अब क्या किया जायेगा?

– क्यों? खाना खाया जायेगा। लखनऊ होता तो आपको कुछ पढ़कर सुनाती। आपको नहीं मालूम होगा कि मुझे पढ़कर सुनाना बहुत अच्छा लगता है। मुझे इस तरह के मौसमों में लेटे हुए अच्छा-सा पढ़ने को यदि कुछ मिल जाये तो वह सम्पूर्ण लगता है।

— इसलिए कि तुम्हारे लिये यह सम्भव है।

— मैं समझती हूँ कि आप क्या कहना चाहते हैं लेकिन महिम बाबू! स्वप्नशील होने के लिए परोंवाला तकिया होना अनिवार्य नहीं। हाथ का तकिया लगाकर भी स्वप्न देखे जा सकते हैं।

— तुम यथार्थ से क्यों भागना चाहती हो?

— इसलिए कि कैसा ही यथार्थ क्यों न हो उसमें एक असहनीय दुर्गन्ध होती है। यथार्थ को चीजों से बदला जा सकता है? सीलनभरे घर का यथार्थ और कारपेटवाली कोठी का यथार्थ मूलतः एक ही है। चीजें महत्त्वपूर्ण हो सकती हैं पर वास्तव में अर्थवान् तो हमारा स्वत्व है। मैं जानती हूँ कि मेरा इस प्रकार का कथन भी सुविधाभोगी वर्ग का माना जायेगा।

तभी श्रीमती नाथ की आवाज बरामदे में सुनायी दी। आते ही बोलीं,

— गोपा ! मैं तो भूल ही गयी थी। कर्नल साहब की माताजी यहीं अपनी कोठी में रहती हैं। मिलने तो जाना होगा।

— लेकिन आज तो इतनी वर्षा हो रही है।

— अब वर्षा हो चाहे ओले पड़ें। कल सवेरे तो लौटना ही है।

— तो फिर आप ही हो आयें।

— ठीक है। खाना खाकर चली जाऊँगी और शाम तक लौट आऊँगी। लेकिन तुम लोग इस पानी में कहीं न निकलना, समझे?

गोपा उठते हुए बोली,

— तब तो आप खाना भी जल्द खाना चाहेंगी।

— ऐसी विशेष जल्दी भी नहीं। अभी तो मुझे तैयार होना है और महिम भी तो अभी तैयार नहीं है। यदि तुम लोग एक घण्टे बाद खाना खा सको...

— आप भी कमाल करती हैं ममी! दस बजे खाना...आप खाकर जायें, हम लोग रोज के समय पर ही खायेंगे।

और श्रीमती नाथ अपने कमरे के लिए निकलीं!

— मुझे तुम्हारा एक रहस्य समझ में नहीं आता गोपा!

— बाकी सबके बारे में जानते हैं?

वह हँस दी।

— तुम क्यों हँसीं?

— इसलिए कि मुझे एक उपमा सूझ आयी।

— वह क्या?

— आप बराबर अनेक प्रकार से मुझे इस स्थिति में डाल देने की चेष्टा करते हैं ताकि मैं वह कह बैठूँ जो मैं स्वत: होकर कहना चाहती हूँ। मध्ययुग में जैसे कोई सेनापति किसी किले के पतन के लिए चारों ओर घूम-घूमकर आक्रमण करता हो और दुर्ग...

— और दुर्ग अजेय ही बना रहता हो।

— नहीं तो। दुर्ग के प्राचीर, परकोटे, कँगूरे हर बार के आक्रमण में ध्वस्त होते हैं पर मुख्यद्वार नहीं टूटता है, यह सत्य है—और मुख्यद्वार तो तभी खुलता है महिम बाबू! जबकि या तो कोई मुखबिर पैदा हो जाये या फिर जब लोग अन्तिम केसरिया बाना पहन लें। ....अपने को सौंपने के पूर्व प्रत्येक व्यक्ति, जाति, इतिहास, सभ्यता को ऐसा ही केसरिया बाना पहनना होता है महिम बाबू!...सौंपने की कठिनता समझते हैं न?

वृष्टि और उन लोगों के बीच बालकनी थी। बाहर वर्षण की एकतानता थी जबकि भीतर क्या था, कोई नहीं कह सकता था। दोनों अपने-अपने सोफों में बैठे हुए अधिक सुखद अनुभव करने के लिए पैरों पर कम्बल डाले हुए थे। वैसे गोपा बुनाई भी करती जा रही थी।

— गोपा! दूर से देखने पर प्राय: व्यक्तियों के बारे में बड़ी भ्रामक धारणा होती है।..तुम्हें गिग पर या अन्यत्र कहीं देखकर कोई कह सकता है कि जीवन को कितने सम्यक् रूप से तुम ग्रहण किये हुए हो?

गोपा, महिम को सुनते हुए एक सुखद सन्ध्या-सी लग रही थी। मुसकराते हुए बोली,

— लोग कितनी भारी भूल करते हैं कि फर्नीचर की पालिश की चमक को उस पर बैठनेवाले के साथ जोड़ने लगते हैं। कई प्रकार के कष्ट हो सकते हैं पर लोग रोटी, कपड़े के कष्ट के अतिरिक्त व्यक्ति की निजता की व्यथा को समझना ही नहीं चाहते। सच मानें महिम बाबू! अर्थहीन निजता, एकाकीपन, नितान्त से बढ़कर कोई व्यथा नहीं। रोटी की भूख रोटी से शान्त हो जाती है पर मन की व्यथा...

— क्यों, कहकर उसे बाँटा जा सकता हैं।

— अच्छा महिम बाबू! एक बात न बताना चाहें तो कोई आग्रह नहीं है। जिज्ञासा भी मात्र इतनी ही समझें कि जैसे हम किसी से न मालूम होने पर पूछ लें कि फलाँ सड़क कहाँ जाती हैं, जबकि हमें उस पर जाना नहीं है।

— ठीक है, मैं मान लेता हूँ कि मात्र सूचना एकत्र करने के लिए तुम पूछना चाहती हो। पूछो।

— लगता है आप तो सचमुच ही बता देंगे, तब पूछने से लाभ क्या?

और वह हँस पड़ी। बुनाई रखते हुए बोली,

— पता नहीं आज का यह दिन जब बीतकर केंवल स्मृति बन जायेगा तब आपको यह सालेगा कि नहीं पर मुझे तो ये दो दिन...

— तुम यह मानकर चलती हो कि हम लोग अलग-अलग रहकर इसे याद करेंगे।..तुम हमेशा हतोत्साही ढंग से चीजों को क्यों लेती हो? मुझे तो लगता है कि तुम्हारी-जैसी स्थिति तुम्हारे ही वर्ग की कितनी युवतियों को प्राप्त होगी? तुम जो चाहो वह तुम्हें उपलब्ध हो सकता है।

— अच्छा ??

अच्छा कहने का ढंग गोपा का बड़ा अजीब होता है। सहमत होते हुए व्यंग्य करने का भाव इस एक छोटी-सी अभिव्यक्ति में रहता है। अपने वलयों में लौटने की मुद्रा है यह गोपा की।

— अच्छा गोपा! तुम क्या पूछना चाह रही थीं और पूछा नहीं फिर।

— कुछ नहीं, यही कि आपने अब तक विवाह क्यों नहीं किया?

— ओह!!

और महिम ने खूब खिलखिलाकर हँस दिया। तभी मोनी चाची चाय और गरम-गरम पकौड़ियों का नाश्ता लेकर आयीं।

नाश्ता करते हुए बोला,

— तुम चाहती हो कि उस बात का उत्तर दिया जाये?

— कोई आवश्यक नहीं।

और तभी कार की घर्र-घर्र सुनायी दी। श्रीमती नाथ लौट आयी थीं। आते ही बोलीं,

— गोपा! कर्नल साहब की माताजी तुम्हें पूछ रही थीं।

— उनकी तबीयत ठीक तो है न?

— कहाँ? बेचारी दमे के मारे परेशान रहती हैं।..इस पानी के मारे तो दम घुटने लगा है।....तुम लोग यहीं रहे?

महिम ने इस बार कहा,

— आप बाहर से लौटी हैं, एक कप गरम-गरम चाय ले लें तो बाहर के मौसम का प्रभाव जाता रहेगा।

महिम की यह बात श्रीमती नाथ को प्रीतिकर लगी और वह उसकी ओर बड़े आभार भाव से देखने लगीं। ममी के लिए चाय आदि का प्रबन्ध करने के लिए गोपा उठ गयी। उसके चले जाने पर श्रीमती नाथ बोलीं,

— असल में महिम! मुझे यहाँ की बड़ी चिन्ता है।
— क्यों? यहाँ वैसे तो सब ठीक ही है।
— एक तो पूरी देख-रेख नहीं हो पाती है दूसरे यह कोठी बन्द पड़ी रहती है तो तुम तो जानते ही हो कि चीजें वापरी न जायें तो नष्ट होने लगती हैं। देखो न, कर्नल साहब की कोठी में जब से उनकी माताजी आकर रहने लगी हैं तब से उसकी हालत सुधर गयी है। वह बता रही थीं कि इस बार अमरूद की फसल से उन्हें हजारों की आमदनी हुई है।
— तो आप भी कुछ प्रबन्ध कीजिये।
— मेरी तो समझ ही में नहीं आता कि अकेली क्या-क्या करूँ?
— लेकिन आपने कुछ सोच-समझकर ही यह जायदाद खरीदी होगी।
— क्या बताऊँ बेटा! गोपा से फुर्सत हो तो फिर कुछ किया-धरा जाये।
— आप तो ऐसे कह रही हैं जैसे गोपा ही नहीं करने दे रही है।

और महिम हँसने लगा। श्रीमती नाथ भी हँस पड़ीं। बोलीं,

— मैं तो सच ही उन लोगों पर आश्चर्य करती हूँ जिनके आठ-दस बाल-बच्चे होते हैं। यहाँ तो इस एक ही ने नाक में दम कर रखा है।
— ऐसा प्राय: होता है ममी! कि एक सन्तान ज्यादा कष्ट देती है।

और महिम ने देखा कि श्रीमती नाथ का मूड, जो कि पहले कुछ खराब था, अब ठीक हो गया था। इस बीच गोपा तथा श्रीमती नाथ का चाय-नाश्ता भी आ गये थे।

आते ही गोपा बोली,

— ममी! पानी तो थोड़ा थम गया है, क्यों न निकल चलें? घण्टे भर में तो पहुँच ही जायेंगे।
— अरे, वहाँ तो रहना ही है। कल सवेरे तक मौसम काफी ठीक हो जायेगा तभी चलेंगे।—अरे, तुमने महिम को रात ब्राण्डी दिलवायी थी कि नहीं?

अभी गोपा कुछ कहे इसके पूर्व ही महिम बोला,

— लेकिन ममी! मुझे ये ब्राण्डी-व्राण्डी नहीं चाहिए।
— अरे इस मौसम में सोते समय दवा के रूप में जरूर लेना चाहिए।
— मेरी ऐसी कोई आदत नहीं है ममी? आप बिलकुल चिन्ता न करें। रात कमरे में खासी गरमी थी।
— मैं तो भाई! अब ऊपर जाकर जरूर लूँगी वर्ना इस ठण्ड का कुछ ठीक नहीं।
— हाँ, आपकी बात दूसरी है।
— नहीं, स्वास्थ्य ठीक रहे तो इस मौसम से बढ़कर कोई मौसम नहीं। जो खाओ, वही हजम। गोपा जरा तुम बेटा, मेरा हाथ बँटा दो, ढेर-सारे कागज हैं।

— चलिये।

और माँ-बेटी दोनों चली गयीं। महिम अकेला चाय की टेबल पर छूट गया।

श्रीमती नाथ और गोपा के चले जाने के बाद महिम के सामने एक ऐसी रिक्तता लगी जिससे वह बचना चाह रहा था। गत दो दिनों की उसे प्रतीति ही नहीं हुई थी और लखनऊ पहुँचने के पूर्व तक इन दो दिनों के बारे में वह कुछ भी सोचना नहीं चाहता था, वरन् उन्हें भोगते रहना चाहता था ताकि वह और गोपा अधिक-से-अधिक साथ बने रह सकें। सम्भवत: गोपा के निकट भी कुछ-कुछ ऐसा ही था। महिम के सामने से दो दिन ऐसे बीते थे जैसे वह किसी क्लासिकीय चित्रों की गैलरी में मन्त्रमुग्ध-सा देखता रहा था। पहली बार गोपा को दिन और रात के अनौपचारिक सन्दर्भों में देखकर वस्तुत: उसकी लालसा प्रबल हो उठी थी। उसकी उत्कटता इसलिए भी तीव्र हो गयी थी कि गोपा की निकटता में वह गोपा को और भी सुदूर अनुभव करने लगा था। गोपा, एक वर्जित फल, नींद में लिये गये किसी सोते सौन्दर्य के चुम्बन की भाँति—मादक क्षण-सी बीतती लग रही थी और महिम उस क्षण को अपने सम्पूर्ण स्वत्व से पकड़े रहना चाहता था, पर वह विद्युत् बनी उसकी अँगुलियों के बीच से झरती चारों ओर चमक-चमक पड़ रही थी। नैकट्य ही वास्तविक की दूरी होती है। देहों की एकाकारिता के समय मन कितने विश्वसनीय रूप से कोसों दूर रहते हैं यह हममें से कितने ज़ानते हैं?

महिम उठा और चेस्टर डालकर बाहर निकल पड़ा। वर्षा के बाद की गहरी धुन्ध थी। पेड़ों, आकाश तथा आँखों के सामने बिछी दूरी पर धुन्ध का जल जैसे लहरा रहा था। हवा यद्यपि तेज नहीं थी पर जितनी भी थी उसके कारण भी हड्डियाँ काँप सकती थीं। धुन्ध का घनापन इतना अधिक था कि केवल अपने को छोड़कर पाँच गज की दूरी पर भी कोई चीज नहीं दिखायी दे रही थी। उसे बोध हुआ कि प्राय: तो हम मात्र चलते भर हैं पर जीवन में एकाध बार ही ऐसा होता है कि हमारे चलने में यह अभिव्यक्ति होती है, जैसे हम सचमुच ही पृथ्वी पर ऐसा सार्थक चलना कर रहे हैं जिसका अर्थ होता है। ऐसा सार्थक पृथ्वी पर चलना जो जितनी अधिक बार कर पाता है वह उतना ही महापुरुष होता है। ऐसा चलना तभी सम्भव होता है जब हमारे पैरों में वहीं पावित्र्य आ बिराजता है जो हमारी आत्मा में होता है। इसीलिए महापुरुषों के पैर पूजे जाते हैं। वे साधारण पैर नहीं होते, उन्हें चरण कहा जाता है। चरण पृथ्वी पर चलते नहीं हैं बल्कि पृथ्वी उनके लिए वैसे ही खुलती जाती है जैसी जड़ों के कोमलतम तन्तुओं के लिए पृथ्वी की कठोरतमता

मृदुल होती जाती हैं। इसलिए महापुरुष भी अश्वत्थवत् होते हैं। प्रत्येक में यह अश्वत्थ निहित होता है, केवल उसके बोध हो जाने की ही तो बात है। जब जो, जितनी देर के लिए भी अपना वास्तविक साक्षात् ऐसा कर पाता है, वह अश्वत्थवत् हो जाता है। उसका प्रत्येक रेशा, पत्रवत् सजीव हो उठता है और तब वह वायुमण्डल में से रस, गन्ध, स्वर, स्पर्श जाने क्या-क्या खेंचकर अपने की पुष्ट करने लगता है। उस महाआनन्द का भोग साधारण को जीवन में एकाध बार ही क्षणान्त के लिए ही, होता जरूर है। उस क्षण वह देदीप्यमान् विराट् होता है। यद्यपि धुन्ध के सघन जल में महिम चल रहा था पर वह अपने को एकदम उन्मुक्त, उत्फुल्ल, दिशाकाशी अनुभव कर रहा था। चलते हुए वह प्रमुख सड़क तक निकल आया। यदि गोपा और श्रीमती नाथ का बन्धन न होता तो वह चलता ही चला जाता और सम्भव था कि लखनऊ पहुँच जाता। अनेक बार वही-का-वही दृश्य हमें कुछ भी आकर्षित नहीं करता पर कभी-कभी हमें उसी में अनिर्वचनीय सुख लगने लगता है। धुन्ध भरी सड़क, भीगे पेड़, दिशाओं का संकोची विस्तार उसे असीम आनन्द दे रहे थे। आगे बढ़कर वह एक पुलिया पर बैठ गया। उसे लगा कि यदि इस समय यहाँ गोपा भी होती तो कितना अच्छा होता। और इसी क्रम में वह सोचने लगा कि गोपा सहज क्यों नहीं है। कहीं कोई दुरभि है। क्या है? क्यों है? कौन-सी हो सकती है जिसे लेकर उसके शिष्ट व्यक्तित्व में भी एक ऐसी ऐंठन आ गयी है जो कभी-कभी चिढ़ा सकती है? वह गोपा के बारे में अन्य कुछ नहीं सोचना चाहता था अतएव वह उसे टुकड़ों में, चित्रों के रूप में सोचने लगा। अनेक दृश्य उसकी आँखों के सामने से बीतने लगे—गाउन, चूड़ीदार पाजामा, खुले बाल, थरथराते ओंठ, आँखों में सुलगापन, खोयी हुई दृष्टि—और उसे लगा कि लखनऊ पहुँचकर वह अनेक चित्र रच सकता है। उसे लगा कि अनजाने ही उसने एक निर्णय, ऐसा निर्णय जो कि उसे बहुत प्रिय है, लिया। वह सब-कुछ आँक देना चाहता है पर कितना कठिन होता है अँगुलियों के माध्यम से मन को उतारना। किसी भी कला में मात्र उस माध्यम के प्रयुक्त कर देने भर से काम नहीं चलता वरन् उस माध्यम को अपना व्यक्तित्व सौंपना होता है। जब तक कला के उस रूप के साथ हमारा तादात्म्य नहीं स्थापित होता तब तक शब्द, रंग, स्वर सब होने पर भी वह रचना, वह चित्र, वह राग जीवित नहीं लगता। एक-एक रंग के चुनने में महिम को घण्टों लग जाते रहे हैं। रेखा का एक हलका मोड़, रंग का हलका-सा छींटा भी सम्पूर्ण चित्र का अर्थ ही नहीं बदल सकता है बल्कि उसे कूड़ा कर दे सकता है। बिना भोगे, कृति रचना नहीं हो सकती है। ऐसा भोगना सुन्दरतम के साथ-साथ विकृततम के साथ भी करना होता है। रचना-प्रक्रिया के स्तर पर सुन्दर और विकृति में कोई भेद नहीं होता। इसीलिए कलाकार का दायित्व वस्तुतः अपने तथा रचना के प्रति ही सम्भव हो सकता है। यह बात दूसरी है कि प्रकारान्तर से वह अन्य के प्रति भी दायित्वपूर्ण हो जाये। वस्तुतः होता भी है, पर प्रकारान्तर से। अन्य का आग्रह, कलात्मकता के स्तर पर कोई अर्थ नहीं रखता। जो

जितना बड़ा कलाकार या बड़ी रचना होती है वह अपने प्रति ही दायित्ववान् होती है तथा फलस्वरूप वह शेष को भी सम्बोधित करती लगती है। इसीलिए कला को मूलतः असंग होना चाहिए। इसी अर्थ में योगी या संन्यासी तथा कलाकार में अन्तर होता है कि प्रकारान्तर से कलाकार का सम्बोधन अन्य के लिए होने लगता है जबकि संन्यासी प्रकारान्तर से भी अपने ही को सम्बोधित करता है क्योंकि उसके बाहर कुछ नही हैं।

हवा क्रमशः तेज होती गयी थी पर चूँकि महिम विचारों में इतना खो गया था कि उसे चेत ही नहीं रहा था पर जब वह अपने में लौटा तो उसे लगा कि अभी कुछ क्षण पूर्व पता नहीं कहाँ था। स्पष्टतः उसने अपने को इस पुलिया पर छोड़कर जाने कहाँ की यात्रा कर डाली थी। अपने भीतर के द्वैत का उसे आज सांगोपांग रीति से बोध हुआ था। व्यक्ति चाहे तो अपने से भी परे जा सकता है। स्व का जो अन्तिम तथा अकाट्य बन्धन होता है उसे भी हम उतार फेंक सकते हैं। और उस बन्धनहीनता की मुक्त स्थिति का आस्वाद उसे अभी तक हलके-हलके हो रहा था। वह अब काफी प्रसन्न था। अनेक वर्षों बाद उसे लगा कि उसने अपना ही साक्षात् किया। अपनी ही अग्नि का बोध, शिवत्व है।

जब वह लौट रहा था तो उसने दूर ही से हाल में जलती बड़ी-सी लैम्प का जलना देख लिया था। वह सोच रहा था कि श्रीमती नाथ अवश्य ही अपने कमरे में होंगी तथा गोपा बुनाई करते हुए उसकी प्रतीक्षा कर रही होगी। पर नहीं, बरामदे में चार-छह नौकर बैठे थे तथा श्रीमती नाथ उन लोगों को जरूरी आदेश दे रही थीं। गोपा पास ही बैठे हुए बुनाई कर रही थी। उसके बरामदे में पहुँचते ही गोपा ने देख लिया और वह उठी। महिम ने भी इस काम-काज में उपस्थित रहना ठीक नहीं समझा। भीतर के दरवाजे से गोपा उसके लिए ड्राइंगरूम में पहुँची और वह बाहर के दरवाजे की ओर से। परदों की फाँक के बीच बुनती खड़ी गोपा को देख महिम को लगा कि क्या जिस दिन यह उसकी पत्नी बन जायेगी तब भी ऐसे ही सुषमित ढंग से उसके घर की शोभा लगेगी?

महिम को अपनी ओर देखते देख बुनाई सलाई में लपेटते हुए बोली,

— ममी बिगड़ रही थीं आप पर।

— क्यों? मुझसे कुछ भूल हुई?

— और नहीं तो क्या। ऐसे मौसम में इतने खुले में भला जाना होता है?

— गोपा! मुझे आज लगा कि अपने को पाने के लिए वही क्षण, वही स्थिति ही वास्तविक हुआ करती है जब आपको स्वयं तथा दूसरों को लगे कि अब बचने की चेष्टा करनी चाहिए। यह चेष्टा ही सबसे बड़ी बाधा है।

सोफे पर बैठते हुए बोली,

— आप तो स्वामी रामतीर्थ, विवेकानन्द की-सी भाषा बोल रहे हैं।

— इतना पुण्य नहीं है गोपा! कलाकार और योगी में यही तो अन्तर होता है। योगी के पास पूर्व पुण्य का संचय भी होता है जबकि कलाकार के पास पूर्व पुण्य-जैसी शायद कोई चीज नहीं होती।

— लगता है कि बाहर बहुत अच्छा मौसम है। चलिये, मुझे नहीं ले चलियेगा वहाँ?

— लेकिन अभी तो तुम कह रही थीं कि ममी बिगड़ रही थीं। यदि तुमको भी ले गया तो मुझे कच्चा ही खा जायेंगी।

महिम ने जिस ढंग से यह कहा वह गोपा को अच्छा लगा। वह हँस दी। बोली,

— ममी कुछ नहीं कहेंगी।

— तुम जानो।

— मैं जानती हूँ क्योंकि आपके जाने पर मैं ही मन-ही-मन बिगड़ रही थी, ममी नहीं।

महिम को यह सुनकर बहुत अच्छा लगा। वह बोला,

— गोपा! जानती हो इस समय मेरे मन में क्या आ रहा है?

— जानती हूँ।

— क्या जानती हो?

— ऐसी बातें कहने-सुनने के परे होती हैं। केवल भोगने के लिए होती हैं ऐसी इच्छाएँ, कामनाएँ। कहने से बात जुठला जाती है महिम बाबू!

— लेकिन एक बात तो कहना फिर भी चाहता हूँ।

— आपकी कठिनाई यह है महिम बाबू! कि आप बिना कहे रह नहीं सकते। अच्छा कहिये।

— काश! यहाँ इसी तरह हम-तुम रह पाते।

— मेरी छोड़िये। आपके लिए ही कठिन है।

— क्यों?

— इसलिए कि अभी आपके अवचेतन में अनेक बातों, चमक-दमक के प्रति, कोठियों-बग्घियों के लिए लालसा है। मैं इसको बुरा नहीं कहती। मेरे लिये ये वितृष्णा हैं अब, जबकि आपके लिए लालसा हैं। मैं इन सबको अपने सन्दर्भ में काट फेंकना चाहती हूँ जबकि मेरे सन्दर्भ से आपको लगता है कि ये प्राप्त किये जा सकते हैं। आप क्षमा करेंगे महिम बाबू!..मैं जानती हूँ कि यह लालसा सहज है।..यू विल गेट इट...अपने स्वार्थ के लिए मैं आपकी लालसाओं को होम नहीं होने दूँगी...यू विल गेट इट!!

गोपा की दीठि जैसे बँध गयी थी। वह उस स्थिति, परिपार्श्व के पार भेदती आँखों से देखती खो गयी थी। महिम नहीं समझ पाया कि हठात् गोपा ऐसी क्यों हो आयी।

लौटकर महिम ने अपने को व्यवस्थित करने की चेष्टा की फलतः सिवाय कालेज के वह घर से बाहर नहीं गया। वैसे भी वह एक हजरतगंज को छोड़कर तथा गोपा के यहाँ के अतिरिक्त कहीं नहीं जाता था पर इस बीच वह न हजरतगंज ही गया और न गोपा ही के यहाँ। कालेज से लौटकर वह अपने ईजल के सामने खड़ा हो जाता या फिर टेबल पर झुका छुट-पुट ड्राइंग बनाता रहता। कुछ चित्र वह एक श्रृंखला में बनाना चाहता था ताकि जो गाथा उसे अन्तर में मँथ रही थी उसे वह मूर्त कर सके। उसने अनेक बार कठिनाई अनुभव की कि जैसे वह चित्र न बनाकर उनसे जूझ रहा है। जब वह जूझते हुए हताश हो जाता तो या तो अपने बरामदे में निकलकर टहलने लगता या फिर हाथ का कोई-सा भी फिजूल का काम करने लगता। वह संकल्पित था कि उसे अपने को इस बार पूरी व्यवस्था के साथ आँकना है। वह रंगों को, रेखाओं को उनकी सीमा से बाहर ले जाकर अर्थ-गौरव देना चाहता था। कार्य कठिन ही नहीं दुर्लभ भी लग सकता था पर इस बार वह कृत संकल्प था। रचना क़ा आन्तरिक अर्थ ही मूल्यवान् होता है। रंग, यदि मात्र चित्र का संयोजन भर ही करते है तो उसे सन्तुष्ट नहीं कर पाते। रंग के प्रयोग से उनका रूप ही नहीं रंगत्व भी बोधित होना चाहिए। उसने इसके लिए रेखाओं का, आकृतियों का, विभिन्न रंगों से संयोजनों का ढंग भी बदला। विरोध और विपरीत दोनों के प्रयोग को ग्रहण किया ताकि अपने को किसी भी तरह अधिक-से-अधिक अभिव्यक्त कर सके। यद्यपि प्रत्येक चित्र की रचना के समय वह कामना करता रहा कि कभी भी गोपा आ सकती है पर जब पन्द्रह दिन हो गये और गोपा नहीं आयी तो उसे एक प्रकार से अच्छा ही लगा जैसे उसकी साधना में विघ्न ही होता यदि वह आती। वैसे वह बहुत स्पष्ट नहीं था कि उसके न जाने पर गोपा तथा श्रीमती नाथ क्या सोचती होंगी पर वह सायास ढंग से अपने को वहाँ जाने से रोके हुए था। इस बीच उसके भाई का पत्र भी दिल्ली से आया था कि क्यों नहीं वह कुछ दिनों के लिए दिल्ली आ जाता? लगभग एक बरस हो गया था उसे। लेकिन चूँकि गत पन्द्रह दिनों में उसे रचना की एकाग्रता का सुख मिलने लगा था अतः बाहर के जगत् से बिलकुल भी सम्प्रेषित होना नहीं चाहता था फलतः उसने भाई को पत्र का उत्तर भी नहीं दिया। उसका ख्याल था कि यदि वह इसी प्रकार एक माह तक कार्य कर ले गया तो वह कुछ महत्त्वपूर्ण चित्र आँकने में सफल हो जायेगा, और उस दिन प्रसन्नता में वह रात-दिन अधिक परिश्रम करता

रहा। करीब बीस दिन के बाद एक रोज शाम को गोपा के कार्यालय का चपरासी एक चिट लेकर आया। लिखा था कि यदि आप बहुत व्यस्त न हों तो शाम को मिलने आना चाहती हूँ। एक क्षण को तो लगा कि वह गोपा को रोक दे पर ऐसा सम्भव नहीं था। अत: शाम को गोपा आयी। गोपा के व्यवहार से महिम को ऐसा नहीं लगा कि इतने दिन न जाने का उसे मलाल है। वह सदा की भाँति विकसित पाटल दलवाला कमल थी।

यहाँ-वहाँ की बातें होती रहीं।

— तुम इतने दिन क्या करती रहीं?

— नौकरी।

— नहीं, मेरा मतलब यह कि तुमने अपने संगीत की इतनी उपेक्षा क्यों कर रखी है?

— मेरा ख्याल है स्त्रियों के लिए कोई भी कला शौक से अधिक हो ही नहीं सकती।

— यह तुम्हारी ज्यादती है। मेरा ख्याल है कि...

— देखिये, स्त्रियों के बारे में कही गयी पुरुषों की स्तुति अथवा गाली दोनों को मैं कोई महत्त्व नहीं देती। पुरुष और नारी, एक-दूसरे के सन्दर्भ में सहज हो ही नहीं सकते क्योंकि यह सम्बन्ध बड़े ही अनावश्यक रूप से आवश्यक है। इट इज बेसिकली क्रूड इन इट्स एप्रीसिएशन ऑर कण्डेमनेशन।

— क्या बात है? आज तुम बड़े ही रिजेक्शन के मूड में हो।...मैं नहीं आ सका इसलिए...

— देखिये महिम बाबू! मैं भी आपसे सम्बन्ध अनुभव करती हूँ पर उस सम्बन्ध के प्रतिफलस्वरूप कोई माँग या अपेक्षा नहीं है। और फिर क्या इतना नहीं जानती कि आप इन दिनों चित्र बनाने में रत होंगे? कठिनाई यही तो है महिम बाबू! कि आप प्रत्येक क्षण एक कलाकार के रूप में ही होते हैं, व्यक्ति नहीं। मैं, यह सम्बन्ध..सब-कुछ आपके लिए चित्रों का विषय है। आप इसे आँककर एक दिन अवश्य सन्तुष्ट हो जायेंगे लेकिन हम-जैसे साधारण लोग भला क्या कर सकते हैं? अपने को लेखन का, चित्रों का विषय भर बनने दें..और बस!!

महिम को लगा कि गोपा सच ही बहुत असन्तुष्ट है। वैसे एक प्रकार से उसे अपने पर ग्लानि हुई कि वस्तुत: वह गोपा को चित्रों की एक शृंखला भर ही तो मानता है। अब यह बात दूसरी है कि इस मामले में कहीं थोड़ा-बहुत आकर्षण भी हो। महिम कुछ कहना चाह रहा था पर गोपा यथावत् रहते हुए पुन: बोली,

— महिम बाबू! व्यक्ति को, उसके सम्बन्धों को इतना गौरवपूर्ण तिरस्कार देकर आपको क्या मिलेगा?..आप जानते हैं उस दिन मैंने आपका वह चित्र क्यों नहीं लिया? क्योंकि उसी दिन मैं समझ ले गयी थी कि आप सम्बन्धों की पवित्रता में विश्वास नहीं करते। जब तक प्रदर्शन कर, कहकर नहीं प्रदर्शित करेंगे,

आपको सन्तोष नहीं होगा। महिम बाबू! यह आपकी ही कठिनाई नहीं आपकी जाति की संरचना में ही यह है।..एक फूल भी, यदि अनायास भी झर पड़ता है तो महिम बाबू! उस पृथक् होने के दर्द की कोई आवाज किसी ने न सुनी हो पर...सच मानें मैं बच्ची थी तब रात-रात भर नींद नहीं आती थी यह सोचकर कि अब यह फूल कभी फिर अपने वृन्त से जुड़ नहीं सकेगा। कितना विषादमय होता है अपने वृन्त से पृथक् होना...कोई भी रचना, चित्र, दर्शन इस विषाद को, छोटे-से महान् दु:ख को अभिव्यक्त कर सका है? ..मैं जानती हूँ कि इन दिनों आप चित्रों में लगे हैं। आपने अवश्य ही अच्छे बनाये होंगे...मुझे नहीं आना चाहिए था पर मात्र यही कहने आयी थी कि अगले माह आपके चित्रों की प्रदर्शनी के लिए सारी बातें हो गयी हैं।....यदि मैंने कुछ अप्रिय कहा हो तो क्षमा करेंगे।

और वह उठी। उसे देख महिम मात्र यह कह सका,

— तुमने उस दिन भी मुझे गलत समझा था कि मेरे मन में वैभव के प्रति लालसा है तथा आज भी कि मैं सम्बन्धों की पवित्रता को भी सामाजिक प्रदर्शन की चीज मानता हूँ। मैं यह कहना चाहता हूँ...

गोपा ने रोका,

— आज नहीं। किसी और दिन कह लीजियेगा महिम बाबू!...

— नहीं, गोपा! मुझे अपने चित्रों की कोई प्रदर्शनी नहीं करवानी।

— यह आपका आवेश है। और फिर मेरा मतलब यह कभी नहीं है। मैं बूढ़ी ईसाइनों की तरह खूसट या दकियानूस भी नहीं हूँ। कला का सदा एक सार्वजनिक सम्बोधन तथा अर्थ हुआ करता है। जिस दिन भी कला की यह सार्वजनिकता नष्ट हो जाती है वह अपूजित देवता की भाँति हो जाती हैं। आप जानते हैं न कि हम हिन्दू लोग ब्रह्मा को सृष्टि का पिता मानते हैं पर पिता की पूजा करना छोड़ दिया। बेचारे ब्रह्मा, अपनी ही प्रजा के द्वारा अपूजित रह रहे हैं।

और वह इतने सन्तुलित मीठे ढंग से मुस्करायी कि महिम को लगा कि गोपा कोई बात नहीं करना चाहती। फिर भी महिम ने सोच लिया कि वह अपने चित्रों की प्रदर्शनी नहीं करेगा। उसे गोपा का वह वाक्य बारम्बार याद आने लगा—यू विल हैव इट!! वैसे महिम को स्पष्टत: यह अनुभव हो गया कि उसके और गोपा के सम्बन्ध का यह दूसरा चरण है।

गोपा को भी यह तो लग गया कि महिम को वह कुछ अधिक कह आयी अत: वह तीन दिन बाद सवेरे पहुँची। सवेरे का समय था। शेविंग समाप्त कर चाय की प्रतीक्षा करते हुए महिम बरामदे में बैठा था कि उसे कार आती दिखी।

पहले उसे भ्रम हुआ कि शायद श्रीमती नाथ की कार है पर काले रंग की यह कोई दूसरी ही मोटर थी। उसने समझा आस-पास कहीं कोई आया होगा पर जब कार उसके फाटक के पास रुकी और उसने गोपा को तथा एक अन्य महिला को देखा तो वह कुछ चकित हुआ। वह सन्दर्भ समझने की चेष्टा करते हुए उनके स्वागत में उठ खड़ा हुआ। उसने रामलाल को अतिरिक्त चाय का भी कह दिया।

आते ही गोपा ने हँसते हुए परिचय कराया,

— महिम बाबू! आप श्रीमती लीला साहनी हैं। लखनऊ में जितनी भी कला-क्षेत्र की आप हलचलें देखते-सुनते हैं वे सब आप ही के कारण हैं।

— आपसे मिलकर बहुत खुशी हुई महिम बाबू!

श्रीमती लीला साहनी ने यह कहते हुए नमस्कार किया। प्रतिनमस्कार करते हुए तथा बैठने का संकेत करते हुए महिम ने कहा,

— आपसे परिचय प्राप्त हुआ, यह मेरा सौभाग्य है।

— आपको याद नहीं होगा महिम बाबू! मैंने आपको देखा है।

— कहाँ?

— गोपाजी के कजिन की शादी में। उस दिन वैसे परिचय तो नहीं हुआ था पर मैंने आपको देखा था।....और फिर आपके चित्रों के बारे में तो गोपाजी से तथा दूसरी से भी सुनती रही हूँ।...दिल्ली में भी तो आपकी प्रदर्शनी...

— जी, बस ऐसे ही। और आपको मैं एक बात की चेतावनी दे देना अपना कर्त्तव्य समझता हूँ।

— वह क्या?

श्रीमती लीला साहनी ने 'वह क्या' जिस ढंग से कहा उससे स्पष्ट था कि यह महिला सामाजिक आचार-व्यवहार के आधुनिकतम ब्यौरों से परिचित ही नहीं है बल्कि निष्णात है।

— वह यह कि गोपाजी की प्रशंसा को आप कभी वास्तविक न मानें।

तीनों हँस पड़े। वातावरण सहज हो आया। इस बीच रामलाल चाय रख गया। महिम ने चाय बनाने की चेष्टा की लेकिन गोपा ने यह भार स्वतः ले लिया। महिम ने तब पहली बार श्रीमती लीला साहनी को देखा। श्रीमती लीला साहनी उन महिलाओं में से थीं जिन्हें देखकर कहा जा सकता है कि समाज कितना आधुनिक हुआ है। मोतिया रंग की रेशमी साड़ी पर सोने का ब्रौच तथा दो-तिहाई बाँहवाला उसी रंग तथा कपड़े का उनका फ्रिलवाला ब्लाउज तथा फुग्गे निकाले हुए बाल से स्पष्ट था कि श्रीमती साहनी अत्यन्त सुरुचिपूर्ण महिला थीं। उनके रेशमी मोजे तथा काले चमचमाते जूते उनकी सधी चाल के प्रमाण थे। उनका वर्ण काफी गोरा था। श्रीमती साहनी में रूप के साथ-साथ लावण्य भी था लेकिन कुल मिलाकर महिम को उस सौन्दर्य में एक सीमा तक आकर्षण भले ही अनुभव हुआ हो पर उसमें विशेष गहराई नहीं लगी। जो था, स्पष्ट ही दिखायी पड़ जानेवाला था। फिर एक सामाजिक पार्श्व भी था। कला में श्रीमती साहनी की कितनी गति तथा पैठ थी कहना कठिन था।

इस बीच चाय समाप्त हो गयी थी। श्रीमती लीला साहनी ने कहा,

— महिम बाबू! चूँकि आपसे साक्षात् नहीं था इसलिए गोपाजी से कहलवाया था प्रदर्शनी के लिए।

— जी हाँ, लेकिन देखिये...

— अब यह लखनऊवालों के साथ आपकी ज्यादती होगी कि आप यहाँ प्रदर्शनी न होने दें। यह ठीक है कि दिल्ली-जैसा जागरूक वातावरण तो यहाँ उतना नहीं है पर फिर भी..

— नहीं, यह बात नहीं है। असल में इन दिनों मैं...

— अब गोपाजी! आप भी हम लोगों की ओर से कुछ कहिये न?

महिम ने देखा कि गोपा उसे जिस तरह देख रही है उसमें सभी के लिए यह श्रेयस् था कि महिम सहमत हो जायें।

— आप व्यर्थ ही गोपाजी से कह रही हैं श्रीमती साहनी?..

— आप चाहें तो मुझे लीलाजी कह सकते हैं।

— इसके लिए धन्यवाद।

— तो, अब हम चलें।

— यह कैसे कहूँ भला।

और श्रीमती लीला साहनी तथा गोपा उठीं। महिम उन लोगों को बाहर तक छोड़ आया। लौटकर वह सोचना चाहने लगा कि उसने लीला साहनी के कहने पर प्रदर्शनी के लिए सहमत होकर ठीक किया या नहीं। पता नहीं, गोपा क्या चाहती रही।

वैसे तो वह सवेरे ही तय कर चुका था कि शाम को गोपा के यहाँ जायेगा पर कालेज से लौटकर उसे लगा कि शाम को तो बहुत लोग होते हैं और गोपा से भेंट सम्भव न होगी अत: वह उसकी लेबोरेटरी जाने की अभी सोच ही रहा था कि श्रीमती लीला साहनी की कार दिखायी दी। पता नहीं क्यों उसे इस समय श्रीमती साहनी का आना अच्छा नहीं लगा। उसने देखा कि श्रीमती साहनी इस समय और भी अधिक प्रसाधित रूप में हैं। कल उसने उनकी चाल पर ध्यान नहीं दिया था शायद इसका कारण यह था कि गोपा साथ थी। इस समय उसने देखा कि श्रीमती साहनी की चाल में दर्प तथा आत्मविश्वास दोनों ही है।

आते ही बड़े क्षमा भाव से श्रीमती साहनी बोलीं,

— क्षमा करेंगे महिम बाबू! शायद आप कहीं बाहर जाने की तैयारी में हैं।

— हाँ ऽऽ, कुछ विशेष तो नहीं। आइये, बैठिये।

— देखिये, असल में मैं गोपाजी के पास जा रही हूँ। पहले हम लोगों का विचार था कि गवर्नर महोदय से उद्घाटन करवाया जाये। पहले भी ऐसा हुआ है, पर आज सवेरे मुझे उनके ए० डी० सी० ने फोन पर बताया कि गवर्नर महोदय उन तारीखों में दिल्ली में रहेंगे इसलिए उद्घाटन के लिए किसे रखा जाये इसी पर सोचना है।

— देखिये श्रीमती साहनी!

— आप भी मुझे लीलाजी ही कहें महिम बाबू!

— देखिये लीलाजी! वस्तुतः मैं कोई प्रदर्शनी-व्रदर्शनी करना नहीं चाहता।

— अब देखिये, जो बात तय हो चुकी है उसे न उठायें।

— जैसी आपकी इच्छा।

— वैसे उद्घाटन के लिए आप किसे ठीक समझते हैं? और हाँ, ब्रोशो के लिए आपके एक चित्र का रेखांकन हो या उसके उपयुक्त कोई चित्र हो तो वही दे दें।

— मेरा चित्र??

— मतलब आपके बनाये किसी महत्त्वपूर्ण चित्र की कोई अनुकृति।

— क्या यह अच्छा नहीं कि आप यह भार गोपाजी पर छोड़ दें।

— वह तो करेंगी ही। मैं तो आपकी भी राय जानना चाहती थी।

— मेरी इस बारे में कोई राय नहीं हो सकती। यों आप किसी दिन चाहें तो कुछ देखकर छाँट लें।

— जिस दिन आप कहें। वैसे अब कुल पन्द्रह दिन तो रह ही गये हैं। मैं चाहती हूँ कि यह प्रदर्शनी इस सीजन का बेस्ट परफारमेन्स रहे।

— तब आपको इसके लिए किसी बड़े चित्रकार को चुनना चाहिए था।

— ए जेनुइन आर्टिस्ट इज आल्वेज माडेस्ट।

— बट आल माडेस्ट आर्टिस्ट्स आर नाट नेसेसरिली जेनुइन।

श्रीमती लीला साहनी हँस दीं। महिम पता नहीं क्यों असुविधा अनुभव कर रहा था। तभी सहसा श्रीमती लीला साहनी उठ खड़ी हुईं। बोलीं,

— अच्छा तो यदि आपको असुविधा न हो तो परसों रविवार है, सवेरे आपके कुछ चित्र देख लिये जायें।

— असुविधा की कोई बात नहीं लीलाजी! आपका हमेशा स्वागत है।

— धन्यवाद। वैसे आप किधर जा रहे हैं। आपको ड्राप कर सकती हूँ?

— असल में मुझे थोड़ी देर बाद जाना है। आप तकलीफ न करें।

और श्रीमती साहनी लौट गयीं। इस समय इनके आ जाने से महिम को मानसिक उलझन खासी हुई। एक तरह से वह चिढ़ गया था। क्यों? वह स्वयं नहीं जानता। वैसे श्रीमती लीला साहनी का व्यवहार इतना सौम्य था कि महिम को

अपना व्यवहार अशिष्ट लग रहा था और वह इस बात के प्रति जितना सचेत होता जा रहा था उतना ही उसका सम्यक् हाथ से छूटा जा रहा था, अत: जल्द-से-जल्द श्रीमती लीला साहनी के जाने की प्रतीक्षा करता रहा था। और जब वह चली गयीं तो उसे आशा थी कि वह बहुत ही हलकापन अनुभव करेगा पर इसके विपरीत वह पहले तो खिन्न हो गया लेकिन थोड़ी ही देर में उसने पाया कि वह उदास है। क्यों? कुछ भी स्पष्ट नहीं था उसके निकट। और वह उसी तरह सोफे पर पैर लम्बे किये समय के बीत जाने की प्रतीक्षा में रहा।

और उसे स्वयं बड़ा आश्चर्य हुआ जब उसने अपने चारों ओर अँधेरा पाया। वह बड़ी निरवलम्ब मन:स्थिति में था पर उसे हलकापन नहीं लगा। किसी प्रकार वह तैयार होकर गोपा के घर के लिए चल पड़ा।

जिस समय वह गोपा के यहाँ पहुँचा लोग यथावत् मौजूद थे। वह भी सदा की भाँति जाकर गोपा के सामनेवाली कुर्सी पर जाकर बैठ गया। नाथ बाबू अपने लखनवी ढंग से किसी पुराने मुकदमे की कोई बात सुना रहे थे। जब किस्सा समाप्त हो गया और लोग हँस लिये तब नाथ बाबू का ध्यान उसकी ओर गया, बोले,

— क्यों साहब! आप लखनऊ ही में न रहते हैं?

महिम इस हठात् प्रश्न के लिए तैयार नहीं था। दूसरे उसे याद नहीं पड़ता कि नाथ बाबू उससे इस ढंग से कभी बोले हों। वह किंचित् सकपकाते हुए बोला,

— आपको यह शक कैसे हुआ?

— लीजिये साहब! सुनिये इनकी बात। अरे, जब कोई अपना आदमी न दिखलायी दे और न उसके बारे में कुछ सुनायी पड़े तब सामनेवाला क्या समझे? अब आपको ईद का चाँद भी कैसे कहा जाये? आपकी ममी भी आपको पूछती रही हैं।

नाथ बाबू जब प्रसन्न होते हैं तब इसी तरह उसकी अभिव्यक्ति होती है। यद्यपि नाथ बाबू की प्रसन्नता का क्या कारण हो सकता है यह उसे पता नहीं था।

— सुना आपके चित्रों की नुमाइश लगने जा रही है।

— मैंने भी बस सुना है पापा!

— जाहिर है अभी सबने सुना ही होगा। जब नुमाइश लगे तब न देखा जायेगा?....वैसे पता नहीं आप किस खयाल के हैं लेकिन अगर मुमकिन हो तो एकाध चित्र गवर्नर साहब का बना दें तो अच्छा होगा।

और उन्होंने अगली बात बड़े ही सोफियाने ढंग से उपस्थितों से कही,

— जनाब ! अंग्रेज कौम की दाद देनी पड़ेगी। हर कदम फूँक-फूँककर रखते हैं। एक गवर्नर आता है तो लोगों को 'महामहोपाध्याय', संस्कृत के स्कूल दे जाता है तो दूसरे लाट बहादुर 'आलिम-फाजिल' तथा मकतब खोल जाते हैं। बड़ी इन्साफपसन्द कौम है जनाब!

और लोग जोरों पर हँस दिये। कितनी ही बड़ी बात हो जाये नाथ बाबू कभी जोर से नहीं हँसते। केवल मुसकराते रहेंगे। किसी भी स्थिति में उन्हें असंयमित नहीं देखा जा सकता।

यह अच्छा हुआ कि लोगों का ध्यान महिम पर अब नहीं था। थोड़ी देर के बाद ही गोपा को लगा कि महिम काफी देर से असुविधा अनुभव कर रहा है अत: वह उठ गयी और भीतर चली गयी। गोपा के चले जाने के बाद श्रीमती नाथ ने महिम को पास बुलाकर पूछा,

— इतने दिनों कहाँ रहे तुम?

— असल में ममी! बस कुछ काम-वाम करता रहा।

— अगर काम करते रहे हो तो बड़ी अच्छी बात है। जाओ थोड़ा बगीचे में टहल आओ।

वह भीतर के लिए उठ खड़ा हुआ पर उसे श्रीमती नाथ का बगीचे में टहल आने के लिए कहना अच्छा नहीं लगा। उसे लगा कि वह आज सवेरे ही से कुछ चिढ़ा हुआ था और जिसकी पराकाष्ठा श्रीमती लीला साहनी के आने पर हुई थी। फलत: वह व्यर्थ की बातों पर चिड़चिड़ा रहा था। श्रीमती नाथ के इस सादे से सुझाव पर चिढ़ाने की क्या बात थी, पर वह था कि उसमें अतिरिक्त खोज रहा था। अच्छाई यही हुई कि वह समझ ले गया कि उसकी चिढ़ का क्या कारण हो सकता है? इधर वह अनुभव कर रहा था कि गोपा उससे खिंचा व्यवहार करने लगी है और वह इसका कारण जानना चाहता था। चूँकि आज सवेरे उससे एकान्त में मिलकर कुछ सहज होना चाहता था लेकिन उसी समय श्रीमती लीला साहनी आ गयी थीं अत: वह और खीझ गया था। और इस समय वह गोपा के ड्राइंगरूम में बैठा था इसलिए कुछ हलकापन अनुभव कर रहा था। यद्यपि उसे आशा नहीं थी कि गोपा से वह एकान्त में मिल सकेगा क्योंकि वह प्राय: पिता के सामने से इस प्रकार उठकर नहीं जाया करती।

गोपा ड्राइंगरूम में नहीं थी लेकिन जब वह आयी तो महिम ने देखा कि वह श्रीमती नाथ की भाँति सिर पर शाल लिये थी। गोपा को इस प्रकार शाल लिये देख वह हँस पड़ा, बोला,

— इस तरह शाल लेने पर तुम दस बरस बड़ी लगती हो।

— लेकिन तब भी तो आप मुझे छोटा ही मानेंगे—अच्छा आइये, थोड़ा टहल आयें तब चाय पी जायेगी।

महिम को टहलनेवाली बात पर श्रीमती नाथ का आदेश फिर याद हो आया और उसे ये दोनों ही बातें सायास लगीं। गलियारे में आगे-आगे चलते हुए गोपा बोली,

— असल में आज सिर में हलका दर्द रहा। ममी कहती रहीं कि थोड़ा खुले में टहल लूँ तो ताजी हवा के कारण सब ठीक हो जायेगा। महिम बाबू! हम-

जैसे लोगों को तो यह सजा मिलनी चाहिए कि हमसे मिलों में काम करवाया जाये तब पता चले कि जिन्दगी क्या है। ममी समझती हैं उनकी बेटी को दिनभर काम करना पड़ता है। अगर सचमुच का काम करना पड़ जाये तो जाने क्या हो।

महिम ने उसकी बात का कोई उत्तर नहीं दिया। दोनों बगीचे में निकल आये। कभी यह बगीचा अपने फूलों के लिए लखनऊ में प्रसद्धि था पर अब यह उपवन, वन के अधिक निकट था। बहुत एकान्त की कामना होने पर ही गोपा यहाँ निकल आती है। वैसे फूल अब भी हैं, फूटते भी हैं पर उपवन की व्यवस्थानुरूप नहीं बल्कि वन की निश्चिन्तता के ढंग पर। यहाँ मार्ग न होकर पगडण्डियाँ चारों ओर बिछी मिलेंगी। हाँ, फौवारा अवश्य था। उपवन की भाँति जलयुक्त सुदूर कोने में दो पोखर भी थे जिनमें एक मे कुमुदिनी थी तथा दूसरे में नील कमल थे। कमल यद्यपि छोटे ही थे पर उनका वर्ण अप्रतिम रूप से निष्कलंक नील था। सफेद कुमुदिनी अत्यधिक बोलती लग रही थी। उपवन के सीमान्त पर कुछ बड़े पेड़ भी थे जिनमें कदम्ब, आम, कटहल, इमली आदि थे। एकाध पेड़ यूकेलिप्टस का भी था। गोपा प्राय: कहा करती है कि जब मनुष्य के मन में आरण्यकता जग जाती है तब वह प्रभु के निकट होता है। विराट् की निकटता प्राप्त करने के लिए लघुता की निकटता को छोड़ना ही पड़ता है। दो निकटताएँ नहीं सम्भव होतीं। फौवारे की जगत पर बैठते हुए बोली,

— मैं जानती थी कि आज आप आयेंगे।

— मैं तो तुम्हारे आफिस ही आना चाह रहा था।

— यह मुझे लीलाजी से पता चला।

— लेकिन मैंने तो उनसे नहीं कहा कि मैं जानेवाला हूँ।

— यह तो वह भी नहीं कह रही थीं।....तो आपने लीलाजी को चित्र क्यों नहीं दिखलायें? वह तो बेचारी इतनी तैयारी से आपके यहाँ पहुँची थीं।

— गोपा! एक बात बताओ कि लीलाजी सचमुच ही कुछ दखल रखती हैं?

— यह भला मैं क्या जानूँ? पूरा लखनऊ जानता है कि श्रीमती साहनी संगीत, चित्रकला, नृत्य सभी में रुचि रखती हैं। और फिर होम-सेक्रेटरी की पत्नी कला में रुचि नहीं रखेंगी तो क्या रहमान की घरवाली रखेगी?

— तुम्हारी बात से स्पष्ट है कि तुम उनकी रुचि को विशेष नहीं मानती।

— मेरी राय वैसे तो यह नहीं है लेकिन आपको मेरी बातों पर नहीं जाना चाहिए।

— क्यों? इसलिए कि इस समाज में आपको बहुत-से लोगों के सम्पर्क आयेंगे।

— तुम तो यह सब ऐसे कह रही हो जैसे कि तुम मुझे किसी जहाज पर सवार कराकर कहो कि अब यह जहाज और इसके यात्री ही मेरी नियति हैं।

गोपा हँसी दी। महिम को उत्तेजित देख गोपा को अच्छा लगा। बोली,

— क्या ऐसा नहीं है?

— मुझे इस समाज से क्या लेना-देना? तुमने उस दिन भी यह कहा था और मैं उसका विरोध करना चाह रहा था।

— तब किया क्यों नहीं? जाने दीजिये महिम बाबू! इस समाज के लोग भी बेचारे आखिरकार लोग ही हैं।

— गोपा! मैं नहीं जानता कि तुम क्या चाहती हो।

— मैं केवल यही चाहती हूँ महिम बाबू! कि आप, सर्वथा आप बनें।

— पता नहीं मेरी किस बात से तुम्हें ऐसा भ्रम हुआ है कि मैं केवल वैभव चाहता हूँ। तुम मेरे साथ अन्याय करोगी यदि ऐसा सोचोगी तो। हम लोग एक सहज मार्ग से अब तक बढ़ते रहे हैं गोपा! तुम उसमें कुछ पगडण्डियाँ क्यों निकालना चाहती हो?

— सुना है विस्तार तो अच्छी चीज है।....महिम बाबू! ज्यादती तो आप मेरे साथ करना चाहते हैं। आप सोचते हैं कि यदि आपकी प्रदर्शनी हो तो मुझे प्रिय नहीं लगेगा।

— ऐसा भी मैं नहीं सोचता।

— दूसरे यह कि यदि लीलाजी को आप अपने चित्र दिखाते तो मुझे अच्छा नहीं लगता...... क्या आप वस्तुतः मुझे यही समझे?

— ये सारी बातें सिरे से गलत हैं।

— अच्छा हटाइये। कितना अच्छा लग रहा है यहाँ।....हाँ, उद्‌घाटन के लिए रानी साहबा जहाँगीराबाद कैसी रहेंगी?

महिम को उत्तर देने की कोई इच्छा नहीं हुई। वह खिन्न हो गया था। गोपा खिलखिला आयी, बोली,

— आपको बिलकुल भी मुखोश लगाना नहीं आता।....... सरलता, महानता का चिह्न है महिम बाबू! लेकिन महान् बनाने की प्रक्रिया में सरलता ही एकमात्र सबसे बड़ी बाधा भी होती है।

महिम फिर भी, उदास ही बना रहा। गोपा उसके निकट आकर खड़ी हो गयी और शैतान लड़की की भाँति हाथ गूँथकर झुलाते हुए बोली,

— मेरी ननिहाल में एक चौधरी साहब थे जो नाराज होने पर और अधिक मूर्ख लगते थे।

यह कहकर गोपा जिस तरह हँसी, उसे देख महिम भी हँस दिया, बोला,

— याने वह चौधरी वैसे तो मूर्ख था ही पर नाराजी में और अधिक मूर्ख लगता था। मेरा ख्याल है तुमने यह किस्सा अभी तुरन्त बनाया है।

— जी हाँ। लेकिन मेरा ख्याल है कि अच्छे उद्देश्य से किया गया बुरा काम, बुरा नहीं होता।

और गोपा ने जिस तरह मुँह बनाकर यह बात कही उसके कारण महिम को वह भा गयी। वह जगत से कूदकर उसकी ओर लपका। गोपा अज्ञात में ही जैसे

इस स्थिति के लिए तत्पर थी—वह भी भागने का आभास देने के लिए दो-एक पग दौड़ी-जैसी। महिम ने उसके दोनों कन्धे झकझोरते हुए कहा,

— बचपन में तुम काफी शैतान रही होगी।

— बिलकुल नहीं। दिनभर नाक सुड़कती रहती थीं और रोती रहती थीं। असल में किसी को परेशान करने का मौका ही नहीं मिला। इसीलिए मनोविज्ञान में कहा गया है कि व्यक्ति की जो कामनाएँ अपूर्ण रह जाती हैं वह आगे चलकर अवश्य अभिव्यक्त होती हैं। इसलिए इन सब बातों पर आप नाराज हो ही नहीं सकते मुझ पर क्योंकि दोष मेरा है ही नहीं। मनोविज्ञान पर भला मेरा बस कैसे चल सकता है?

गोपा जिस ढंग से यह सब कह रही थी उसमें महिम की सारी उदासी दूर हो गयी और वे लोग पुनः सहज हो आये।

पोखरों में कमल, कमलिनियाँ खिले हुए थे। वैसे अन्धकार था पर फिर भी हलका-सा प्रकाश था। दोनों हाथ-में-हाथ दिये मौन खड़े पोखर देख रहे थे।

— गोपा! तुम नाराज तो नहीं हो मुझसे ?

— लाख चाहने पर भी हो नहीं पाती हूँ तभी तो बार-बार आपके यहाँ तक दौड़ी आती हूँ।

— देखो गोपा! यह कहकर तुम मुझे लज्जित कर रही हो।

— आप लज्जित हुए? चलिये, कोई बात नहीं।

— तुम इतने विविध रूप में व्यवहार करती हो कि तुम्हें क्या समझा जाये, समझ में नहीं आता।

— मैं समझती हूँ कि अब हमें चलना चाहिए।

और वह आगे-आगे हो ली।

•

— इन दिनों आपने कितने चित्र बनाये?

चाय देते हुए गोपा ने पूछा।

— तीन पूरे किये हैं। चौथे पर काम कर रहा हूँ।

— प्रदर्शनी में कौन-से चित्र दे रहे हैं।

— यह तुम्हें तय करना होगा।

गोपा ने कुछ नहीं कहा, यद्यपि महिम को आशा थी कि वह यदि उत्साह नहीं तो अस्वीकार तो नहीं ही करेगी पर महिम इस मौन को क्या ले? वह फिर बोला,

— तुमने कुछ कहा नहीं?

— किस बारे में?

— अभी मैंने कुछ कहा तुमसे।

— महिम बाबू! जब कभी कोई बड़ी बात सामने आ खड़ी होती है तो अपनी अपात्रता स्मरण होने लगती है।.....वस्तुतः जब तक आप गोपा की वास्तविकता नहीं जानते तभी तक सब-कुछ ठीक है महिम बाबू! मृग-मरीचिका, वास्तव का जलाशय नहीं हुआ करती ।

और महिम ने देखा कि गोपा बहुत भर आयी है। बोला,

— गोपा! तुम एकबारगी ही वह क्यों कह नहीं डालती जो तुम्हें इतना साले हुए है।

— कह तो मैं किसी भी क्षण सकती हूँ महिम बाबू! लेकिन आप सुन नहीं सकेंगे....जाइये, अब चले जाइये, महिम बाबू!....... आशा है अन्यथा न लेंगे। और गोपा भरी आँखें लिये तेजी से भीतर की ओर बढ़ गयी। महिम की समझ में नहीं आ रहा था कि वह क्या करे।

यद्यपि चित्रों के लिए महिम ने गोपा से दुबारा नहीं कहा पर गोपा स्वत: ही आयी। आरम्भिक चुनाव के समय तो दोनों ने ही चित्रों को छाँटा परन्तु प्रदर्शनी में भेजने के पूर्व श्रीमती लीला साहनी की राय ले लेना भी उचित समझ गोपा ने उन्हें भी बुलवा लिया। उस दिन गोपा और श्रीमती साहनी ने प्रदर्शनी की प्रणाली के बारे में विस्तार से चर्चा कर सब निश्चित कर लिया। गोपा पर भार आया कि प्रेस का सारा भार वह सम्हालेगी। वैसे श्रीमती साहनी का तो आग्रह था कि व्यक्तियों के बारे में बनाये गये चित्रों को भी सम्मिलित किया जाना चाहिए पर महिम इसके लिए तैयार नहीं था। गोपा को भी महिम का यह निर्णय प्रीतिकर लगा। वैसे अच्छा यही हुआ कि गोपा से सम्बन्धित अधिकांश चित्र महिम ने श्रीमती साहनी को नहीं दिखाये।

फाल्गुन का आरम्भ होने में चार-छह दिनों की ही देरी थी। महिम को याद आया कि इन्हीं दिनों गत वर्ष वह यहाँ आया था।— एक वर्ष, गजर में बज उठनेवाले घण्टे की भाँति उसमें बजने लगा। जैसे बज गया हुआ घण्टे का स्वर हो वह एक वर्ष, जो अभी-अभी बजकर बजते हुए सुदूर होता जा रहा हो। थोड़ी दूर जाकर बजना, छितरा जायेगा और कभी किसी को प्रतीति भी नहीं हो पायेगी कि एक बजना कभी यहाँ हुआ था। महिम को बड़ी विह्वलता लगी। इस एक वर्ष में क्या कुछ नहीं हुआ? गोपा से जन्मोत्सव के दिन परिचय, अनेक शामें, नानाविध गोपा की मुद्राएँ, गोपा के फार्म पर बिताये गये दो दिन। ऐसे दो दिन जो उसके व्यक्तित्व के अपरिहार्य अंग बन गये हैं। इस एक वर्ष में केवल गोपा-ही-गोपा थी। गोपा से पृथक् इस एक वर्ष की वह कभी कल्पना भी नहीं कर सकता। गोपा, वस्तुत: उसके स्वप्न की मूर्ति थी अत: वह गोपा को अपने समस्त चेतन, अवचेतन से थामे था। यद्यपि यह सब सोचते हुए उसे जितना प्रसन्न होना चाहिए था अथवा चाहता था उतना न हो सका। वह अपने को समुद्र के गहरे जल में अनुभव करने लगा तथा गोपा उसे उस समुद्र में उठी एक ऊँची चट्टान पर बैठी एक जलपरी-सी लगी जिसे वह पूरी तरह अनुभव करता था पर उस चट्टान पर चढ़कर उसे प्राप्त करने में समुद्र के उद्दाम जल को, चट्टान के चिकनेपन को बाधक पाता था। केवल वह एक ऐसे ज्वार की प्रतीक्षा कर सकता था जो उसे भी उछालकर उस चट्टान पर बिठा जाये। ज्वार की ऐसी प्रतीक्षा यदि अनन्त हुई तो उसकी क्षण-क्षण थक उठनेवाली बाँहें क्या उसे सम्हाले रह सकती थीं? और वह इस प्रतीक्षा

की कल्पनामात्र से प्राय: आकुल हो जाता रहा है। सहसा उसे ध्यान आया कि इस एक वर्ष में उसने कोई उपहार गोपा को कभी नहीं दिया। इस बार वह अवश्य देगा। और इस निर्णय से उसने अनुभव किया कि वह कुछ हलकापन अनुभव करने लगा है। वह चाहने लगा कि गोपा के आने की प्रतीक्षा तक वह कुछ ऐसा सोचता रहे जिससे वह अपने भीतर प्रसन्नता, सुख अनुभव कर सके। इस प्रदर्शनी को लेकर गोपा में सम्भव है थोड़ा-सा उत्साह हो पर उसमें किंचित् भी नहीं। उसे लग रहा था कि जैसे गोपा उसे सायास अपने से पृथक् करने की योजना बनाना चाहती है। वह महिम के लिए एक मंच प्रस्तुत कर स्वयं पार्श्व में चली जाना चाहती है, क्यों? वह अपने चारों ओर गोपा को देखना चाहता है न कि लोग। वह लोगों को लेकर क्या करेगा?

आज प्रदर्शनी का उद्‌घाटन होनेवाला है। आज रविवार है अत: यह कार्य सवेरे ही सम्पन्न होना था। वह काफी जल्द तैयार हो गया था। वैसे महिम स्वयं भी चाहता था कि गोपा उसके साथ जाये पर जब गोपा ने स्वत: ही कहा कि वह सवेरे आयेगी और वे लोग साथ ही जायेंगे तो उसे बहुत अच्छा लगा। उसे याद नहीं पड़ता कि इस एक वर्ष में वह गोपा के साथ कभी सार्वजनिक रूप में दिखलायी दिया होगा। जब भी एकाध बार गया है तब कोई-न-कोई साथ था और न सही तो श्रीमती नाथ तो होती ही थीं पर चूँकि सवेरे के दिन और वह भी विशेष रूप से रविवार को श्रीमती नाथ पाठ-पूजन के कारण नहीं जा सकती थीं अत: लगभग पहली बार गोपा के साथ होने की उसे प्रसन्नता थी। वह यही सब सोचते हुए अपने तथाकथित बगीचे में टहलने लगा। मौसम में अब खुला तथा खिलापन आ चला था। जाड़ों की भाँति वातावरण में भारी कम्बलपन नहीं रह गया था। अन्तिम रूप में पतझर हो रहा था। पतझर में हवा प्राय: निर्मम होती है। हवा की यह निर्ममता ही कालान्तर में लू बन जाती है। मौसम भी उसे एक प्रकार की वंशी लगा जिसमें कि वही हवा एक स्थान पर ठण्डी होती है तथा दूसरे स्थान पर लू बन जाती है। उसे लगा कि किसके अधरों से यह ऋतु की वंशी बजती होगी?

और उसने देखा कि कार आ रही है। उसने बढ़कर अहाते का छोटा-सा फाटक खोल दिया। कार में केवल गोपा ही थी। वह एकदम श्वेत धारे हुए थी। गले में मोतियों की एक लम्बी-सी माला भर थी। कानों के अकेले मोती उसकी त्वचा के रंग में धुलते-से लग रहे थे। कार से निकला उसका सफेद सैण्डिलवाला पैर इतना सुकोमल लग रहा था जैसे फूल पृथ्वी पर पैर धर रहा हो। वह हौले से मुस्कराती महिम की ओर बढ़ी।

— इस समय तुम बहुत ही अच्छी लग रही हो गोपा!

गोपा ने कुछ भी नहीं कहा। वह भी फाटक पकड़ खड़ी हो गयी, उपरान्त बोली,

— आप तैयार नहीं हुए अभी?

— हे भगवान्! क्या मैं तैयार नहीं लग रहा हूँ। हाँ, तुम्हारे सामने भला लग ही कैसे सकता हूँ?
— क्या कुरते-पाजामे में चलियेगा?
— क्यों? क्या यह भूषा नहीं है?
— यह तो मैंने नहीं कहा पर आपको कभी इसमें बाहर नहीं देखा।
— तो यह मेरी ही गलती होगी। दिल्ली में तो प्राय: पहनता रहा हूँ।
— इस पर सदरी तो पहनियेगा न?
— यह तो मैं भूल ही गया था। रुको, मैं अभी आया।

और महिम चला गया। गोपा, महिम का तथाकथित बगीचा देखने लगी।

जब महिम लौट आया तो वह बोली,

— कलाकार सदा एकपक्षीय ही होता है।

महिम सहसा नहीं समझा, बोला,

— यह क्यों कहा तुमने?
— इसलिए कि इतनी सारी जमीन होने पर भी इसे व्यवस्थित करने का आपको कभी ध्यान भी नहीं आया।
— गोपा! तुम्हें इस बारे में मेरा सिद्धान्त नहीं मालूम होगा कि लैण्ड इज द ईजल आफ नेचर एण्ड मैन हैज नो राइट टु डेबल इन इट।

दोनों हँस दिये। कार में बैठते हुए गोपा बोली,

— आप लोगों के पास अपनी गलत बात के लिए भी तर्क, विट, व्यंग्य सभी कुछ होता है।
— न हो तो लोग जीने दें?

महिम ने देखा कि वह तुष्टि के साथ मुस्करा रही है। महिम को गोपा के बैठने की मुद्रा से कितना राग लगने लगा कि गोपा कितने तोष के साथ कोई काम करती है चाहे वह बैठना-जैसा अमहत्त्वपूर्ण कार्य ही क्यों न हो। सम्भव है उस समय अन्तर में हाहाकार ही क्यों न हो पर उस हाहाकार की रंचमात्र भी भनक तक, न जल्दी चलकर, न चौंककर अभिव्यक्त हो सकती है। एक आलाप-सा सब सम्पन्न होता है। वह कहती भी है कि महिम बाबू! भीतर के जगत से किसी को क्या लेना-देना? और जब आप अपने अन्तर को लेकर स्वत: ही बने रहने के लिए बाध्य हैं तब क्यों किसी को उसमें झाँकने दिया जाये ? सामाजिकता को भी वह टेलकम पाउडर की ही भाँति अपने अंग, मुद्रा तथा व्यवहार पर धारती है पर उतनी ही मात्रा में कि गन्ध के भीने, हलकेपन की भाँति आभास दे; आक्रामक न लगे। आक्रामकता, चाहे वह गन्ध, राग, स्वर, रंग या शब्द किसी भी चीज की हो आपत्तिजनक होती है। इनका आभास ही सुहानापन उत्पन्न करता है। इसीलिए विकट-से-विकट परिस्थिति में भी गोपा न बोलकर मात्र मुसकराते हुए गन्ध वितरित करते उदार फूल की भाँति लगती है।

प्रदर्शनी होटल 'कार्लटन' के लाउञ्ज में आयोजित की गयी थी। लखनऊ के सांस्कृतिक जीवन में संगीत आयोजनों की तो अच्छी-खासी परम्परा थी। कत्थक के

भी घराने नवाब-युग के बाद अब आधुनिक परिस्थिति में नये रूप में अपने को अभिव्यक्त करने लगे थे। नवाब-युग की बारादरी में अब नये युग के अनुरूप संगीत-नृत्य के अनुष्ठान होने लगे थे पर चित्र-प्रदर्शनियों की अभी कोई परम्परा नहीं बन पायी थी। गवर्नर बटलर महोदय की कृपा से लखनऊ के राजधानी बन जाने के बाद इस प्रकार के आयोजन किसी भी प्रादेशिक राजधानी के लिए भी अनिवार्य हो जाते हैं। प्रशासक, जमींदार तथा रईस वर्ग इस प्रकार के सार्वजनिक आयोजनों के बिना सभ्य या उन्नत नहीं माना जाता अतः इस प्रकार के अनुष्ठान हुए नहीं कि लोग सांस्कृतिक सामाजिकता के भय के कारण एकत्र हो जाते हैं। एक-दो बार अवनीन्द्रनाथ ठाकुर, नन्दलाल वसु, शारदा चरण उकील या रामगोपाल के चित्रों को लेकर छोटे-मोटे प्रदर्शन हो गये थे अथवा सुधीर खास्तगीर या इस जैसे ही कुछ नवयुवक चित्रकारों की शौकिया प्रदर्शनी हो गयी हो लेकिन व्यवस्थित रूप से कोई परम्परा नहीं थी। कहने को लखनऊ आर्ट-गैलरी भी थी पर आर्ट-गैलरी की जो एक व्यवस्था, सुषमा तथा गरिमा हुआ करती है वह कुछ भी नहीं थी। व्यक्तिगत स्तर पर लोगों के यहाँ नवाब-सुलतानों या बेगमों की शबीहें, राजपूत-काँगड़ा शैली में नायक-नायिकाओं के शृङ्गार-चित्र तथा राग-रागिनियों के चित्र अवश्य उपलब्ध थे, पर ये सारे व्यक्तिगत एवं सार्वजनिक संकलन विकसित नहीं कहे जा सकते थे। रवि वर्मा के चित्रों ने अपने धार्मिक कथ्य के कारण थोड़ी सार्वजनीनता प्राप्त की हुई थी पर कुल मिलाकर यह विधा अभी उपेक्षित ही थी अतः जब 'कार्लटन' में पहली बार सुनियोजित चित्र-प्रदर्शनी आयोजित की गयी तथा दो दिन पूर्व से 'पायनियर' के कालमों में इस आयोजन की चर्चा उठायी गयी तो लखनऊ के लिए यह सब अप्रत्याशित था। श्रीमती लीला साहनी एवं गोपा ने जिस रूप में प्रेस के माध्यम से लोगों में इस विधा के प्रति जिज्ञासा जगायी, फलतः नौ बजते-बजते होटल के सामने के मैदान में यूकेलिप्टस के नीचे कारों, बग्घियों की अच्छी खासी भीड़ जमा हो गयी। लोग बरामदों में, ताड़ों के नीचे यहाँ-वहाँ प्रदर्शनी के उद्घाटन की प्रतीक्षा में घूम रहे थे। उत्सवों की प्रायः एक ही प्रकार की गन्ध एवं हँसी हुआ करती है, जो कि फरवरी की इस सुहानी सुबह में यहाँ भी उन्मुक्त देखी जा सकती थी। लोग फोटो खिंचाने की तैयारी से आये लग रहे थे।

जिस समय गोपा और महिम पहुँचे, लाउञ्ज के सामनेवाले बड़े-से बरामदे में तथा नीचे मैदान में खड़े हुए लोगों की दृष्टि उन दोनों की ओर उठ गयी। मनुष्य मात्र में एक अज्ञात चेतना-शक्ति होती है जिसके कारण कहीं सहसा पहुँच जाने पर यह पता लग जाता है कि लोग हमारे ही बारे में चर्चा कर रहे थे। वातावरण में एक ऐसी थरथराहट शेष हुई रहती है जिसकी प्रतीक्षा हमारी उस चेतना-शक्ति को ही जाती है। भले ही हम उसकी जिज्ञासा किसी से भी न करें पर हम उस बीत गये हुए प्रकम्पन को पकड़ पाते हैं। प्रायः ऐसे अवसरों पर लोगों की दृष्टियाँ बोलती-सी लगती हैं। हम किसी ओर न भी देखें पर हमें उस चर्चा का दबाव अपने पर अनुभव होता है। लोगों के मौन हो गये हुए ओंठों पर जैसे हमारा नाम

अभी भी चिपका-सा लगता है जिसे छुपाने के लिए कुछ लोग ओंठों पर जीभें फेरने लगते हैं अथवा महिलाएँ ओंठ काटती लगती हैं जैसे उन्हें भी यह अनुभव हो रहा हो कि हमारा नाम उनके ओंठों पर अभी भी चिपका हुआ है और हम कहीं देख न लें। ऐसी स्थिति प्रायः हास्यास्पद ही हुआ करती है।

महिम ने तो इस ओर विशेष ध्यान नहीं दिया पर गोपा को स्पष्ट लगा कि उन दोनों को देखकर उपस्थित पूरा समुदाय मन-प्राण से उन दोनों के बारे में चर्चा करते हुए चुप हुआ है तथा अब घूरने लगा है। उन्हें आया देख श्रीमती लीला साहनी उनकी ओर बढ़ीं। निकट पहुँच घड़ी देखते हुए बोलीं,

— रानी साहबा का अभी फोन आया था। कुछ देर हो गयी है। वह चल चुकी हैं।

गोपा ने भी घड़ी देखते हुए कहा,

— हाँ, पाँच-सात मिनट ऊपर हो रहे हैं।

उपरान्त उपस्थित भीड़ की ओर देखकर बोली,

— उपस्थिति तो खासी लगती है।

— आइ थिंक इट शुड बी ए ग्रैण्ड सक्सेस।

— श्रीमती लीला साहनी की बात पर हँसते हुए गोपा बोली,

भला श्रीमती साहनी खेलें और सेञ्चुरी न बनायें?...वो ऽऽ चाँदी की कैंची मिली कि नहीं?

— कसमण्डावालों के यहाँ मिली आखिर।

— आप अब एक परमानेण्ट बनवा ही लीजिये।

— ह्वाइ डोण्ट यू डोनेट?

अभी गोपा कुछ कहे तभी रानी साहबा जहाँगीराबाद की बड़ी-सी नयी 'हडसन' होटल के बाहरी फाटक के पास दिखलायी दी। श्रीमती लीला साहनी आगे बढ़ते हुए स्वतः से जैसे बोलीं,

— शी हैज कम।

उपस्थित समुदाय में परिचित 'हडसन' को देखकर जो एक आश्वस्तता आयी उससे स्पष्ट था कि लोग प्रतीक्षा करते तथा मौसम की चर्चा करते-करते थके नहीं तो उकता अवश्य गये थे। रानी साहबा के ए० डी० सी० ने मुस्तैदी से उनके लिए कार का पल्ला खोल दिया और वह एक हाथ से आदाब बजाते हुए मुस्कराते लोगों की ओर देख रही थीं। श्रीमती लीला साहनी ने बढ़कर उनका स्वागत किया तथा औपचारिक रूप से महिम का उनसे परिचय करवाया। वह महिम से बोलीं,

— मैं तो आपसे पहले भी मिल चुकी हूँ। याद है न आपको?

— जी हाँ। गोपाजी ने मिलवाया था।

— अब देखिये अगर मिसिस साहनी यह नुमाइश न करतीं तो भला आप हम सब लोगों को अपने फन की हवा भी न लगने देते।

— ऐसी तो कोई बात नहीं। आपने हुक्म ही नहीं किया।

— अरे साहब! फनकारों पर किसी का कोई बस नहीं। क्यों गोपाजी! मैं गलत कह रही हूँ?

रानी साहबा ने कुछ इस लहजे में वाक्यांश कहा जो कि कोई स्त्री किसी दूसरी से ही कह सकती है। प्रायः स्त्री, स्त्री के सामने निर्वसन होने में तनिक भी लज्जा अनुभव नहीं करती, ऐसी निर्वसनता मन की भी हो सकती है। रानी साहबा ने भी लगभग यही किया और गोपा स्वल्प-सी लजायी अवश्य पर किंचित् मुसकराकर रह गयी।

मैदान के क्वाड्रेंगल में कनात तनी थी। वहीं उद्घाटन-पूर्व का समारोह सम्पन्न होना था। मञ्च पर तीन कुर्सियाँ थीं। सामने लोगों के लिए भी कुछ कुर्सियाँ थीं। चूँकि यह आयोजन मात्र औपरचारिक होना था अतः यह संक्षिप्त ही रखा गया था। रानी साहबा आज की प्रमुख अतिथि एवं उद्घाटनकर्त्ता थीं तथा महिम आज का प्रमुख व्यक्ति। श्रीमती लीला साहनी ने संस्था तथा चित्रकार का संक्षिप्त परिचय दिया तथा रानी साहबा ने उद्घाटन के लिए प्रार्थना की। लोग अधिकांशतः खड़े ही रहे। काफी लोग पहले से ही लाउञ्ज के प्रमुख द्वार पर मौजूद थे।

रानी साहबा जहाँगीराबाद ने फीता काटकर तथा ताली बजाकर प्रदर्शनी का उद्घाटन किया। द्वार पर चित्रों से सम्बन्धित ब्रोशो बिक रहा था। चारों ओर वातावरण में गरम कपड़ों, लेवेण्डरों तथा इत्रों की सुगन्ध से उत्सवता मुखरित लग रही थी। अब उस प्रशस्त लाउञ्ज में दो-दो, चार-चार के झुण्ड में लोग चित्र देख रहे थे। रानी साहबा जहाँगीराबाद के साथ महिम, गोपा और श्रीमती लीला साहनी थीं। जब-तब रानी साहबा किसी चित्र के सामने रुक जातीं और ब्रोशो में से उस चित्र के बारे में पढ़कर फिर देखने लगतीं। एक चक्कर लगा चुकने के बाद बीच में रखे एक सोफा पर वह बैठ गयीं। उपरान्त बोलीं,

— मिसिस साहनी आपका ब्रोशो बहुत ही काम का है।

— कैसे?

— आपने हर चित्र की खूबी को इसमें बताया है जिससे देखनेवाले को बड़ी मदद मिलती है। अभी हमारे मुल्क में तो कुछ है ही नहीं मगर पिछले साल जब मैंने पेरिस-लन्दन में ऐसी नुमाइशें देखीं तब मुझे लगा कि हम लोग कितने पीछे हैं। मिसिस साहनी! यह नुमाइश लगवाकर आपने बहुत अच्छा काम किया है।

रानी साहबा जहाँगीराबाद अपने फालसई रेशमी कुरते तथा गरारे में गौरवपूर्ण तो लग ही रही थीं पर वस्त्रों का यह रंग उनकी त्वचा के साथ मिलकर एक कोमल झाँईं दे रहा था। कानों के बड़े-से लटकते अलंकार उनके गले के आभूषण के साथ मिलकर उनके सुन्दर एवं भावना प्रधान मुख को ओस मण्डित फूल की संज्ञा दे रहे थे। उनके मुख पर वैसे तो प्रमुख रूप से राजसी वैभव ही अधिक था पर उसमें उद्दीप्तता सहज नारी की भी थी अतः उस मुख का सान्निध्य प्रीतिकर हो सकता था।

उन्होंने पूछा,

— मिसिस साहनी! आपने यह कहीं नहीं मेन्शन किया कि चित्र बिकने के लिए भी है।

— रानी साहबा! महिम बाबू का आग्रह था कि वह अपने चित्र नहीं बेचेंगे।

रानी साहबा ने हँसते हुए महिम की ओर देखते हुए कहा,

— तब आपने ललचाने के लिए यह नुमाइश क्यों की साहब?

महिम ने तत्काल उत्तर दिया,

— जब कलाकार अपने चारों ओर यही देखता है तो वही क्यों न करे?

एक क्षण को तो किसी की समझ में नहीं आया कि महिम क्या व्यंग्य कर गया पर दूसरे ही क्षण यह छोटा-सा समुदाय खिलखिलाकर हँस पड़ा। रानी साहबा बोलीं,

— क्या बात पैदा की आपने भी। आप तो खासे इण्टरेस्टिंग आदमी भी हैं।

और महिम ने देखा कि वास्तविक की स्त्री किस प्रकार ओढ़े हुए लबादों के भीतर से झाँकने लगती है। इस बीच श्रीमती लीला साहनी तथा गोपा दोनों उठकर चली गयी थीं। वैसे तो ब्रोशों में प्रत्येक चित्र के वर्ण्य-विषय, अपेक्षित प्रभाव, प्रयुक्त प्रतीकों तथा रंगों के संयोजनों के बारे में आवश्यक सूचनाएँ दे दी गयी थीं फिर भी लोगों की सुविधा के लिए गाइड के रूप में पाँच-छह लड़कियाँ थीं। श्रीमती लीला साहनी और गोपा दूर कोने में फ्रेमवालों से बातें कर रही थीं। इस बीच महिम का परिचय ढेरों सेक्रेटरियों, जमींदारों, रईसों तथा उच्चवर्गीय महिलाओं से हो चुका था। प्राय: इस प्रकार के परिचय नितान्त व्यर्थ या हास्यास्पद ही नहीं होते पर किसी सीमा तक मूर्खतापूर्ण भी होते हैं। ऐसे परिचयों से उस केन्द्रीय व्यक्ति को कोई लाभ नहीं होता बल्कि उसकी स्थिति उस पुरातत्त्ववाले स्थान की-सी हो जाती है जिसकी बूढ़ी, काई खायी दीवारों पर लोग कोयले से, ईंटे से, ठीकरे से अपना-अपना नाम यों ही गोड़ जाते हैं। अब बेचारा यह स्मारक क्या जान सकता है कि यह लालमणि तिवारी या पद्मनारायण सिंह किस मर्ज की दवा हैं। पर अनेक प्रकार की सामाजिक मूर्खताओं की भाँति यह भी एक आवश्यक मूर्ख-परम्परा है ही और हम सब उसका पालन करने के लिए बाध्य हैं।

श्रीमती साहनी तथा गोपा के साथ एक व्यक्ति और था, जिसे वह नहीं जानता था। आते ही गोपा ने परिचय करवाया,

— महिम बाबू! आप श्री साहनी सचिव, होम सेक्रेटरी तथा श्रीमती साहनी के...

और वाक्य पूरा न कर वह मात्र हँस दी। बात स्पष्ट हो गयी। श्रीमती लोला साहनी का मुख किंचित् लला उठा। श्री साहनी ने महिम से कहा,

— मेरा ख्याल है प्रदर्शनी में आये लोगों से मिलकर आपको खुशी हुई होगी।

— मुझे तो होनी ही थी। मैं नहीं जानता कि मैंने तथा इस प्रदर्शनी ने उन्हें कितना तुष्ट किया।

— भला जिस प्रदर्शनी की संरक्षिका रानी साहबा जहाँगीराबाद हों उससे कोई असन्तुष्ट हो सकता है?

और श्री साहनी ने रानी साहबा की ओर देखा। वह हँसते हुए बोलीं,

— अगर चित्र अच्छे न हों तो बेचारा पेट्रन क्या कर लेगा? मुझे तो महिम साहब के चित्र बहुत ही आर्टिस्टिक लगे। आपको कैसे लगे साहनी साहब? आप तो आर्ट-क्रिटिक भी ठहरे।

मैं भी चित्रों के बारे में आपसे सहमत हूँ रानी साहबा! —किसी दिन महिम बाबू! आप तशरीफ लायें। आपके बारे में काफी सुना, कभी बातचीत का सौभाग्य नहीं मिला।

अभी महिम कुछ कहे इसके पूर्व ही रानी साहबा जहाँगीराबाद बोलीं,

— अगर आप लोगों को एतराज न हों तो परसों शाम आप सब लोग डिनर हमारे ही साथ लें।

— भला इससे अच्छी बात और क्या हो सकती है, क्यों महिम बाबू?

— जी हाँ, इसमें किसी को क्या आपत्ति हो सकती है?

महिम कहकर श्रीमती लीला साहनी को बगल में बैठी गोपा की ओर देखने लगा, इस पर रानी साहबा हँसते हुए बोलीं,

— गोपाजी! महिम साहब आज जो कुछ बोलेंगे वह सब आप प्रेस में नहीं देंगी, इसका एश्योरेन्स इन्हें दे दीजिये।

सब हँस दिये। रानी साहबा उठते हुए बोलीं,

— अच्छा गोपाजी! महिम बाबू को लाने का भार आप पर है।

— आप चिन्ता न करें।

— अच्छा।

और रानी साहबा सबको आदाब करते हुए वापस अपने उसी गौरवपूर्ण ढंग से लौटने लगीं। गोपा और महिम लौटने को हुए तो श्री एवं श्रीमती साहनी ने भी कहा कि वे लोग भी अब चलेंगे।

पार्टी से लौटते समय रास्ते भर कार में महिम और गोपा चुप बने रहे। दोनों अपनी-अपनी ओर के शीशों से गुजरते दृश्य, सूनी सड़कें, पेट्रोल पम्प, निरीह बड़े-बड़े, उदास खड़े पोस्टर देखते रहे। पेड़ों के बीच से गुजरती सड़कें देखकर महिम को गवर्नरों और वाइसरायों की यात्रा याद आने लगी और वह हँस दिया। उन दिनों जब कभी ये महामहिम लोग यात्रा किया करते थे तब प्रत्येक तार के खम्भे के पास उलटे मुँह कर रात में एक-एक मशालची खड़ा रहता था। मौन खड़े पेड़ों, बत्तियों और निर्जन सड़कों को देखकर उसे भी लगा कि जैसे वह भी कोई ऐसी ही महामहिमवाली यात्रा कर रहा है। उसे हँसते देख गोपा ने उसे एक बार देखा अवश्य था पर वह कुछ बोली नहीं थी। आधी रात जा चुकने के बिन्दु पर थी। रात का जाना भी धूप की भाँति अनुभव किया जा सकता है। इसमें अन्तर केवल यही होता है कि धूप धरती पर सरकती होती है तथा अँधेरा आकाश में सरकता होता है। अँधेरे के साथ-साथ तारों का एक क्षितिज से दूसरे क्षितिज तक बीतना सदा उसे बड़ा रोमांचकारी लगता रहा है। उसने अनेक बार पश्चिम में गये प्रकाश को पूर्व में उगते हुए उसकी सारी रात्रिकालीन प्रक्रिया में देखा है। इस प्रकार मौन बने रहकर आकाश में अँधेरा घूरते रहना उसे किसी षड्यन्त्र को नजदीक में देखने की भाँति लगता रहा है। धूप और प्रकाश की भाषा उसे रामायण की स्पष्ट, खुली रचना की भाँति लगती है। जहाँ सब-कुछ व्यवस्थित, पकड़ सकने की सीमा में लगता है पर रात्रि की यात्रा तथा उसका अस्तित्व उसे महाभारत की ही भाँति अगम्य तथा मानवेतर लगते रहे हैं। रामायण और महाभारत के बारे में उसे सदा ऐसा लगा है कि एक आदर्श है तथा दूसरा यथार्थ है। रामायण मानव के लिए लिखी गयी है जबकि महाभारत मानव पर लिखी गयी है, इसलिए रामायण में पवित्रता लगती है जबकि महाभारत में केवल शक्ति, वैराट्य, अन्धी खोहों से भरा निमन्त्रण देता प्रशान्त महासागर लगता है। रामायण की हम पूजा करने के लिए बाध्य हैं पर महाभारत तो हममें अहोरात्र घटित होता है इसलिए रामायण दैवी है तथा महाभारत मानवीय है।

वह न जाने कहाँ खो गया था। जब उसे चेत हुआ तो कार मंकी-ब्रिज पार कर मोड़ ले रही थी। वह कहना चाहता रहा कि गोपा उसे यहीं छोड़ दे वह चला जायेगा पर वह ऐसा कुछ कह न सका। पार्टी में ही उसे लग गया था कि गोपा को उसका ऐसा तथा इतना पीना नहीं सुहाया। यद्यपि प्रकट में कहीं कुछ भी नहीं स्पष्ट होने दिया गोपा ने; पर प्रायः हम देखते हैं कि हमें इस प्रकार का बोध छठी इन्द्रिय

के द्वारा हो जाया करता है। पर वह क्या करता? शराब का स्वर्ण रंग उसे सदा मोहता है। पतले शीशे के पैग में कम्पनहीन स्वर्णिमता जब उसके सामने होती है तब उसे प्राय: ऐसा लगता है जैसे एक साथ संगीत के अकेले गान्धार को, चित्र के अधरोष्ठ को, गालों में धँसती हुई कोमलतम रेखा के अन्तिम डूबने को वह पी रहा है। मादक स्वर्णिमता आपके दाँतों को चमकाती हुई, उनमें एक मादक ठण्ढापन छोड़ती हुई आपमें कैसे शान्त भाव से विलीन हो जाती है। यदि शराब में यह विशेषता न होती तो उसे पी सकना कठिन होता। कैसे एक नि:शब्द पाखी आकाश में तैरकर अनजान में चला जाता है। शेष उसकी कोई प्रतीति कभी नहीं होती, बस इसी प्रकार वह पीते हुए अनुभव करता है। शराब, एक क्रिया है, उसे वह उस समय किसी विशेषण से कभी नहीं जोड़ता। वह क्रिया तो बस आपमें घटित होती है। यद्यपि रानी साहबा, लीला साहनी आदि लोगों ने आग्रह न किया होता तो वह इतनी अधिक नहीं पीता। वैसे वह प्राय: संयम से पीता रहा है पर आज उसे तैरने तथा उड़ने की एक साथ विपरीत इच्छा हो रही थी। उसके कानों में उत्सव अनेक स्वरों में, टुकड़ों में बज रहा था। खिलखिलाती स्त्रियाँ उसे शाम के समय की झरबेरी की याद करा रही थीं जिस पर कि ढेर-सी गौरैयाँ चहचहाती होती हैं। स्त्रियों के मादक नयन उसकी आँखों में बारम्बार खुले पड़ रहे थे। उन नयनों के पीछे से शरबती आभावाला स्त्रीत्व—चिक के पीछे से हठात् दिख पड़ जानेवाली गौर देह की भाँति उसकी आँखों में खुला पड़ रहा था। शराब भीगे, हँसते दाँत उसमें घिरे पड़ रहे थे। उसे लग रहा था जैसे गरारे और साड़ियाँ, उनकी देहों की गन्ध उसके मन में सदा के लिए भर गयी हैं। इसीलिए इस प्रकार के उत्सव समाप्त नहीं होते, सम्पन्न होते हैं। गोपा उसे उसके ड्राइंग-रूम तक छोड़कर चलने को हुई तो महिम अपना कोट फेंक टाई की गाँठ ढीली करता बोला,

— डोण्ट डेसर्ट मी लाइक दिस माइ डियर!

गोपा कुछ बोली नहीं। वह चुपचाप सोफे पर बैठ गयी।

— ह्वाट डू यू थिंक एबाउट दिस पार्टी गोपा?

महिम जूते खोलकर मोजे निकालते बोला।

— मैं समझती हूँ कि रात काफी बीत गयी है।

और वह अपनी घड़ी देखने लगी। लगभग साढ़े बारह हो रहा था।

— जो बीतना चाहता है उसे बीत जान जाने दो गोपा! यही सृष्टि का नियम है। और फिर किसी का बीतना हम कैसे रोक सकते हैं? जीवन बड़ा निर्मम होता है।

महिम, गोपा के कन्धे पर हाथ धरकर खड़ा था वह बोली,

— अच्छा, तो मैं अब चलूँगी, बहुत देर हो गयी।

महिम ने उसे कन्धे से दाबकर फिर बैठाल दिया तथा सिगरेट सुलगाते हुए बोला,

— गोपा! कल तुम्हारा जन्मदिन है...एक वर्ष बीत गया न?

और वह खिड़की के पास जाकर धुआँ छोड़ कुछ देर तक देखता रहा, उपरान्त बोला,

— ओह गोपा क्या! तुम कभी भी जान सकोगी कि इस एक वर्ष में तुम मेरे कितने निकट आ गयी हो?

खिड़की की चौखट पर एक पैर रख, पल्ले से पीठ टिका वह फिर बोला,

— पता नहीं कब से कहना चाहता रहा हूँ गोपा! कि मैं तुमसे प्रेम करता हूँ ...पर नहीं जानता कि कभी तुम्हें इसका विश्वास भी हो सकेगा।

गोपा निष्पलक, एक फूल की भाँति निस्तब्ध मौन महिम को घूरती बैठी थी। खिड़कियों के खुलेपन से बाहर की अँधेरी रात अपने सन्नाटे के साथ, कमरे के प्रकाश के कारण चौखट पर ही ठहरी हुई लग रही थी। इस वेला निश्चय ही गोपा के पास न केवल शब्द, भाव ही नहीं थे बल्कि जैसे सोचना भी वह नहीं कर रही थी। वह अपने पूरे व्यक्तित्व से ऐसे लग रही थी जैसे वह कोई उतरा हुआ मुख हो। उसे अपने भीतर ही बहुत भारी-भारीपन-सा लग रहा था। जब कभी वह बीमार पड़ती रही है तब प्रायः ऐसा ही उसे लगता रहा है। वह अपने बारे में अवश्य सोचती पर महिम उसे इसका अवसर ही नहीं दे रहा था। वह बोलता ही जा रहा था,

— गोपा! मैं तुम्हें आकण्ठ सज्जित देखना चाहता हूँ...जैसे कदम्ब होता है न, बस वैसे ही...लेकिन नहीं...मैं तुम्हें उस रूप में या उतना सज्जित नहीं देख सकता...मैं तुम्हें...तुम्हें...तुम्हारे बिलकुल नैसर्गिक रूप में देखना चाहता हूँ...मेरा मतलब तुम जिस तरह अपने को देखती होगी न बस...वैसे ही...मेरा मतलब यह गोपा! कि तुम्हारे और अपने बीच मैं अब न कोई परिधान, व्यक्ति, तर्क, संशय कुछ भी नहीं चाहता...केवल तुम और मैं...हाँ, बस; लेट देम सी अस टुगेदर!!

महिम ने अपनी सिगरेट जूते से मसल दी तथा पास आकर गोपा के पास बैठ गया। गोपा का एक हाथ अपने हाथों में लेकर सहलाने लगा। कितना अजीब है न कि इस संसार में सब-कुछ बीत जाता है, विस्मृत हो जाता है पर इस प्रकार किसी का भी हाथ यदि इस प्रकार हमारे हाथों में होता है तो हम उसे कभी नहीं भूल पाते। भले ही समय के, काल के कितने ही अकल्पनीय छोर पर हम क्यों न पहुँच जायें पर उस क्षण भोगा गया वह हाथ हमारे हाथों में दबकर क्या कुछ ऐसी ही हमें प्रतीति नहीं देता है कि जैसे किसी समयातीत अतीत में दो चट्टानों में कोई पाँखुरी दब गयी और करोड़ों वर्ष बाद की खुदाई में भी पाँखुरी भी भले ही फासिल बन गयी हो पर वह वहाँ उसी मुद्रा में होती है? इसी प्रकार यदि मानव-मन की खुदाई हो तो ऐसे अनेक फासिल मिल जा सकते हैं।

महिम उस हाथ को भोगते हुए बोला,

— बोलो, कुछ भी बोलो गोपा! तुम्हारे बोलने से...यह जो चारों ओर एक सन्नाटा, एक मौन का जो अँधेरा है न उसमें एक प्रकाश होगा। मनुष्य के बोलने मात्र

से अँधेरे की सत्ता दूर भागती है। तुम नहीं जानती जिस दिन भी मनुष्य बोलना छोड़ देता है उस दिन यह बर्बर अँधेरा कितना प्रसन्न होता है। ऐसा अँधेरा कब्रों में, श्मशानों में; पारसियों के मृत्यु-कूपों पर अट्टहास करने लगता है।...मनुष्य की शक्ति उसका बोलना ही है गोपा। ...मनुष्य के भीतर देवता है उसका प्रमाण बोलने से ही लगता है।...मेरे चारों ओर, तुम नहीं सुन पा रही होगी, पर मेरे चारों ओर लीला साहनी, रानी साहबा और उन सारी औरतों की हँसियाँ घूम रही हैं। मुझे उन हँसियों की आँखों में चलता हुआ कोई गुप्त व्यापार दिखलायी देता है...मैं इस मायाजाल को, इन्द्रजाल को काट फेंकना चाहता हूँ...मैं यह स्पष्ट कर देना चाहता हूँ कि मेरे निकट केवल गोपा है...लेकिन तुम कुछ बोल क्यों नहीं रही हो?

गोपा ने लगभग झटके से अपना हाथ छुड़ाया और बोलने की चेष्टा करते हुए कहा,

— आपको इतनी ज्यादा नहीं पीनी चाहिए थी।

— क्यों नहीं पीनी चाहिए थी?

और वह आवेश में उठकर कमरे में चक्कर लगाने लगा। सामने के सोफे पर झुकते हुए वह बोला।

— पीने का कोई अर्थ, सार्थकता मेरे लिये नहीं है गोपा! वस्तुत: गत एक वर्ष में जिस मन:स्थिति से गुजरा हूँ वहाँ अब पीने का अर्थ ही नहीं रह गया है। क्योंकि यदि पीने का कोई अर्थ महिम के लिए होता तो इन सुन्दर देहोंवाली स्त्रियों का भी अर्थ होता...पर मेरे निकट, सच ही इनकी कोई संज्ञा नहीं...अब केवल इतना ही सच है कि गोपा! अब मैं तुम्हारे बिना नहीं रह सकता...पता नहीं, इतनी सादी-सी बात की अभिव्यक्ति तुम्हारे निकट कुछ होती भी है कि नहीं। जबकि मैं स्पष्टत: यह करना चाहता हूँ कि तुम मेरी पत्नी बनकर मेरे पार्श्व में खड़ी हो जाओ।... देखती हो न इस तरह के उत्सवों, पार्टियों में रूज लगे हुए, चालाक आँखोंवाले, सायास हँसीवाले सुन्दर मुख आपके चारों ओर कैसा बारीक, महीन षड्यन्त्र बुनते हैं। ये लोग संसार में किसी से सहानुभूति नहीं रख सकते। अपनी मूर्खता में दे कैन टालरेट माई आर्ट बट बिल हैव ए कोल्ड एण्ड कावर्डिस डिस्पाइस फार द आर्टिस्ट..ये सब सुगन्धित दुर्गन्धमात्र हैं। मैं इन्हें घृणा करता हूँ...आज मैं इनकी आँखों में पढ़ रहा था कि ये लोग मुझे अपने वर्ग में इम्पोस्टर समझ रहे थे...ए ट्रेसपासर!! यस, आइ एम ए ट्रेसपासर फार रेडलाइट एरिया—स्वाइन!!

और गोपा ने देखा कि महिम अब पूरी तरह से अपना आपा खो चुका है। उसने उसे बिस्तरे तक पहुँचने में सहायता दी। वह बड़बड़ाता जा रहा था।

— मैं किसी की परवाह नहीं करता..ह्वाट डू यू थिंक आफ यूवरसेल्फ??...लेकिन गोपा!...तुम इन सबसे परे हो...यस, आई केयर फार यू!!

— और गोपा आगे कुछ भी सुने बिना लौट गयी।

सवेरे बड़ी देर में जागा। बल्कि कहना चाहिए कि रामलाल ने जगाया। बेचारा रामलाल कई बार देख गया था कि साहब आज जागने का नाम ही नहीं ले रहे थे। कल की शाम, पार्टी तथा घर लौटने के बाद के सारे सूत्रों को वह चाय पीते हुए पकड़ने की चेष्टा में था। पहले उसका कार्यक्रम था कि आज के दिन सवेरे-सवेरे गोपा के यहाँ जायेगा तथा उसे बधाई देकर उसे सबसे पहले मोतियों की माला का उपहार देगा। कितनी कठिनाई से वह इतने बड़े मोतियों की माला प्राप्त कर सका था। यद्यपि वह कान के लिए भी इन्हीं मोतियों का आभूषण चाहता था पर सम्भव न हो सका था। पर अब तो सारा कार्यक्रम ही चौपट हो गया था। इस बार गोपा के जन्मदिन का उत्सव ही नहीं होना था। वैसे यदि वह जल्द तैयार हो जाता तो भी जा सकता था पर अभी तो वह पूरी तरह जागा भी नहीं है। कहना चाहिए कि बिस्तरा छोड़ा है, जागा नहीं है।

महिम के दिमाग में ढेर-सारी अधूरी बातें चल रही थीं। कल की पार्टी की याद आते ही उसे लगा कि उसका मन कड़ुवाहट से भर गया है। वैसे कल के आयोजन में स्पष्टत: या घोषित रूप से तो ऐसी कोई बात नहीं हुई थी जिसे वह बता सकता था पर कुल मिलाकर उसे यही लगा एक चित्रकार होना स्वयं में कोई ऐसी बड़ी सामाजिकता या स्थायी सामाजिकता नहीं है। माना इस सामाजिकता के आधार पर वह एकाध आयोजन तक तो प्रविष्ट हो सकता है पर इसके आगे वह या उसकी कला कोई अर्थ नहीं रखते। कल की पार्टी में तो कुछ देर बाद ही उसे लगा कि वह निमित्त भर भी नहीं है बल्कि बड़े ही शालीन औपचारिक ढंग से कुछ देर के बाद वह उपेक्षित-जैसा हो गया था अत: वह इस विषमता को भूलने के लिए ही कुछ अधिक ही पी गया था। गोपा प्राय: इस प्रकार के सामाजिक अवसरों पर उसे अपने से असम्बन्धित कर देती रही है।

उसे याद आया कि घर लौटने पर उसने गोपा से न जाने क्या-क्या सम्भवत: बहुत-कुछ कह डाला था? यद्यपि वह उस समय खासे नशे में था। वह बारम्बार वर्तमान तथा अतीत में एक साथ देख रहा था, उनसे एक साथ बातें कर रहा था। बीती हुई पार्टी तथा उपस्थित गोपा के बीच वह अभिव्यक्ति के सेतु रचने की टूटी-फूटी जितनी चेष्टा करता रहा था उतने ही वे सेतु टूट-टूट जा रहे थे। सामने बैठी हुई गोपा कैसी जलडूबी प्रतिमा-सी लग रही थी। जैसे जलडूबेपन में रानी साहबा की वह पार्टी, टुकड़ों में उसे स्मरण होती रही थी और वह इस ताजे विगत तथा मौजूद वर्तमान को सम्बोधित करने की चेष्टा करता रहा था। कर सका कि नहीं, वह नहीं जानता। वह उस क्षण गोपा को अपने से सटा लेने के लिए इतना आकुल था कि यदि उसने अपने विवेक पर संयम न रखा होता तो पता नहीं वह

क्या कर बैठता। पार्टी में हुए आहत व्यक्तित्व को वह किस प्रकार संयोजित करे, नहीं समझ पा रहा था। वह बारम्बार इस बात के लिए बेचैन था कि गोपा क्यों नहीं उसकी बातों में सहयोग कर रही है। वह उस क्षण भी इस बात के प्रति जागरूक था कि गोपा के सन्दर्भ तथा सम्बन्ध में उसे किसी प्रकार की भी कोई जल्दबाजी नहीं करनी है अन्यथा गोपा को वह सदा के लिए खो दे सकता है। फिर भी वह बहुत व्याकुल था। अपने और गोपा के बीच अब वह किसी व्यवधान को नहीं देख सकता था। इसीलिए वह बहुत-कुछ स्पष्ट शब्दों में कह गया था कि जब वह गोपा के बिना नहीं रह सकता है। इस समय उसे कितना आश्चर्य हो रहा था कि वह किस प्रकार गोपा को इतने स्पष्ट रूप से पत्नी बन जाने के लिए कह सका था। यह नहीं कि वह ऐसा कह नहीं सकता था या कहना अनुचित था पर फिर भी एक स्थिति ऐसी भी तो होती है कि जब बिलकुल सही बात भी नहीं कही जा सकती है भले ही अनुभव कर ली जाये।

वह सब सोचकर अब उसे खासी उलझन हो रही थी कि पता नहीं इस प्रकार की विषम मन:स्थिति में अनुत्तरदायी ढंग से प्रस्ताव रखकर ठीक किया कि नहीं। पता नहीं गोपा ने इस सब को किस रूप में लिया होगा। वह चाहने लगा कि या तो इस समय गोपा ही किसी प्रकार आ जाये अथवा उसका ही कोई सन्देश आ जाये। वह गोपा से मिलने के लिए आतुर हो उठा।

और जिस समय वह गोपा के घर के लिए तैयार हो रहा था तभी उसे रामलाल ने सूचना दी कि श्रीमती लीला साहनी उसकी प्रतीक्षा करती बैठी हैं। उसे पता नहीं क्यों बहुत अच्छा नहीं लगा।

वह तैयार होकर ड्राइंगरूम में पहुँचा। औपचारिक मुस्कराते हुए नमस्कार किया। श्रीमती लीला साहनी बोलीं,

— शायद आप कहीं बाहर जाने की तैयारी में हैं।

— ऐसी तो कोई खास बात नहीं है।...कहिये।

— कुछ नहीं। इधर से पास हो रही थी तो सोचा कि आर्टिस्ट महोदय के हालचाल पूछती जाऊँ।

और महिम ने देखा कि इस समय लीलाजी आज तक जितनी बार देखी गयी उसमें सबसे कम शृङ्गारित एवं प्रसाधनित थीं पर पहली बार उसे वह प्रिय लगीं। एकदम सादा परिवेश, चप्पलें तथा जूड़ा। लगता है कि अपने ड्राइंगरूम या लान पर सवेरे-सवेरे टहलते हुए यों ही विचार आया और कार में निकल पड़ीं। महिम के ओंठों पर एक बात आती रही कि वह कहे कि लीलाजी! इस समय आप बहुत अच्छी लग रही हैं! पर वह कह नहीं सका।

लीलाजी बोलीं,

— देखिये मेरे कारण आपका प्रोग्राम डिस्टर्ब नहीं होना चाहिए। मैं तो एक 'फ्लावर-शो' के सिलसिले में 'कालविन कालेज' के प्रिन्सिपल के यहाँ गयी थी। ही हैज गाट लवली रोसेज।

— आपके साथ भी एक-न-एक आयोजन लगा ही रहता है।

— कहाँ, इस साल हम लोग म्यूजिक-कान्फ्रेन्स कर ही नहीं पाये। फैयाज खाँ साहब, अलाउद्दीन खाँ साहब दोनों ही बीमार पड़े थे उन दिनों इसलिए हो नहीं सका। वैसे लखनऊ में अभी कोई खास बात नहीं है। जब हम दिल्ली में थे देन द थिंग्स वेयर वेरी डिफरेण्ट। असल में रूसी उपन्यासों में जिसे प्राविन्शियल-टाउन कहकर चित्रित किया जाता है वैसा ही यह लखनऊ है। देअर इज हार्डली एनी सोशल लाइफ हियर।..अच्छा यह बताइये किस दिन आप अपनी सारी पेण्टिंग्स दिखायेंगे?...क्या इसके लिए भी गोपाजी से आपको पूछना होगा?

और वह खिलखिला पड़ीं। पहले तो महिम की समझ में कुछ नहीं आया पर बाद में वह थोड़ा झेंप गया, बोला,

— यह आप गोपाजी को बीच में कहाँ से ले आयीं?

— लोगों का तो यही ख्याल है...अच्छा, खैर छोड़िये। आपको किधर जाना है, चलिये आपको ड्राप कर दूँगी।

— सच ही कहीं विशेष नहीं जाना था।

— तो फिर चलिये, बनारसीबाग ही चलिये। वहाँ मुझे थोड़ा-सा काम भी है।.... अगर आपको असुविधा न हो तो आप लंच हमारे साथ ही लें।

— देखिये आप तो खासा लालच दिला रही हैं।

अभी महिम अपनी बात पर हँसने ही जा रहा था कि लीला साहनी ने कहा,

— डिड आई?

और वह जिस उन्मुक्त भाव से हँसी उससें महिम को लगा कि लीलाजी किसी भी और कितने ही जल में न केवल प्रविष्ट ही हो सकती हैं बल्कि सन्तरित भी हो सकती हैं।

और बड़ी ही अनिर्णीत मन:स्थिति में महिम उठा।

फरवरी की धूप में हलकी तेजी थी। ड्राइव करते हुए लीला साहनी का प्रोफाइल महिम को बहुत आकर्षक लगा। बहुत कम मुख ऐसे होते हैं जो सामने तथा पार्श्व से, निर्मिति की दृष्टि से, सन्तुलित हों। प्राय: नाक की बनावट इस प्रकार के सन्तुलन में प्रमुख हुआ करती है। महिम को कश्मीरी महिलाओं की नासिका से काफी परेशानी होती रही है। नाक का लम्बापन ठीक है पर नारी-मुख पर पुरुष की लम्बी नाक का प्रयोजन उसे कभी समझ में नहीं आता। अत: अधिकांश कश्मीरी स्त्रियाँ सुन्दर होते-होते रह जाती हैं। जबकि लीला साहनी की आनुपातिक नाक, प्रोफाइल में और भी अधिक मुखर हो आयी थी।

वे लोग हजरतगंज में प्रविष्ट हो रहे थे। बड़े पोस्ट-आफिस का घण्टाघर आकाश में खिंच आया था। सिलेटी रंग की इमारत आकाश की निरभ्रता में खिल

आयी थी। इमारत कुछ निचाई पर थी। बाहर के दोनों बड़े फाटक सड़क पर उभरे खड़े थे। सघन पेड़ों का छतनारापन उस इमारत को स्पष्ट ही मोहकता दे रहा था।

महिम ने पूछा,

— आप किस आर्ट में विशेष रुचि रखती हैं?

— आइ एम लवर आफ आर्ट इन जनरल।

— लवर?? यह कैसे हो सकता है?

और हँसते हुए महिम ने 'लवर' शब्द पर श्रीमती लीला साहनी के सन्दर्भ में जो रेखांकन किया उस पर लीला साहनी को हँसी आ गयी। वह यथावत् ड्राइव करती हुई बोलीं,

— आप खासे इण्टरेस्टिंग व्यक्ति हैं।

महिम जानता है कि इस तरह के रिमार्क किये ही इसलिए जाते हैं कि उनका उलटकर जवाब दिया जाये, पर महिम प्रायः इस प्रकार की स्थितियों से बचता रहा है। यह उसे एक प्रकार का फ्लेंटशन लगता है और उसमें उसकी कोई रुचि नहीं रही है।

— मैं देखती हूँ आपको फूलों से कोई शौक नहीं है।

— नहीं तो!

— और नहीं तो क्या। आपके पास इतनी सारी जमीन खाली पड़ी है। आप किसी माली से कहिये वह सब ठीक कर देगा।

और वे लोग बनारसीबाग में प्रवेश कर रहे थे। सड़क के दाहिने ओर लानों का विस्तार फैला था। दूर छोर पर कद्दावर पेड़ों की सघनता आकाश सम्हाले हुए थी। कहीं से मोर के बोलने की आवाज आ रही थी। बायें हाथ कटघरों में अनेक पशु या तो बैठे हुए थे। बीच के मैदान में पेड़ों के नीचे ले जाकर लीला साहनी ने कार रोकी और बोलीं,

— बस, एक मिनिट में आती हूँ।

महिम कार में ही बैठा रहा । कहीं पर चिम्पेञ्जी तथा कुछ बन्दर भी बोलते सुनायी पड़ रहे थे। सामने खिला पीला केना पेड़ों की सघन छाया में खूब भला लग रहा था। कार में बैठे हुए महिम को यहाँ बड़ी आकर्षक आरण्यकता लग रही थी। उसे लगा कि वह यहाँ गोपा के साथ अवश्य आयेगा। गोपा का स्मरण आते ही वह थोड़ी असुविधा अनुभव करने लगा। कहाँ वह गोपा के यहाँ जानेवाला था और कहाँ वह लीला साहनी के साथ इस समय घूम रहा है। वह कुछ उदास हो गया। सामने से लीला साहनी आ रही थीं। उनके साथ कोई आदमी था जिससे वह बातें करती आ रही थीं; अपनी पतली चप्पलों में लीला, बनारसीबाग की प्रशस्त हरी आरण्यकता में एक चित्र का विषय लग रही थीं।

कार में बैठते हुए वह उस आदमी से बोलीं,

— मांगलिक साहब से कह दीजियेगा कि हम आये थे।

— जी साब!

— और वो हमें जो गुलाब की वेराइटी के लिए कहा था वह भी पहुँचवा दें।

और उन्होंने जवाब की चिन्ता किये बगैर कार स्टार्ट कर दी। बनारसीबाग का लम्बा-सा चक्कर लेने के लिए चौराहे पर दाहिने हाथ मुड़ने के स्थान पर सीधे बढ़ गयीं। वह बोलीं,

— आप कुछ गम्भीर लग रहे हैं।

— नहीं तो।

— मैं समझती हूँ कि आज लंच जल्द लेकर मुझे और भी कई जगह जाना होगा।

— देखिये, आप लंच के लिए बिलकुल परेशान न हों। मुझे आप यहीं कहीं ड्राप कर दें।

— यू आर ए बिट डिस्टर्ब्ड, व्हाई सो?

— नहीं, बस ऐसे ही। आप चिन्ता न करें, मैं किसी दूसरे दिन आकर लंच ले लूँगा।

— यू आर श्युअर?

— बिलकुल।

— अच्छा, तो मैं आपको गंज में ड्राप कर देती हूँ पर आशा है आप इस समय मेरी जल्दबाजी का और कुछ मतलब नहीं लेंगे।

— आप व्यर्थ ही परेशान हो रही हैं।

— व्यर्थ तो नहीं.......अच्छा, ऐनी वे!!

और महिम ने देखा कि लीला साहनी एकाग्र भाव से ड्राइव कर रही थीं। जब वे लोग कसमण्डा-हाउस के निकट इलाहाबाद बैंक के पास पहुँचे तो महिम ने आग्रहपूर्वक गाड़ी रुकवायी और उतर गया।

श्रीमती लीला साहनी ने हठात् विदा लेकर गंज के मुहाने पर खड़ा महिम अपने लिये कुछ भी नहीं तय कर पा रहा था कि क्या करे? वैसे उसे आश्चर्य तो हुआ कि कल की पार्टी के बारे में लीला साहनी ने कोई चर्चा नहीं की, पर वस्तुतः पार्टी में तो ऐसा कुछ हुआ नहीं था कि जिसकी चर्चा की जाती। स्वयं महिम के निकट उस पार्टी को लेकर विशेष कुछ नहीं था, जो था वह पार्टी के बाद को लेकर था और उसमें वह तथा गोपा ही थे। और इस प्रकार की पार्टियों का भला श्रीमती लीला साहनी-जैसों के लिए क्या अर्थ हो सकता है? इस वर्ग के लोगों के लिए यह तो एक प्रकार की दैनन्दिनता ही कही जा सकती है।

'कपूर्स' में लंच लेकर उसने तय किया कि 'शाहनजफ-नर्सरी' से कुछ फूल लेकर वह गोपा के यहाँ जायेगा। उसे कितनी प्रसन्नता हुई जब वह स्वर्णिम गुलाबों का एक बड़ा-सा बुके बनवाकर चला। महीनों बाद वह ताँगे में अकेला बैठा चल रहा था। प्रायः हम अकेले होने पर भी अकेलेपन का अनुभव या वास्तविक अनुभव नहीं कर पाते हैं, और जब हठात् हमें यह बोध होता है कि अरे हम कितने अकेले हैं तो एक अजीब सुरसुरी-सी दौड़ जाती है। ताँगे में बैठा हुआ बुके

पकड़े महिम इस समय वास्तविक अकेलापन अनुभव कर रहा था। यद्यपि वह लखनऊ के सबसे अधिक सुषमित, सभ्य बस्ती में से गुजर रहा था पर अपने भीतर वह बड़ा असुखपन अनुभव कर रहा था। वह पिछले दिनों से कुछ बातों का अन्तिम निर्णय चाहने लगा है पर उसे लगता है कि जैसे कुछ बातों का कोई निर्णय होता ही नहीं है। कुछ बातें मात्र होती भर हैं। अनेक बार तो इस प्रकार की बातों का होना भर ही निर्णय-जैसा होता है। प्राय: इस तरह की बातों का जब-जब भी निर्णय चाहा जाता है तब-तब वे मकड़ी के जाले की भाँति नि:शब्द, निष्प्रयास टूट जाती हैं। उनकी सार्थकता उनके निर्णय में नहीं होती वरन् उनका होना ही सार्थक होता है। यद्यपि हम सब ऐसी बातें जानते हैं पर फिर भी इसके विपरीत कामना करते होते हैं कि सम्भव है कि यह बात, उन बातों से पृथक् हो और हम जीवनभर अन्धी खोज में जाने कहाँ-कहाँ भटकते रहते हैं। अनेक बार तो उस मायाजाल के खण्डित हो जाने के बाद भी अपने भीतर लालसा की एक ऐसी पुकार पाते हैं कि हम उस कामना के लिए आकुल बने रहते हैं।

महिम को भी कभी-कभी ऐसा लगता है कि गोपा कहीं ऐसा कोई मकड़ी का जाला न सिद्ध हो जिस पर गिरती धूप तथा उस धूप के कारण उस जाले पर बनता इन्द्रधनुष वह खो बैठे। मात्र इस प्रतीति में वह अनेक बार इतना करुणार्द्र हो उठा है कि उसे स्वयं पर आश्चर्य होता है कि क्या किसी दिन गोपा उसकी इतनी बड़ी लालसा को समझ सकेगी? लेकिन वह नहीं समझती इसका भी कोई प्रमाण महिम के पास नहीं है अतएव प्राय: वह आश्वस्त हो जाता रहा है।

जिस समय ताँगा गोपा की कोठी में प्रविष्ट हुआ उस समय महिम पुन: आश्वस्तता अनुभव कर रहा था और उसे इसकी प्रसन्नता थी कि आज के दिन वह जिस प्रसन्न भाव से गोपा से मिलना चाहता है, वह इस समय उसमें है।

जीने पर मोनी चाची मिलीं, बोलीं,

— बिटिया की तो तबीयत रातै से खराब है भैया!

— क्या हुआ?

— रात बहुत देरी से लौटीं। सिर बहुत पिरात रहा। बहाल साहेब आयके देख गये हैं।

और सशंक महिम गोपा के कमरे की ओर बढ़ा। उसे आद्यन्त ठण्डापन अनुभव होने लगा। हाल, गलियारे सब शान्त थे। पूर्व की खिड़कियों से धूप नहीं पर आलोक खूब आ रहा था। गोपा का ड्राइंगरूम भी एकदम खाली था। वह अत्यन्त ही हौले भाव से भीतर के कमरे की ओर बढ़ा। गोपा के बिस्तरे पर पश्चिम की खिड़कियों से ढेर-सारी धूप गिर रही थी। खिड़कियों के परदे ही नहीं पल्ले भी खुले हुए थे अत: बाहर की हवा के कारण कमरे में काफी सुखदता लग रही थी। कमरे में एक सुगन्ध का हलकापन अवशेष था जिसका अर्थ था कि थोड़ी देर पूर्व तक काफी अगरबत्तियाँ जलती रही हैं। गोपा को बिना अगरबत्तियों की गन्ध के, कमरे में बड़ी असुविधा लगती है। बेडरूम का परदा ऊँचा कर महिम

कुछ क्षण तक खड़ा देखता रहा। गोपा अपने बड़े-से पलँग पर लेटी हुई बड़ी अविश्वसनीय लग रही थी। जिस व्यक्ति को हम सदा या तो चलते हुए या बैठे हुए या औपचारिक रूप में देखते होते हैं वह जब हमें एक दिन अनौपचारिक ढंग से या ऐसे ही लेटा हुआ दिख जाता है तो बड़ा अपरिचित-सा लगता है न? बस, कुछ-कुछ ऐसा ही महिम को भी लगा। गोपा के बाल उसके बड़े-से फर-तकियों पर फैले हुए थे। उसके सीने पर कोई किताब रखी हुई थी जैसे वह पढ़ते-पढ़ते सो गयी है। उसकी मुँदी पलकों से उसके नयन ही नहीं मुँदे लग रहे थे पर जैसे सारा व्यक्तित्व मुँदा, सोया हुआ है। धूप का गुननुना कोमलपन मध्य फरवरी होने पर भी शेष था। धूप का एक तिकोना बड़ा-सा टुकड़ा अलवान पर से होता हुआ गद्दे तथा पलँग से नीचे गिरकर कमरे के कालीन को उजला रहा था। गोपा के सोये हुए मुख पर धूप की आभा चमक रही थी। किताब पर उसके दोनों हाथ गुँथे हुए थे तथा कलाइयों में अकेले गोखरू लटके हुए भाव से झुके हुए थे। वैसे भी अलंकार शोभा होते ही हैं पर कभी-कभी उन्ही हाथों में वे ही अलंकार कितने अद्वितीय लगने लगते हैं। इस समय गोपा की दोनों कलाइयाँ, गुँथी अँगुलियाँ तथा हाथों के झूलते अलंकार महिम को मोह की पराकाष्ठा लगे। कमरे में महिम के होने की हलकी-सी आहट हुई और बड़े ही निश्चिन्त भाव से गोपा ने पलकें उठायीं। आँखें पहले तो आश्वस्त थीं पर सहसा महिम को देखा तो किंचित् चौंकीं।

किताब सम्हालते हुए बोली,

— अरे आप? कब आये?

महिम ने हाथ का बुके गोपा को थमाया तो वह किंचित् मुसकरा दी। फूल सूँघ वह सन्तुष्ट लगी। कोने में रखे फूलदान में बुके सजाते हुए बोला,

— सुना, तुम्हारी तबीयत खराब है।

— अभी इतनी तो खराब नहीं है कि उसे सुन लिया जाना चाहिए था।........ आपको किसने बताया?

महिम कुर्सी खींचकर पलँग के पास ही बैठ गया। बोला,

— तुम आराम कर रही थीं न?

— लेकिन आपकी उपस्थिति से उसमें किंचित् भी व्याघात नहीं होगा।.......जानते हैं महिम बाबू! मैं कौन-सी किताब पढ़ रही थी?

— क्या कोई नयी लायी हो?

— नयी ही समझिये। दुबारा पढ़ रही थी..... 'बिवेअर आफ पिटी'।

— मैंने इसका नाम सुना है।

— इट इज रिअली ए वर्क। मुझे इस उपन्यास के साथ बड़ा तादात्म्य लगा। कुछ किताबें ऐसी होती हैं न जो कि जैसे आपको ही सम्बोधित करके लिखी गयी लगती हैं?

— लगता है तुम इसके बारे में बहुत भावुक हो। तुमने पहले भी एक बार इसकी चर्चा की थी।

— बस एक बार ही की थी?

और वह हँस पड़ी। उपरान्त पुनः बोली,

— कितना अच्छा होता महिम बाबू! कि लोग इस प्रकार की कुछ और किताबें लिख दें तो बहुत-सारे लोगों का, जो कि लेखक नहीं हैं, काम आसान हो जाये। हमारे उजले व्यक्तित्वों के भीतर न जाने कितनी सुरंगें, कन्दराएँ, दुर्दम जंगल होते हैं। न जाने कितने विकलांग व्यक्तित्व होते हैं जिन्हें हम मुसकराते हुए, टेलकम पाउडर की गन्ध के नीचे वहन करते होते हैं, पर एक दिन ऐसा अवश्य आता है जब हम उस विकलांगता से निष्कृति चाहते हैं। कितना कठिन है अपने भीतर बैठे हुए इस व्यक्तित्व को कह सकना। अन्तरतम सदा अविश्वसनीय होता है।

दाहिने हाथ की लम्बी फैली हथेली पर गाल टिका वह महिम की ओर करवट लिये लेटी थी। अब धूप की आभा उसके खुले-फैले बालों में भर गयी थी।

वह बोलते हुए हठात् चुप हो गयी थी। लगता था जैसे रुक गयी हो। फिर आँखें खोल हलके से बोली,

— आप घर से तो नहीं आ रहे हैं।

— नहीं, घर से नहीं।

और महिम अभी तय नहीं कर पाया कि वह क्योंकर गोपा को बताये कि वह श्रीमती लीला साहनी के साथ गया था। अभी वह असमंजस में ही था कि गोपा बोली,

— मिसिस साहनी इज ए नाइस पर्सन।

कहते हुए वह पलँग की रेलिंग से टिकने के ख्याल से एक कुहनी पर उठी तथा तकियों को ऊपर करने लगी। जब वह टिक गयी तो अत्यन्त सद्‌भाव के साथ वह उसकी ओर मुसकराने लगी।

महिम को लगा कि इसके पूर्व कि एक सादी-सी बात उलझनवत् लगे लीला साहनीवाला प्रसंग उसे स्पष्ट कर देना चाहिए अतः वह बोला,

— मैं तुमसे सहमत नहीं हूँ गोपा! ..... मैं नहीं समझता कि वह आर्ट के बारे में साधारण से कुछ अधिक जानती हैं। इस प्रकार के सामाजिक व्यक्ति प्रायः ऐसे ही हुआ करते हैं। आज वह बता रही थीं कि अब वह फ्लावर-शो के लिए परेशान घूम रही हैं।

गोपा मात्र महिम को देख रही थी। किंचित् मुसकराते हुए बोली,

— तो आपको इसमें क्या आपत्ति है?

— उनके सन्दर्भ में मैं भला आपत्ति करनेवाला कौन होता हूँ?

— तो आप दोनों गंज के बाद कहाँ चले गये थे?

— यह तुम्हें कैसे मालूम?

महिम ने आश्चर्यचकित होते हुए पूछा। निश्चल बनी गोपा बोली,

— तीन तो हो रहा होगा न?

महिम ने घड़ी देखते हुए कहा,

— हाँ, तीन बजकर पाँच मिनट हुआ, क्यों?

— आपको तकलीफ तो होगी। वो, कोनेवाली आलमारी में ऊपर के दराज में दवाई है। वहीं बीकर भी है उसमें एक खुराक दे दीजिये।

महिम ने गोपा के कथनानुसार उठकर दवा दी और वापस अपनी कुर्सी पर बैठ गया। गोपा बोली,

— ममी ने आप लोगों को गंज में देखा था। .....देखिये, कितना अजीब है कि आज ममी को लेकर पापा कुछ साड़ियाँ खरीदने चौक गये हैं।

— क्यों इसमें अजीब क्या है?

— महिम बाबू! आपने मुझे आज के दिन बधाई नहीं दी?

— क्या तुम नहीं जानती कि मेरे मन में तुम्हारे लिये क्या-क्या है?

— आप कितने अच्छे हैं महिम बाबू कि आपके मन में इतनी अच्छी-अच्छी बातें हैं लेकिन जब मैं अपने बारे में सोचती हूँ तो सच मानें उदास हो जाती हूँ।

— यही कठिनाई है तुम्हारे साथ गोपा कि तुम अपने में बहुत अधिक सोचती हो। अपने बारे में अधिक सोचकर तो कोई भी उदास ही होगा।

— सच? क्या ऐसा सम्भव है?...नहीं, मैं अनेक दिनों से एक बात कहना चाह रही थी आपसे।

— वह मुझे मालूम है। कोई बात है जो तुम्हें साले हुए है।

— उसको कह देने के बाद वस्तुत: मेरे पास कुछ भी नहीं रह जाता है पर आज तक का मेरा संघर्ष ही यह है कि कैसे कहूँ? यदि यह कहूँ कि महिम बाबू! गोपा मात्र एक छल है तो क्या आप तक कुछ अभिव्यक्त होता है? एक ऐसा दंश जो अहोरात्र मेरे व्यक्तित्व में वैसे ही पीड़ा देता है जैसे कि युद्ध में किसी की पसलियों में बाण की एक नोक टूटकर जीवनभर के लिए फँसी रह जाये और वह उस टुकड़े को लिये जीने के लिए बाध्य हो।......और सबसे बड़ी कठिनाई इस उपन्यास को पढ़ने के बाद लगी कि जिस किसी को भी कभी सुनाऊँगी तो प्रतिदान में केवल दया, सहानुभूति ही प्राप्त होगी और उस बेचारे श्रोता को जीवनभर के लिए एक ऐसी अभिशाप की गाथा, जो उसे सदा के लिए तोड़ जा सकती है।.... महिम बाबू! क्या कभी आप इस पर विश्वास कर सकते हैं कि गोपा को यह नहीं मालूम कि वह किसकी सन्तान है?

महिम मौन होकर सुन रहा था। सहसा उसे लगा कि उसके कानों में किसी ने खौलता पिघलता सीसा उँड़ेल दिया—क्या?? गोपा क्या कहना चाहती है? वह नहीं जानती कि किसकी सन्तान है? क्या मतलब? क्या वह नाथ बाबू की पुत्री नहीं है? नहीं, गोपा ऐसा कहकर निश्चय ही छल करना चाहती है। लेकिन प्रयोजन क्या? वह अनेक दिनों पूर्व संकेत तो करती रही है कि कोई बात है जो उसे सालती है। तो क्या यह वही बात है? पर भला इस पर कौन विश्वास कर सकता है?

गोपा बोलते हुए चुप हो गयी थी। महिम यद्यपि गोपा को ही देख रहा था पर दृष्टि उसकी गोपा पर नहीं थी। वह जब पुन: बोली तो सुनने के माध्यम से उसकी

दृष्टि, चेतना तथा शेष ऐन्द्रिक जगत् लौटा,

— यह जानना कितना आवश्यक होता है कि आप कौन हैं?

— तुम झूठ बोल रही हो गोपा।

गोपा ने महिम की बात का कोई उत्तर नहीं दिया। वह स्वतः ही बोलती रही,

— यह मेरा अपना संघर्ष है महिम बाबू! इसमें किसी का भी क्या सहयोग हो सकता है?

— तुम यह कहना चाहती हो कि तुम पापा और ममी की पुत्री नहीं हो।

— ऐसी प्रतीति आपको जीवनभर के लिए काट जाती है...पर क्या किया जाये महिम बाबू! या तो व्यक्ति, सत्य को ही न जाने तो अच्छा है क्योंकि सत्य, प्रकृति का प्रकृत रूप होता है। सत्य कोई अलंकार नहीं महिम बाबू! कि उसे कण्ठ में धारा जा सके। वह तो आपके पैरों के नीचे जलती धरती की भाँति धधकता है और आप उससे बचने के लिए एक क्षितिज से दूसरे क्षितिज तक विक्षुब्ध भागते होते हैं। पर एक बार सत्य को जान जाने के बाद उससे कोई मुक्ति नहीं। .....मैं किसकी पुत्री हूँ—महिम बाबू! यह जानने के लिए मैं अपना सर्वस्व दे सकती हूँ पर कैसी विडम्बना है कि जो आपको उत्तर दे सकते हैं वे आपके लिए, इस प्रश्न के लिए पत्थर के ओंठ बने बैठे हैं।....मैं जानती हूँ कि आपको इस पर विश्वास आज नहीं हो रहा है लेकिन कल जब आपको भी विश्वास होगा तब आपको कैसा लगेगा नहीं कह सकती.....मैं आरम्भ ही में समझ गयी थी कि हमारा-आपका सम्बन्ध एक दिन प्रेम का रूप धारण कर लेगा और उस दिन मेरे सामने यह एकमात्र प्रश्न होगा कि जिस दिन भी आपको यह मालूम होगा कि मैं नाथ बाबू की पुत्री नहीं हूँ उस दिन आपको पता नहीं कैसा लगेगा.....तभी मैंने तय किया था कि मैं छल नहीं करूँगी। बिना सब-कुछ बताये कभी मैं आपका प्रेम नहीं स्वीकार करूँगी। छले जाने की क्या यातना होती है यह मैं जानती हूँ और मैं आपको नहीं छलूँगी।...लौट जाइये महिम बाबू! अभी भी समय है। मेरी ओर से कोई बन्धन नहीं रहा है आप पर। इतना बड़ा समाज है। अवश्य ही कोई-न-कोई उपयुक्त व्यक्ति मिल जायेगा जो आपके प्रेम की, विश्वास की रक्षा कर सकेगा। मैं अपने वर्णसंकर व्यक्तित्व से आपको क्या दे सकती हूँ महिम बाबू! लौट जाइये, गोपा जब अपने ही को नहीं जानती तब भला वह महिम को क्या दे सकती है क्या सहेज सकती है? यह जो कुछ मेरे चारों ओर है एक घोर मिथ्या प्रवंचना है। यहाँ से जितनी दूर हो चले जाइये महिम बाबू! मुझे सब-कुछ भूल जाने दीजिये। ....अपने बचपन में पापा के साथ सोने को कितना मन करता था। वह आज ही की भाँति तब भी लौट जाते थे। यहीं खिड़की के पल्लों से मुँह सटा उनकी जाती बग्घी, उसकी दोनों लैम्पें देर-दूर तक देखती रहती थी.....मुझे क्या पता था कि यह मेरे पिता नहीं हैं।...मैं नहीं जानती कि तब उन्होंने पिता होने का यह इतना बड़ा नाटक क्यों किया? ममी

मुझसे सदा झूठ बोलती हैं कि नहीं, तुम्हें ऐसी बात भी नहीं सोचनी चाहिए। ममी, मेरे जन्म की अज्ञानता के इस ज्वालामुखी पर बैठी हुई लोगों को पता नहीं किस सीमा तक विश्वास दिला सकी हैं कि मैं नाथ बाबू की ही पुत्री हूँ पर प्रत्येक सत्य में एक वासुदेवत्व होता है जो कैसे भी पत्थरों को, निर्जनों को, एकान्तों को फोड़कर उग जाता है। सत्य का यह वासुदेव एक दिन मुझसे भी अंकुरित हुआ और आज तो वह हरहराता है। मैं रात-दिन इस चंचलपत्री वासुदेव पीपल की आवाज, कम्पन सुनती हूँ।....मैं भी भूल जाना चाहती रही महिम बाबू! और कितना अच्छा होता यदि सच ही भूल पाती पर जैसे-जैसे यह रहस्य सुलझने से अस्वीकार करता है वैसे-वैसे मेरे भीतर वासुदेव का यह देववृक्ष, सर्पवृक्ष बन लहराने लगता है।..मैं नहीं जानती कि मेरा क्या होगा महिम बाबू! पर अब आप लौट जाइये, प्लीज, यू विल गो अवे एट वन्स। लेट मी बी अलोन एण्ड अलोन!!

और महिम ने देखा कि हथेलियों में मुँह छुपा गोपा ने करवट ले ली। महिम बाध्य था कि उठे। यद्यपि वह इस समय जाना नहीं चाहता था पर जाने के अलावा वह कुछ कर भी नहीं सकता था। अभी वह जाना ही चाहता था कि उसे पुनः आदेश मिला,

— इस समय मुझे क्षमा करें महिम बाबू!

और महिम चल दिया। बरामदा यथावत् सुनसान था। हाल में ठहरे जल की-सी स्थिरता थी। मौन के कारण दूरियाँ खुली लग रही थीं। जीने पर अपने ही पैरों की आहट सुनता हुआ वह जब उतर रहा था तो उसे लगा कि जैसे उसके पैरों में बिलकुल शक्ति नहीं रह गयी है। जीने के नीचे मोनी चाची खड़ी थीं, बोलीं,

— आप चल दिये भैया! हम तो चाय लाय रही थीं।

— रहने दो मोनी चाची!

और वह अपने को लगभग घसीटता हुआ बाहर लाया। बड़े दरवाजे की सफेद सीढ़ियाँ, सहन तथा लान, लान-पथ सब उसने कितनी कठिनाई से पार किये जैसे वह अपनी ही लाश कन्धे पर रखे मारे भय के चल नहीं पा रहा है।

वह उस रात सो नहीं पाया। स्थिति उसकी समझ से परे की थी। वह बारम्बार चाहने लगा कि वह किसी प्रकार इस घटना के सुनने के पूर्व जैसा था वैसा ही कम-से-कम एक बार अनुभव कर सके। पर वह अपने मन एवं चेतना पर टनों जल का जैसे दबाव अनुभव कर रहा था। यद्यपि वह बराबर यह तर्क अपने को दिये जा रहे था कि यदि गोपा, नाथ बाबू की पुत्री नहीं है, तो क्या? यदि वह अज्ञात कुलशीला भी है, तो क्या? पर इस तर्क से वह अपने अवचेतन तक में कोई समाधान, निष्कर्ष ऐसा नहीं खोज पा रहा था, जिसके कारण वह आश्वस्त हो सकता होता। उसे लगा जैसे वह अभी तक किसी प्राचीन इमारत की बड़ी-सी दीवार के सहारे खड़ा था और वह अचानक भरभराकर उस पर गिर पड़ी है। वह प्रत्येक क्षण अपने को विश्वास दिलाना चाहता रहा कि नहीं, उसके व्यक्तित्व के शीशे में कोई दरार नहीं आयी है, पर उसे अन्तरतम में ऐसा लग रहा था कि वह शीशा इतना झार-झार हो चुका है कि यदि उसे डैने के हलकेपन के साथ भी छू लिया गया तो वह बिखर उठेगा। वह हजार चेष्टा करता रहा कि इस बात के जान जाने के बाद गोपा के मोहक व्यक्तित्व में उसके सन्दर्भ में क्या आमूल परिवर्तन हो गया? यदि वह नाथ बाबू की पुत्री है, तो—? क्या उसने गोपा को इसीलिए प्रेम किया कि वह नाथ बाबू की पुत्री है? उसके और गोपा के बीच में नाथ बाबू कहाँ आते हैं?...इस सीमा तक तो वह अपने से भी तर्क करता था और किया भी पर इसके बाद जैसे वह सोचना ही नहीं चाहता था क्योंकि वह सोचना उसे न जाने किन अन्धी उपत्यकाओं, खोह-खन्दकों में ले आ सकता था...तब गोपा किसकी पुत्री है? व्यक्ति कितना समाजभीरु होता है यह महिम को आज के पूर्व नहीं पता था। हमारे जीवन का नितान्त गोपनीय पक्ष भी समाज-सापेक्ष्य ही होता है। प्रत्येक व्यक्ति के भीतर समाज का एक ऐसा सदस्य छुपा बैठा रहता है जो हमारी सारी व्यक्तिगतता को नियन्त्रित करता चलता है। उस सामाजिक सदस्य का हमें तब तक बोध नहीं होता जब तक कि हमारी वैयक्तिकता, शेष सामाजिकता से टकराव में नहीं आती। टकराव की स्थिति उत्पन्न होते ही वह सामाजिक सदस्य सक्रिय हो उठता है। वैयक्तिकता और सामाजिकता का यह द्वन्द्व होता तो प्रत्येक व्यक्ति एवं स्तर पर है पर जागरूक व्यक्ति में यह अधिक स्पष्ट एवं मुखर रूप से देखा जा सकता है अत: कहा जा सकता है कि अधिकांश लोग सामाजिक जीवन ही जीते हैं अत: उनमें यह टकराहट भी न कुछ के बराबर होती है। समाज में रहते हुए

नितान्त व्यक्तिगत जीवनयापन करना असम्भव है। व्यक्तिगत जीवन के नाम पर हमें जो वैयक्तिक जीवन जीने दिया जाता है वह भी समाज स्वीकृत वैयक्तिक जीवन होता है। सचमुच का व्यक्तिगत जीवन असाध्य है। इसी प्रकार हम जिन निर्णयों को स्वतन्त्र समझते हैं वे भी समाज स्वीकृत ही होते हैं। बड़े-से-बड़ा क्रान्तिकारी भी समझौता करने के लिए बाध्य होता है, जबकि सम्पूर्ण वैयक्तिकता यदि कहीं सम्भव है तो वह तपस्वी में ही है। क्योंकि तपस्वी, सृष्टि के वृहत्तर नियमों के निकट हो जाता है अत: वह उनसे ही प्रयोजित होता है।

दिन।

उसके बाद दूसरा दिन।

उसके बाद फिर तीसरा दिन। और ऐसे प्रत्येक दिन के साथ और अधिक डूबता-सा लग रहा था। कुछ भी करने को तो मन नहीं करता था। प्रत्येक दिन के बीतने के साथ वह और अधिक ठण्डापन ही नहीं अनुभव करता था वरन् जैसे वह अपमानित हो गया है। वह हर बार अपनी इस मन:स्थिति से उबरने की चेष्टा करता और लगता कि वह और अधिक नीचे के जल में ठेल दिया गया है। जल में घिरे रहने का बोध तथा उसकी विवशता, व्यक्ति को कितना व्याकुल कर जाती है वह उसने गत तीन दिनों में जाना। कहीं जाने को मन नहीं करता। न हो वह कहीं गया ही। एकाध बार सोचा भी कि गोपा को वह बीमार छोड़ आया था अत: उसे जाना चाहिए। फिर उसने अपने जीवन का मर्म उसके सामने उद्घाटित कर दिया है और अब अगर वह नहीं जायेगा तो पता नहीं वह क्या सोच बैठे। उसने अपने को जाने के लिए तैयार भी करना चाहा पर वह बिखर-बिखर उठा। अपने को वह पूरा समेट ही नहीं पाता था। उसे लगा कि यदि गोपा ने उसके प्रेम का तिरस्कार भी कर दिया होता तो भी वह आज इतना हताश, विवश, अपमानित अनुभव नहीं करता पर अब वह क्या करे? उसे लगा कि जैसे वह अब गोपा का सामना किस तरह करेगा? और करने पर क्या कहेगा? और जो भी कुछ वह कहेगा वह झूठ नहीं होगा? क्या यह सच नहीं है कि गोपा के प्रति आकर्षण के पीछे अवचेतन में नाथ बाबू की इतनी बड़ी सामाजिकता भी रही है? गोपा का सारा दुर्लभ व्यक्तित्व क्या उस सामाजिकता के कारण ही नहीं बना है? इस सारी सामाजिकता से परे गोपा को क्या महिम उसी रूप में ले सकता है? और महिम को लगा कि वह इस प्रकार तो बहुत-कुछ अनर्थ तक सोच सकता है। जबकि वह अनर्थ ही नहीं सोचना चाहता है। सच तो यह है कि वह इन दिनों कुछ भी नहीं सोचना चाहता है, पर वह अवश है।

तीसरे दिन, रात में आठ बजे वह घर से बाहर निकला। उसे लगा कि अभी भी उसके पैरों में वही बोझिलता बनी हुई है जो परसों गोपा के यहाँ से लौटते समय थी। बहुत दिनों बाद उसे लगा कि वह सर्वथा निरुद्देश्य घर से निकला है। मंकी-ब्रिज पर जब उसे गोपा की कोठी, पीछे के दोनों लान तथा वाट दिखलायी दिये तो उसे एक बार मन में अवश्य इच्छा हुई कि कि गोपा के यहाँ ही हो आये

पर कितना कठिन होता है मन के विपरीत हलका-सा निर्णय लेना भी। एक बार यह भी मन में आया कि वह छतरमंजिल होता हुआ रेसीडेन्सी निकल जाये पर उसे लगा कि वह अपने अकेलेपन को अधिक सहज नहीं कर सकता। वैसे उसे पहली बार लगा कि लखनऊ में एक वर्ष रहने के बाद भी वह गोपा तथा श्रीमती लीला साहनी के अलावा कुछ विशेष परिचित नहीं हुआ है। रानी साहबा का परिचय, परिचय नहीं कहा जा सकता। इसके अतिरिक्त उसका कोई मित्र इस शहर में नहीं बन पाया था। वैसे मित्र बनाने की उसने कोई चेष्टा भी नहीं की थी। गोपा का निरन्तर साथ ऐसा रहा कि कभी अन्य कुछ सोचने का अवसर ही नहीं मिला। सारी उत्तेजनाएँ गोपा में ही समाहित हो जाती रही हैं। और आज वह पहली बार अपने को गोपाहीन स्थिति में देख रहा है। लेकिन क्या वास्तव में वह गोपाहीन स्थिति में है? या हो भी सकता है।

हजरतगंज में रोज की-सी चहल-पहल थी। 'ऐम्बेसेडर' के सामने रोज की ही भाँति बग्घियाँ, मोटरें खड़ी थीं। सामने के चर्च का अकेला नुकीला शिखर आकाश में दूर तक चला जा रहा था। बाहर के लोहे के बड़े-से फाटक के पास एक पादरी कुछ लोगों से बातें कर रहा था। फरवरी का खुला मौसम था। जाड़ों की सघनता के बाद मौसम का यह खुलापन लोगों के चलने, बोलने से स्पष्ट लग रहा था कि प्रिय है। लोगबाग भारी कपड़ों की अपेक्षा हलके कपड़ों में घूम रहे थे। आकाश में अब जाकर पूरा अँधेरा हुआ था। गंज की शामों और रातों को देखकर महिम प्रायः कल्पना कर ले गया है कि लन्दन की शामों, रातों में ये अंग्रेज कैसे घूमते-फिरते होंगे।

आज वह 'कपूर्स' में नहीं जाना चाहता था अतः वह 'कैपिटल' सिनेमा के बार-रेस्तराँ की ओर निकल आया। 'माताहारी' की कोई जासूसी फिल्म लगी थी। दर्शकों में मिलिट्री के लोग खासे थे। एक बार उसका मन तो हुआ कि वह भी पिक्चर देख ले पर उसे लगा कि वह देखना नहीं चाहेगा। सिनेमा के रेस्तराँ में अच्छी खासी भीड़ थी। अधिकतर गोरे थे। वह बार की ओर निकल गया। कोने में एक टेबल खाली थी। वह उसी पर जाकर बीयर का आर्डर देकर चुपचाप लोगों को देखने लगा। इतने सारे लोग हैं। वह नहीं जानता कि ये कौन हैं। इनमें से कितने अपने माता--पिता की वास्तविक सन्तानें हैं पर इससे उसे कोई परेशानी नहीं हो रही है। ये लोग हैं। लोग रहेंगे। क्या इसी प्रकार निरपेक्ष भाव से हम अपने सम्पर्क में आनेवालों के बारे में नहीं सोच सकते? यदि गोपा, नाथ बाबू की पुत्री है तब तो वह उस पद की अधिकारिणी है जो कि समाज में, व्यक्तियों में उसे प्राप्त है, नहीं तो नहीं? क्या व्यक्ति का स्वयं अपना अर्जन कुछ नहीं होता? जन्म का सिद्धान्त कर्म, पुरुषार्थ से भी बड़ा है? ....और मात्र गोपा के कह देने भर से क्या वह नाथ बाबू की पुत्री नहीं रहती? क्या पता गोपा ने महिम की परीक्षा लेने के लिए ही ऐसा कहा हो? लेकिन परीक्षा के लिए क्या कोई इतना बड़ा लांछन अपने पर लगा सकता है? और वह भी गोपा-जैसा शान्त, संयमित व्यक्ति?

उसे देखकर कोई भी कह सकता था कि वह अपने से भीतर-ही-भीतर लड़ रहा है। दो बोतलें समाप्त करने के बाद जब वह बार से बाहर निकला तो सामने के जी० पी० ओ० की घड़ी में दस बज चुके थे। चारों ओर निर्जनता लग रही थी। बीयर के कारण उसे नशा नहीं था पर वह अपने को खो सकने की मन:स्थिति में अवश्य था। बाहर की हवा में ऐसी मीठी ताजगी थी जो उसे बड़ी सुहानी लग रही थी। 'ब्रिटिश बुक डिपो' से लगे स्टोर्स से उसने एक सिगार लिया, और जब वह उसे जला चुका तब उसे वस्तुतः पहली बार निश्चिन्तता लगी। गंज की सड़क पर बग्घियाँ, ताँगे, मोटर आ-जा रहे थे। लगता था फुटपाथ पर चलनेवाला वही एकमात्र व्यक्ति रह गया था। सामने से एक मोटर की हेडलाइट्स उसके मुख पर चमकीं और उसने देखा कि वह कार उसके पास आकर रुक गयी तथा उसने सुना।

— कहिये महिम बाबू! इस समय कहाँ?

यह श्रीमती लीला साहनी थीं। महिम वास्तव में इस समय किसी से भी मिलना या बात करना नहीं चाहता था, फिर भी बोला,

— ऐसे ही यहाँ तक चला आया। आप घर लौट रही होंगी?

— जी हाँ, 'ऐम्बेसेडर' में कुछ लोगों को डिनर पर बुलाया था।..आज तो महिम बाबू! दिनभर साँस लेने की फुर्सत नहीं मिली।....अरे हाँ, कल शाम आप जरूर आ रहे हैं। गवर्नमेण्ट-हाउस में 'फ्लावर-शो' है। आ रहे हैं न?

— अब, देखिये।

— जी नहीं, यू आर पाजीटिवली कमिंग। गोपा तो बेचारी बीमार है, बट एनी वे यू आर कमिंग। समय तो मालूम है न आपको ? पाँच बजे।...ओह, ह्वेन यू विल सी द फ्लावर्स यू विल बी सिम्पली एनचेण्टेड। दिस टाइम दे आर गस्टिंग विद कलर्स फ्रेगरेन्स।...अच्छा, गुड नाइट।

और मोटर की एक गूँ-गूँ महिम के कानों में थोड़ी देर के लिए खिंची रह गयी। पता नहीं वह उस समय क्या चाहता था। शायद वह तेज भागना चाहता था। नहीं, वह चीख पड़ना चाहता था। नहीं, वह किसी भारी जनसमूह को सम्बोधित करना चाहता था।

और वह बिना कुछ सोचे-समझे 'कपूर्स' में जाकर बैठ गया।

'कपूर्स' से जिस समय वह खाना खाकर निकला, ग्यारह बज चुका था। हजरतगंज में सुँते सन्नाटे की शान्ति थी। केवल 'ऐम्बेसेडर' के सामने एक मोटर तथा दो-तीन बग्घियाँ-टमटम खड़ी थीं। चाँदनी की लम्बी पट्टी पूरे हजरतगंज पर बिछल आयी थी। अँधेरा, इमारतों के खड़ेपन से सटा पड़ा था। आकाश की

निरभ्रता में तारे, लालच की भाँति लिपझिप कर रहे थे। हवा में हलका चैत्र बोलता-सा लग रहा था। ऊँची-नीची इमारतों के कटाव तथा उठान आकाश में तरह-तरह की ज्यामितियाँ बनाये हुए थे। ऐसे सुनसान में केवल अकेले होकर चलने की जो एक विशिष्टता होती है वह बड़ी आदिम-जैसी होती है। आप तब किसी बस्ती में चलते-से नहीं लगते बल्कि आपमें अनायास ही एक वैतालिकता आ जाती है। आप उस भद्र एवं विराट् शान्ति में चुनौती की भाँति लगते हैं। लगता है जैसे उन मौन इमारतों, दीवारों, बरामदों के खालीपन, सड़कों की निर्जनता ने आपको पैगम्बरत्व सौंप दिया है। आप अपने यथार्थ के परिवेश से कहीं पीछे, बहुत पीछे फेंक दिये जाते हैं। लगता है जैसे आपकी पैगम्बरी वाणी सुनते ही यहाँ से वहाँ तक सभी खिड़कियाँ खुल जायेंगी जहाँ कि मोमबत्तियाँ हाथों में लिये हुए विगत युगों की सुन्दरियाँ आपको आश्चर्यचकित हो देखने लगेंगी। ऐकान्तिकता अनायास आपको कितना बड़ा दाय सौंप दिया करती है। क्योंकि प्रत्येक युग में उस आदिम काल को, आदिम मानव को, उसकी पिपासा, जिज्ञासा, संत्रास सबको देखा जा सकता है केवल अपने को किसी क्षण अकेले करने की आवश्यकता होती है।

'हसन-टेलर्स' के बाद गंज की इमारतें पूरी तरह समाप्त हो जाती हैं। उसके बाद एकाध कोठी-बँगले को छोड़कर नवाब-युग का लखनऊ महराबोंवाले दरवाजों तथा मकबरों में तब आरम्भ हो जाता है। स्टेट बैंक के सामने का खाली मैदान तथा दूर पर मकबरों के चाँदनी-डूबे गुम्बद फैल आये थे। समय के बीतने, सरकने का वास्तविक अनुभव इस प्रकार की प्रशस्तता में कितना सहज है। कोई नहीं जानता कि बीत जाने पर समय का क्या होता है। क्योंकि केवल समय स्वयं ही नहीं बीतता उसके साथ किस-किस का क्या-क्या नहीं बीतता। और इतने सारे बीत जाने का क्या होता है, जब नहीं मालूम तो कितनी व्यर्थता लगती है।

वह नहीं समझ पा रहा था कि क्या करे। कई बार, हम कैसा ही घर क्यों न हो, नहीं लौटना चाहते हैं। शायद महिम भी इस समय घर नहीं लौटना चाह रहा था। घर लौटकर वह फिर अपने से सामना नहीं करना चाहता था। वह उस प्रश्न के जलतेपन से अपने को बचाये रखना चाहता था जिससे भागकर वह तीन दिन बाद घर से बाहर आया था। घर कैसा ही हो, सीमा तो है ही। बाहर की उन्मुक्त हवा घर में तो नहीं होती। घर य़द्यपि सुरक्षा देता है तो आपका बहुत-कुछ अपहरण भी कर लेता है। बाहर, किसी भी प्रकार का आश्वासन तो नहीं होता पर उसका वैविध्य इतना आकर्षक होता है कि बस। दूर दाहिने हाथ चाँदनी में गोपा की कोठी का हलका-हलका आभास था। दो-एक ताँगेवालों ने उसे टोका भी था पर ताँगे में बैठकर उसे कहाँ जाना था? वह निरुद्देश्य था। वह जानता था कि घर जाने की ऐसी क्या जल्दी है? घर कहीं नहीं जाते। वह तो केवल यही देखना चाहता था कि वह कहाँ-कहाँ जा सकता है। उसे तत्काल विचार आया कि वह इस समय उस्ताद बाबू खाँ साहब के यहाँ जा सकता है। हो सकता है वह रियाज

कर रहे हों। उसे लगा कि अपने से निष्कृति के जिस प्रयास में वह है वह संगीत से ही सम्भव है। यद्यपि संगीत में उसकी विशेष गति नहीं है पर उसके सहज प्रभाव को वह अनुभव करता रहा है। बल्कि उसने पाया है कि संगीत जिस क्षिप्र गति से आपको अपने साथ अपने मनोलोक में ले जाता है वैसा न चित्र, न साहित्य, कोई नहीं कर पाता है। संगीत में वह आदिम चुम्बक होता है जो प्रत्येक स्तर पर अभिव्यक्त होता है। अपने सन्दर्भ में महिम जानता है कि उसे कुछ राग अपने को सम्बोधित-से लगते हैं। कभी किसी राग का एक-एक स्वर, आलाप, अन्तरा, कम्पन, मींड़ आपको आद्यन्त ऐसे झकझोरने लगते हैं जैसे आपके व्यक्तित्व के वृक्ष के पत्ते-पत्ते को कोई प्रकम्पित कर रहा है। जैसे आपका सारा जल आन्दोलित हो उठा हो। जल में अंकित प्रतिबिम्बों में तथा हमारे मन की संरचना में बहुत-कुछ साम्यता है। राग आपके जल को मन्द-मन्द प्रकम्पित कर आपके भीतर के प्रतिबिम्बों को मुक्त भी करता है तथा विस्तार भी देता होता है यद्यपि विस्तार पाकर वे प्रतिबिम्ब वही नहीं रह जाते, टूट गये-से लगते हैं पर यह भी निश्चित है कि प्रतिबिम्बों के वे टूटे टुकड़े अनन्त लहरों के साथ बहते हुए आपके सम्पूर्ण बल्कि सुदूर तक के जल में फैल जाते हैं। जब कभी महिम ने संगीत सुना है उसे यही प्रतीति हुई है। वैसे वस्तुतः वह नहीं जानता कि संगीत सुनने पर उसमें क्या गुणात्मक परिवर्तन आ जाता है पर वह, वह नहीं रह जाता है। एक साथ उसमें क्या नहीं घट जाता, नहीं कह सकता। कोई आलाप क्षणान्त में मध्यकाल के किसी एकान्त, उजड़े दुर्ग या प्रासाद के मेहराबोंवाले प्रांगण में पहुँचा देता है कि जहाँ पहुँचकर वह राग कैसा घायल हरिण की भाँति लोट-पोटकर रोने लगता है। वहाँ की जालियों, मेहराबों, दीवारों, गलियारों, कँगूरों, बन्द पड़े फौवारों के छिद्रों से फूट-फूटकर हँसते हुए, रोते हुए, चीत्कार करते हुए एक राग, एक मींड़ आपके सामने हाहाकार-सी फैल जाती है और आप जब तक उसे अनुभव करें तब तक वह न जाने कहाँ इतिहास के पृष्ठों में आत्महत्या की भाँति कूदकर चली जाती है। केवल दर्द के आभास की भाँति वह राग, राग की चेतना फीके आकाश-सी आपमें शेष रह जाती है। इसलिए वह संगीत का साक्षात् करते हुए प्रायः डरता है। शब्द, समय से बँधा होता है पर ध्वनि नहीं। तभी तो एक स्वर आपको जाने किस इतिहास के जंगलों में भटकाये हुए था कि दूसरा स्वर क्षणान्त में आपके सामने घण्टे की आवाज की तरह प्रातःकालीन भिनसार बन जाता है। उस भिनसार में ठण्डे पत्थरोंवाले काशी के घाट, जैसे सामने आ जाते हैं। षड़ज साधता सवेरा सुदूर में। निःशब्द, निर्जन...घाट की अकेली बिजली की रोशनी में सादी धोती में उतरती एक विधवा बंगालिन 'माँ'। यहाँ भी हलका-सा मध्यकाल का आभास देता स्वर...और आप इतिहास के पन्ने के उलटने की हलकी-सी आहट भी अनुभव करते हैं। ...इसीलिए महिम संगीत को जीवन्मुक्त स्थिति मानता है। पर वह यह नहीं समझ पाता कि संगीत हमसे यह मनःयात्रा क्यों करवाता है? ध्वनि की यह कैसी अभिव्यक्ति है कि जिसके जितने गहरे संस्कार होते हैं संगीत उसे उतनी ही

गहराई पर जाकर झकझोरता हैं। पर महिम को प्रत्येक बार ऐसी यात्रा अजीब तरह से उदास, दुःखी कर जाती है। शायद संगीत में ही पुकारने की क्षमता होती है। जिस पुकार में जितनी पवित्रता होती है उसमें उतना ही संगीतत्व होता है। संगीत का व्यापक रूप ही धूप, फूल, दृश्य सभी कुछ उसे लगता है। सब नष्ट हो सकता है पर नाद, अक्षर है। समय के अनन्त विस्तार में राग का महान् प्रलम्बित स्वरूप ही महाकाल है। इसीलिए महिम जब संगीत सुनता है तब उसे अलौकिक घटने का बोध बराबर होता है, भले ही वह उसे उसके सम्पूर्ण स्वरूप में न जान सके।

और उसने चौंककर देखा कि वह जीमखाना-क्लब को भी पार कर 'मेरिस म्यूजिक कालेज' के सामने पहुँच चुका था। म्यूजिक कालेज से लगे मकबरे की दीवार से सटी किसी की मजार थी, जहाँ अकेला दीपक जलते हुए स्पष्ट ही उठा था। रात्रि के निपटपन में दीये का इस प्रकार जलना उसे ऐसे ही चौंका देता रहा है जैसे पूरे काले पर अनायास पूरा हाथ पड़ जाये और स्वर झनझना उठें। एक अजीब-सी मध्यकालीनता आपमें भर उठती है न?

सदा की भाँति उस्ताद के दरवाजे खुले थे। उस दिन जब आया था तब शायद सीढ़ियों पर रोशनी थी पर आज सीढ़ियों पर अँधेरा था, पर शुभ यही था कि उस अँधेरे में एक गम्भीर राग-स्वर, मन्द जल की भाँति सीढ़ियों से जैसे उतर रहा था। बाबू खाँ साहब शायद षड़ज साध रहे थे। अभी वह पूरी सीढ़ियाँ भी नहीं चढ़ा था कि उसे शराब की तेज गन्ध लगी। दरवाजे पर जाकर खड़ा हो गया। कमरा उस दिन की भाँति ही था। उस्ताद अकेले थे। बिस्तरे पर वह पलथी मारे बैठे थे। सामने एक स्टूल पर बोतल, मिट्टी का चुक्कड़ तथा एक कागज पर थोड़ा नमकीन भी था। कमरे में उस दिन की ही भाँति पीला बल्ब जल रहा था। हाँ, खिड़की और दरवाजे में बाहर का चाँदनी डूबा दृश्य जड़ा हुआ था। जब बाबू खाँ साहब ने किसी को दरवाजे में खड़ा देखा तो चौंके और पूछा,

— कहिये जनाब! आप कौन?

कमरे में प्रवेशते हुए महिम बोला,

— आदाबर्ज उस्ताद!

— अक्खाह, महिम साहब हैं? आइये, आइये जनाब! खुदा झूठ न बुलवाये पिछले दिनों आपकी बहुत याद आयी।

और उस्ताद बिस्तरे से नीचे उतर आये। पर वह जिस तरह नीचे उतरे उससे स्पष्ट था कि वह खासे नशे में हैं। जमीन पर चटाई और दरी बिछी थी।

महिम बोला,

— आप क्यों परेशान होते हैं। आप तशरीफ रखें। मैं यहाँ बैठ जाऊँगा।

— अरे साहब ! फनकार के पास तकदीर तो नहीं होती मगर दिल होता है। अगर तकदीर होती तो आपको यहाँ मैं फर्शे मखमल पर बैठालता।

दोनों हँसने की चेष्टा करते हुए बैठ गये। उस्ताद बोले,

— असल में मियाँ! जो शागिर्द साथ में रहता था न, वह कल बाराबंकी अपनी फूफी की मिट्टी में गया है। अब उस शागिर्द के बच्चे को कैसे समझाता कि पीछे से उस्ताद की मिट्टी पलीद हो जायेगी।...खैर, अगर ऐतराज न हो तो...

महिम समझ ले गया कि उस्ताद क्या कहना चाहते हैं। बोला,

— नहीं, ऐतराज की बात नहीं है उस्ताद! आप नौश फरमायें।

— अरे साहब! हम गरीब लोग भला क्या किसी की आवभगत कर सकते हैं। ....कमबख्त चुक्कड़ भी दूसरा नहीं है....

— कोई बात नहीं आप लें, थोड़ी-सी मेरे लिये बोतल ही में रहने दें।

— अब नहीं लूँगा और यह तीसरी बोतल थी। अब आप ही इसे लें।

और उस्ताद ने महिम की ओर बोतल बढ़ाते हुए कहा,

— महिम साहब! जब तबीयत नहीं लगती है तो यह शराब पीता हूँ और जब शराब से भी मन हलका नहीं होता तब गुनगुनाने लगता हूँ।

— जी हाँ, जब मैं आया तब आप कुछ गुनगुना रहे थे।

— खुदा की कसम जब राग गले में बजने लगता है तब सच मानें ऐसा लगता है मियाँ! जैसे अपने बदन में किरनें फूट रही हों।.....आप जानते हैं मुझे सबसे प्यारा राग कौन-सा लगता है? ....बागेश्वरी!! —कमबख्त क्या राग है। क्या सुरों का एक-दूसरे से मेल है। गाते ही चले जाओ मियाँ। न दीन, न दुनिया, न वक्त, किसी भी चीज का होश नहीं रहता। संगीत इन्सान का सबसे बड़ा करिश्मा है जनाब! एक बार मुँह को लग जाये फिर कमबख्त नहीं छूटता ।

और उस्ताद बाबू खाँ साहब नशे में झूमने लगे थे। बोले,

— आप खत्म कर चुके जनाब?

और महिम ने देखा कि नशे की हालत ही में उन्होंने अपनी बीड़ी सुलगायी। महिम ने बोतल एक तरफ रखते हुए कहा,

— जी हाँ उस्ताद!

— अब बोलिये, क्या सुनियेगा?

— वही बागेश्वरी।

और उस्ताद ने पलथीवाला अपना आसन सम्हालते हुए पूछा,

— गर बुरा न मानें तो एक बात पूछूँ?

— शौक से।

— तानपूरा छेड़ सकते हैं?

महिम को तानपूरा छेड़ना आता था। उसके भाई को संगीत का शौक था और उन दिनों जब उसके भाई संगीत सीखते थे तब वह प्रेक्टिस कराने के लिए उनके लिए कभी-कभी तानपूरा छेड़ा करता था। बोला,

— थोड़ा-बहुत जानता हूँ।

— बस, बस मियाँ। तब तो काम बन गया, वर्ना मुझे ही छेड़ना पड़ता। पर उसमें पूरा राग नहीं उतरता। राग भी एक आसमानी फरिश्ता है जनाब! वह उतरते ही उतरता है।

और महिम ने दीवार से लगा खड़ा तानपूरा उठा लिया। उस्ताद ने एक बार उसके चारों तारों को छेड़कर देखा और थोड़ा-सा मिला दिया।

— हाँ, लीजिये अब सुनिये जनाब कि रात कैसे गाती है।

और उस्ताद ने स्वर साधना शुरू किया—

— सा म ग म ध नि सां

— सां नि ध म ग म ग रे सा।

— कैसे बीते रजनी सजनी!

अभी थोड़ी देर पूर्व महिम की जो मन:स्थिति थी वह और अधिक उत्तेजित हो उठी। आरोह उसे लहरों पर उछाल देता था तो अवरोह उसे अतल की गहराइयों में ले जाकर छोड़ देता था। एक मुद्रा थी जो स्वरों में घटित हो रही थी। एक ऐसा अमूर्त नृत्य उसके चारों ओर स्वरों में, आलाप में कोमल निषाद तथा कोमल गान्धार में हो रहा था जो उसे मुक्त भी कर रहा था तथा अपने बन्धन में कस भी रहा था। एक ऐसा अतीन्द्रिय सुख, महासुख उसे अपने चारों ओर रास करता लग रहा था जिसके लिए वह रो देना चाहने लगा। उसे लगा कि बिना अश्रु के महासुख नहीं प्राप्त किया जा सकता। राग ने कब उसके निकट गोपा की मूर्तता ग्रहण कर ली उसे पता नहीं चला।...कैसे बीते रजनी सजनी..कौन गा रहा है?....गोपा?...यह किसकी विरह वेदना सदा, सदा के लिए बागेश्वरी के स्वरों में अनन्त काल से गायी जा रही है-कैसे बीते रजनी सजनी! ....गोपा! यों न गाओ.....तुम इतिहास की मेहराबों, कँगूरों पर बैठकर यह न गाओ क्योंकि अभी तुम देखते-देखते इतिहास के गवाक्ष से कूदकर विलीन हो जाओगी, तब, हाँ तब महिम क्या करेगा?

अपने को ऐसे और इतना राग को नहीं सौंपा जाता है गोपा!...विश्वास करो, मैं तुम्हारे बिना कुछ नहीं हूँ...इससे क्या होता है कि तुम किसकी पुत्री हो? गोपा! तुम, तुम हो यही क्या कम नहीं है?

और, महिम ने देखा कि उस्ताद द्रुत पर आ गये थे। महिम के चारों ओर हिम तथा हेम के असंख्य द्वार खुलते जा रहे थे और प्रत्येक में एक-एक गोपा, एक-एक स्वर-सी मींड़ लेती उभरती, विलीन होती जा रही थी। जो कुछ महिम के अन्तर में घटित हो रहा था वह भाषा से परे था। राग, राग की प्रतिध्वनियाँ स्मृतियों के सेतु से होती हुई उसके सम्पूर्ण स्वत्व में तदाकारित थीं। वह, वह नहीं रह गया था।

और जिस समय वह उस्ताद बाबू खाँ के यहाँ से चला चाँदनी झुक आयी थी यद्यपि वह उत्तेजित अब भी था पर काफी थक चुका था। आधी रात का सन्नाटा आकाश तक स्पष्ट था। अगत्या घर के अतिरिक्त व्यक्ति लौट कहाँ सकता है। दूसरी जगहों पर केवल जाना होता है पर लौटना तो घर ही पर होता है।

'फ्लावर-शो' में उसका मन नहीं लगा। सम्भवतः पहली बार वह गोपा के बिना किसी सार्वजनिक उत्सव में गया था और उसे लगा कि जैसे वह निरापद नहीं है। निरापद से उसका क्या तात्पर्य हो सकता था इसे वह स्पष्ट नहीं समझ सका। यद्यपि अब वह लखनऊ के इस वर्ग के अधिकांश लोगों को एक से अधिक बार देख चुका था। बहुत-कुछ से वह परिचित भी हो चुका था। उनमें से कुछ ने उसमें सान्निध्य स्थापित करने की चेष्टा भी की होगी पर महिम की आन्तरिक उदासीनता ने उसे सबसे पृथक् ही कर रखा था। और आज जब वह बिना गोपा के शो में घूम रहा था तो उसे कितनी ठण्डी निरीहता का बोध बराबर बना रहा। वैसे गवर्नमेण्ट-हाउस के प्रशस्त लान में लोग-ही-लोग, रंग-ही-रंग, वस्त्र-ही-वस्त्र, प्रसन्नता-ही-प्रसन्नता विपुलता में थे। अनेक बार हँसी का झाला उसके कानों में झनझना उठता। फाल्गुन का गुलाबी मौसम केवल प्रकृति को ही नहीं उत्तेजित किये हुए था बल्कि मानवीय हाव-भाव, आचार-व्यवहार में भी स्पष्ट था। औपचारिक अभिवादन, सन्तुलित सार्वजनिक प्रसन्नता चारों ओर थी, पर क्या हम केवल सार्वजनिक प्रसन्नता के विषय भर हैं? और वह देखता कि जिस फूल को लगातार देखता था, उसे तो वह देख ही नहीं रहा था। आकाश की मुलायम नीलिमा के नीचे, जाती धूप की प्रलम्बितता में फूल अपने विविध रंगों, प्रकारों में फैले हुए थे। रंगों की सामूहिकता प्रायः पार्टियों की रंगीनी से मेल खाती है। दो-एक बार श्रीमती लीला साहनी दिखीं अवश्य पर वह मात्र दिखना भर था। प्रदर्शनी की संयोजिका होने के नाते उनकी व्यस्तता स्वाभाविक थी। कुछ ही देर बाद महिम उकता गया। यह नहीं कि वह फूलों की भाषा, रंगों की अभिव्यक्ति नहीं समझता पर इतने निपट होकर तो वह अपने प्रिय चित्रकार निकोलस रोरिक की प्रदर्शनी भी नहीं देख सकता। निपटता अकेलेपन की स्थिति नहीं होती बल्कि वह तो मनःस्थिति पर निर्भर करती है। जब वह चलने को हुआ तो उसे अवश्य ऐसा लगा कि जैसे वह कोई नृत्य छोड़कर जा रहा है। लेकिन जब वह गवर्नमेण्ट-हाउस के राजस एवं उन्मुक्त विलासी वातावरण से बाहर आया तो उसे यह अवश्य लगा कि किसी नृत्य को उसकी विपुलता में छोड़ आया है पर इससे उसकी कोई क्षति नहीं हुई है। जैसा कि श्रीमती लीला साहनी ने बताया था कि गोपा बीमार है इसलिए प्रदर्शनी में हठात् मिल जाने की कोई सम्भावना हो ही नहीं सकती थी अतः उसे लगा कि वह गोपा के यहाँ जाना चाहेगा। सहसा ले लिये गये इस निर्णय से वह स्वतः ही चौंका क्योंकि गवर्नमेण्ट-हाउस के बाहरी फाटक तक वह सदा की भाँति

अनिर्णीत ही था। सम्भवतः वह उस समय तक भटकने के बारे में भी निश्चित न था पर अनायास ले लिये गये इस निर्णय से उसे किंचित् असुविधा अवश्य हुई क्योंकि वह निश्चित नहीं था कि गोपा से वह क्या बातें करेगा? वैसे आज के पूर्व तो गोपा के यहाँ जाते समय कभी ऐसा भाव या असुविधा नहीं हुई होगी। और उसने एक ताँगेवाले को आवाज दी।

जिस समय वह गोपा के यहाँ पहुँचा सूर्यास्त क्षितिज को छू रहा था। क्षितिज रेखा, आरक्त वाग्दत्ता लग रही थी। गोपा की कोठी की खिड़कियों के पल्ले इस सायं-प्रकाश में जगमगा रहे थे। ऊपर जानेवाले जीने के लिए अभी वह मुड़ा ही था कि उसे गोपा, लान पर पीछे टहलती हुई दिखलायी दी। नीचे का हाल खालीपन के कारण खूब प्रशस्त लग रहा था। हाल की सारी खिड़कियाँ खुली थीं। दो खिड़कियों के बीच की दीवार के कारण गोपा का टहलना छिप जाता। वह गोपा से मिलने अवश्य आया था पर गोपा उसे इस प्रकार एकान्त में टहलती मिलेगी यह नहीं पता था। वैसे वह स्वयं नहीं जानता था कि गोपा को किस अवस्था में देखना चाहता था। कुछ क्षण वह जीने की रेलिंग थामे, एक पैर जीने पर रखे सोचता रहा कि क्या करे? और उसने देखा कि टहलते हुए गोपा सामने की खिड़की के पास गुजरते हुए ठिठकी। सम्भवतः उसने महिम को देख लिया था। और महिम सहज होते हुए लान की ओर चला।

लान पर साँझ घिरी हुई थी। दूर-दूर तक निस्तब्धता थी पर ऐसी नहीं जैसी कि सर्दियों में होती है बल्कि लगती गर्मियों का जो सुहाना सन्नाटापन होता हैं, वही था। ऊपरवाले लान पर दो कुर्सियाँ तथा एक टेबल थी। टेबल पर कोई पुस्तक रखी हुई थी। गोपा की अजीब आदत है कि वह पुस्तक खरीदकर तुरन्त उस पर आवरण चढ़ा देती है अतः वैसे पता नहीं चल पाता कि कौन-सी पुस्तक है। पुस्तक के पास ही चाँदी की एक तश्तरी में दो-चार गुलाब रखे हुए थे। महिम को देखकर गोपा किंचित् मुसकरायी। नमस्कार करते हुए बोली,

— मैं तो समझी इन दिनों आप बीमार हैं।

— नहीं तो, तुम कैसी हो?

— लीलाजी बता रही थीं कि आप मिले थे।

महिम को इस समय गोपा के द्वारा लीलाजी का उल्लेख करना नहीं सुहाया। वह बोलने ही जा रहा था कि गोपा बोली,

— इस बार का फ्लावर-शो कैसा रहा? लास्ट इयर इट वाज ए कम्प्लीट फ्लाप।

और वह यह पूछते हुए कुर्सी पर ऐसे निढाल होकर बैठी जैसे बड़ी देर से टहल रही थी और अब थक गयी है। गोपा के इस प्रश्न को समझने की चेष्टा में

वह किंकर्त्तव्यविमूढ़ बना कुर्सी की पीठ पकड़ खड़ा हो गया। वह बोली,

— बैठियेगा नहीं ?

महिम कुछ नहीं बोला बल्कि चुपचाप बैठ गया। थोड़ी देर के मौन के बाद महिम को लगा कि यह अनायास शान्ति क्योंकर है? महिम ने देखा कि गोपा किंचित् दुबली लग रही है।

— तुम्हारी तबीयत कैसी है अब?

— मेरी तबीयत को क्या हुआ था?

— क्यों? उस दिन तो खासी खराब थी?

— क्या आपको ऐसा लगा था?

— इसमें लगने, न लगने का क्या प्रश्न है? तुम खासी बीमार थीं।

— तो फिर आप उसके बाद पूछने भी नहीं आये।

महिम फिर उठा। बोला,

— असल में......

गोपा उठते हुए बोली,

— मैं भी मानती हूँ महिम बाबू ! कि जिस काम, व्यक्ति, स्थान से अरुचि हो जाये वह नहीं किया जाना चाहिए, वहाँ नहीं जाना चाहिए।.... आइये, थोड़ा घाट पर बैठा जाये। बड़ी देर से घाट पर बैठना चाह रही थी पर लग रहा था कि इतनी बड़ी शाम की प्रशस्तता में अकेलापन कितना मुखर हो जायेगा इसलिए घास पर टहल रही थी। शाम आपको हमेशा अकेला कर जाती है, है न?

महिम साथ हो लिया। गोपा जिस ढंग से बोल रही थी उसमें यह कहीं अपेक्षा नहीं लग रही थी कि महिम भी कोई योग दे। दोनों घाट पर जाकर बैठ गये। आज के पूर्व गोपा को उसने कभी ऐसा और इतना निर्द्वन्द्व नहीं देखा था। और न ही ऐसा लग रहा था कि उस दिन की बात का कोई-सा भी संकोच उसके आचार-व्यवहार में है। हाँ, गोपा के चरित्र की सौजन्यता में एक अतिरिक्त स्वर जो आज पहली बार ही बोलता-सा लग रहा था वह उन्मुक्तता का था। ऐसी उन्मुक्तता प्राय: घोर आत्मविश्वास के कारण ही हुआ करती है। गोमती में पानी काफी कम था अत: घाट उभर आया था।

महिम बोला,

— तुम कुछ दुबली लग रही हो।

— पता नहीं अब तो मैं आपको जाने क्या-क्या लगूँगी।

कहने को तो गोपा कह गयी पर स्वयं उसे लगा कि ऐसा नहीं कहना चाहिए था अत: वह बोली,

— ऐसी खास दुबली तो नहीं हुई हूँ......अरे हाँ, आपने बताया नहीं कि फ्लावर-शो कैसा रहा?

— तुम्हें कैसे मालूम कि मैं फ्लावर-शो गया था?

— क्यों ! क्या आप वहाँ से नही आ रहे हैं?

— आ तो वहीं से रहा हूँ पर तुम कैसे जानती हो?

— लीलाजी बता रही थीं कि आप जानेवाले हैं।

— और लीलाजी क्या-क्या बता रही थीं?

— क्या और भी कुछ है?

और गोपा बड़े ही नटखट ढंग से हँस पड़ी। महिम को कुछ विशेष अच्छा नहीं लग रहा था अत: वह बोला,

— गोपा !

— जी!!

और निष्कम्प दीपशिखावत् गोपा उसकी ओर देखने लगी। पता नहीं महिम क्या कहना चाहता था। गोपा को सम्बोधन कर वह चुप रह गया। गोपा बोली,

— आप चुप क्यों रह गये?

— तुम, वह गोपा नहीं हो जिससे कुछ कह सकता हूँ।

— मैं भी आपसे सहमत हूँ महिम बाबू!....... क्या किसी दिन आप सोच सकेंगे कि उस दिन के पूर्व तक मुझे अपने-आपसे कितना संघर्ष करना पड़ा था कहने के लिए ? यदि कहने की अनिवार्यता न होती तो कभी नहीं कहती। और मैं जानती हूँ कि इससे आपको विशेष अन्तर नही पड़ना चाहिए।

— यह तुम मेरे लिये कहती हो?

— आइये, कमरे में चलकर बैठा जायेगा..... आपका कोई दूसरा कार्यक्रम तो नहीं है कहीं?

महिम की इच्छा तो हुई कि कोई जवाब दिया जाये पर उत्तर से बड़ा उत्तर होता है मौन रह जाना। और मौन के उत्तर को गोपा से अधिक कौन समझ सकता था?

जब हाल पार कर गोपा के ड्राइंगरूम में वे लोग पहुँचे तो महिम ने पूछा,

— आज अभी पापा नहीं आये?

— परसों से पापा कुछ अस्वस्थ हो गये हैं।

— और ममी कहीं गयी हैं क्या?

— मेरा तो ख्याल है उन्हें होना चाहिए यहीं।.... क्षमा करें अभी आती हूँ।

और महिम निरवलम्ब बना बैठा रहा। उसे बराबर यह खल रहा था कि गोपा इतना असम्पृक्त, ठण्डा व्यवहार उसके साथ क्यों कर रही है? यह स्पष्ट था कि गोपा सहज नहीं थी। तभी गोपा लौट आयी और सामने के सोफे पर बैठते हुए बोली,

— और आप इन दिनों क्या करते रहे?

महिम का मन बिलकुल भी न बोलने का था अत: वह नहीं बोला। महिम को न बोलते देख गोपा किंचित् चौंकी पर हँसते हुए बोली,

— अंग्रेज जाति की मैं इसीलिए प्रशंसा करती हूँ महिम बाबू! कि जब सारा व्यवहार चुक जाता है तब भी वे लोग अनेक बातों पर अत्यन्त सौजन्यता के साथ, बिना किसी भावावेश के बातें कर सकते हैं कि फरवरी में मौसम कितना सुहाना हो जाता है। और अगर मौसम सुहाना न हो तो पार्टियों की चर्चा तो ऐसी है कि रेगिस्तान में बैठकर भी की जा सकती है।..... क्या आप फ्लावर-शो के बारे में नहीं बतायेंगे मुझे?

— गोपा! मेरी शिक्षा-दीक्षा, संस्कार तो इस वर्ग की भाँति नहीं है।

— हाँ, यह कठिनाई हो सकती है पर देखिये न कि मैं आपकी सहायता पूछ-पूछकर करना चाहती हूँ और आप कुछ बतलाते ही नहीं।

— लेकिन मैं तुमसे मौसम, फ्लावर-शो आदि की चर्चा करने तो नहीं आया हूँ।

— अच्छा तो आप यही बतायें कि बाबू खाँ साहब की गायकी आपको कैसी लगती है।

गोपा उससे कोई भी व्यक्तिगत बात नहीं करना चाहती यह महिम को लगा। इससे उसे चोट लगी। उसका मन तो हुआ कि वह उठकर एकदम चल दे पर यह सम्भव नहीं था। बैठना असह्य लगा अत: वह उठकर खिड़की से कुछ देर झाँकता रहा। अँधेरा हो चुका था। मौसम वास्तव में बहुत अच्छा था। क्या यह सम्भव नहीं कि उसके और गोपा के सम्बन्धों में जो एक तनाव आया है वह दूर हो सके और महिम फिर अपने को वैसे ही गोपा-घिरा अनुभव कर सके?

खिड़की से पीठ टिकाते हुए वह बोला, गोपा की पीठ उसके सामने थी।

— तुम मुझसे नाराज क्यों हो गोपा?

कमरे में सब-कुछ अचंचल था। महिम का वाक्य उस अचंचलता में लगा जैसे खो गया। कुछ देर प्रतीक्षा के बाद महिम गोपावाले सोफा सेट पर हथेलियाँ टिका खड़ा हो गया। गोपा अभी भी मौन; अंचचल थी। वह बोला,

— क्या तुम किसी भी दिन महिम के अन्तर में चल रहे द्वन्द्व, पीड़ा को समझ सकोगी? सच तो यह है गोपा ! कि उस लांछना से अब मैं जूझ रहा हूँ। वैसे तुम्हारी बातों पर विश्वास करने को मन नहीं करता पर अविश्वास भी कैसे किया जाये? तुमने मेरी परीक्षा लेने के लिए वह सब नहीं कहा है यह तो मैं सोच ही सकता हूँ। तब तुमने उसे मुझसे क्यों कहा? इसलिए कि तुम अपनी दृष्टि में स्वच्छ बनी रह सको। न कहती तो तुम्हें लगता कि तुम छल रही हो।..... वैसे इससे क्या अन्तर पड़ता है कि तुम नाथ बाबू की पुत्री नहीं हो! जिस सामाजिक मर्म की तुम बात कहती हो उसकी मुझे कोई चिन्ता नहीं लेकिन मुझे बारम्बर यही सालता है कि इसे तुम न कहती तो क्या अच्छा न होता? वैसे मेरे लिये तुम अब भी वही हो। किसी भी बात से कोई अन्तर नहीं पड़ता गोपा!

— शायद इसीलिए इतने दिन यहाँ नहीं आये? और क्या सच ही कोई अन्तर नहीं आया? अपनी ओर से मैं आरम्भ ही से सतर्क थी महिम बाबू! जिस बात को

सुनकर आपकी सारी धारणाएँ हिल गयीं उसे मैं भोगती आ रही हूँ। आपने सुना, कालान्तर में भूल नहीं सकेंगे तो कम-से-कम भूलने का-सा तो लगेगा ही पर गोपा तो कभी ऐसा नहीं कर सकती इसीलिए आप और मैं दो विभिन्न छोरों पर हैं। आप सामाजिक भय का तिरस्कार कर सकते हैं? अभी ऐसी सामाजिकता से सामना कहाँ हुआ है? व्यक्ति कुछ हो महिम बाबू! समाज से बड़ा कभी नहीं हो सकता है...... अरे, मैं भी कैसी हूँ इत्ते बड़े कलाकार के सामने कित्ती छोटी बातें लेकर बैठी हूँ..... पता नहीं, आज मोनी चाची को चाय में इत्ती देर क्यों हो रही है, मैं अभी आयी।

और गोपा कमरे में चली गयी। वह निपट दीप बना सुलगता बैठा रहा।

श्रीमती लीला साहनी के बारे में महिम को अपनी धारणा बदलनी पड़ी। यह ठीक है कि वह किसी भी कला में निपुण या निष्णात नहीं थीं पर बहुश्रुत अथवा बहुपठित मानी जा सकती थीं। भारतीय संगीत की गायकी के घरानों के बारे में, रागों के प्रकारों के बारे में बोलते हुए वह उतनी ही कुशल लगती थीं जैसे बुनाई करते हुए अँगुलियाँ। पश्चिमी संगीत की मेलेडी और सिम्फनी के बारे में भी वह जानती थीं। चित्रकारों के बारे में कहा जा सकता था कि संगीत से भी अधिक उनकी जानकारी थी। उनके पास छोटा-मोटा निजी संकलन भी था। भारतीय एवं पश्चिमी स्कूलों, आन्दोलनों के बारे में काफी-कुछ जानकारी रखती थीं। और यह कहा जा सकता था कि इन दोनों से अधिक वह साहित्य के बारे में जानकारी रखती थीं। उनकी व्यक्तिगत लाइब्रेरी में इतनी अच्छी चुनी हुई किताबें संगृहीत थीं कि पढ़ने से अधिक चुराने का लालच हो सकता था। लगभग इसी स्तर पर भारतीय धार्मिक उन्नायकों के बारे में भी उनका दखल था। रामकृष्ण परमहंस, विवेकानन्द, भगिनी निवेदिता, अरविन्द आदि के बारे में गहरी रुचि रखती थीं। स्थानीय रामकृष्ण मिशन तथा अरविन्द-आश्रम की उत्साही सदस्य भी थीं। इस प्रकार श्रीमती लीला साहनी प्रत्येक अर्थ में जागरूक महिला थीं। आरम्भ में उनको देखकर भले ही यह लगता हो वह एक निर्जीव सुन्दर चित्र से अधिक कुछ नहीं हैं पर कुछ स्त्रियाँ प्रायः इस प्रकार का भ्रम उत्पन्न करती हैं।

श्रीमती लीला साहनी अपने पीछे के बड़े लान में बड़े-से झूले पर झूल रही थीं। उनके चारों छोटे कुत्ते झूले के साथ-साथ दौड़ रहे थे और एक लान-चेयर पर महिम बैठा यह सारा व्यापार देख रहा था। लान के तीन ओर ऊँची लतावाली फेन्सिंग थी। बँदरिया-बाग का यह क्षेत्र अपनी वृक्षीय सघन तथा आबादीं की विरलता के लिए प्रसिद्ध था। सुदूर पृष्ठभूमि में कद्दावर पेड़ों का हवा में सरसराना जारी थी। फगुवा अपने पागल वेग के साथ बह रही थी। अभी तीसरा प्रहर धूप में भले ही किंचित् असहनीय लगे पर सुहाना ही कहा जायेगा। लान के चारों ओर खूब बड़ा-सा बगीचा मौसम के अन्तिम फूलों में फूला हुआ था। सुदूर पृष्ठभूमि में दो-एक माली क्यारियाँ ठीक करते, पानी सींचते अपने काम में रत थे। झूले के कोच में प्रसन्न मुद्रा में बैठीं श्रीमतीं लीला साहनी महिम को अपेक्षाकृत युवा लगीं। सदा उन्हें कार्य व्यस्त अथवा किसी प्रयोजन के साथ ही देखा होगा पर आज ऐसे निःसंकोच, उन्मुक्त तथा वैयक्तिक वातावरण में देखकर लगा कि श्रीमती साहनी के बारे में उसके मन में जो एक धारणा है वह उचित नहीं है।

— इस बार गर्मियो में किस पहाड़ जाने का इरादा है आपका महिम बाबू!

— कह नहीं सकता।

— कभी आप कश्मीर गये हैं?

— जी नहीं।

— तब आप कैसे आर्टिस्ट हैं?

— बस ऐसे ही कामचलाऊ।

और वह हँस दिया। श्रीमती लीला साहनी पुनः बोलीं,

— मजाक नहीं, आपको जरूर जाना चाहिए कश्मीर। असल में पिछले साल ही हम लोग गये थे वहाँ।

— इस साल आप कहाँ जा रही हैं?

— मैं नैनीताल चार-पाँच बरस से नहीं गयी हूँ। असल में हमारी वहाँ एक कोठी है जो कि इतने दिनों से बन्द पड़ी है। आप भी नैनीताल क्यों नहीं चलते?

— अभी क्या कह सकता हूँ। अभी तो मैं आठ-दस दिनों के लिए दिल्ली जाना चाहता हूँ।

— ह्वेन आर यू गोइंग टु डेल्ही?...... मुझे भी इन दिनों शायद जाना है।

— यही दो-एक दिनों में कभी भी चला जाऊँ, पर अभी कुछ तय नहीं है।

— क्या गोपा भी जा रही हैं?

— क्यों? यह क्यों पूछा आपने?

और श्रीमती लीला साहनी मात्र हँस दीं। लान पर छायाएँ रेंगने लगी थीं। उनके कुत्ते पीली तितलियों के पीछे लोट-पोट करते भागते फिर रहे थे। वह उसी प्रकार मुस्कराते हुए बोलीं,

— आइ विल बी रियली सारी इफ यू लव हर एट आल।

और अभी महिम कुछ कहने या पूछने जा ही रहा था कि नौकर चाय की ट्राली लाता दिखा। श्रीमती लीला साहनी झूले के नीचे रखी अपनी चप्पलें पहनने लगीं। उनके पैर मात्र गौर वर्ण के ही नहीं थे पर वास्तव में जैसे सुन्दर होने चाहिए वैसे ही थे। महिम ने देखा कि अत्यन्त क्षीण नीलवर्ण का परिधान गौर वर्ण पर कितना फबता है। झूले से उतरकर श्रीमती लीला साहनी ने बड़े ही कोमल ढंग से सीटी बजायी जिसे सुनकर उनके चारों पपी दौड़ते हुए आ गये। न जाने क्यों श्रीमती लीला साहनी का यह कहना महिम को अच्छा नहीं लगा। वह चाय का आनन्द नहीं लें सका बल्कि सौजन्य निबाहता बैठा रहा।

मौन तोड़ते हुए वह बोलीं,

— दिल्ली में आप कहाँ रुकते हैं?

— क्वीन्स-वे पर।

— ओह, सो क्लोज टु कनाट-प्लेस, हुँ-हुँ।

— मेरे भाई रहते हैं।

— क्या नम्बर है?
— सत्रह।
— फोन तो होगा उनके यहाँ?
— जी हाँ।
— देन इट इज आल राइट। अच्छा, आप कब तक जायेंगे दिल्ली?
— दो-एक दिन में कभी भी जा सकता हूँ।
— बाइ द वे। आप कुछ परेशान लग रहे हैं।
— नहीं तो। ......अच्छा लीलाजी! तो मैं अब आज्ञा लूँ।
— चलिये आपको ड्राप कर दूँगी।
— नहीं आप क्यों तकलीफ करती हैं।
— इसमें तकलीफ की क्या बात है महिम बाबू? मैं उधर से निकल जाऊँगी।

और श्रीमती लीला साहनी तैयार होने के लिए चली गयीं।

गंज में चहल-पहल शुरू हो चुकी थी। 'लण्डन-टेलर्स' में जहाँ श्रीमती लीला साहनी को एक मिनट का काम था अतः उन्होंने कार रोकी और एक पैकेट लेकर चली गयीं। तभी थोड़ी दूर पर सामने खड़ी गोपा की गिग पर उसकी दृष्टि गयी। एक क्षण के लिए चौंका। वह चाहने लगा कि कितना अच्छा हो कि गोपा के बिना देखे सही-सलामत यहाँ से जा सके और तभी श्रीमती लीला साहनी के साथ गोपा भी हँसते हुए दूकान से निकली। उसे श्रीमती लीला साहनी पर बहुत क्रोध आया कि जब उन्हें मालूम था कि वह बाहर गाड़ी में बैठा है तब क्या गोपा को किसी बहाने से भीतर ही नहीं छोड़ आ सकती थीं?

आते ही श्रीमती लीला साहनी बोलीं,
— लीजिये, आपकी गोपाजी तो यहीं मिल गयीं आपको।

गोपा ऊँचेवाले फुटपाथ पर प्रतिमा बनी खड़ी थी। उसके मुख पर कोई भाव नहीं था। लगता था वह कुछ सुन भी नहीं रही है। उसके दोनों हाथों में एक पैकेट झूला पड़ रहा था। उसकी आँखों में एक ऐसी थिरता का भाव था जैसे मछली जल में तैरते हुए हठात् थिर जाती है। महिम निर्णय नहीं कर पा रहा था कि उसे यहीं उतर जाना चाहिए कि नहीं।

गोपा इस स्थिति में एक क्षणं को अवाक् अवश्य हुई पर तत्काल वह बोली,
— आप लोग कहीं जा रहे हैं? मैं भी बड़ी देर से घर से निकली हूँ, अच्छा।

और वह अपनी गिग की ओर बढ़ी। कोचवान गोपा से सामान लेने के लिए पहुँच चुका था। महिम उतरने ही जा रहा था कि गोपा की बात सुनकर वह ठिठक गया। अब यदि वह उतरता है तो श्रीमती लीला साहनी पता नहीं और क्या समझें। और नहीं उतरता है तो पता नहीं गोपा क्या समझे कि वह लीलाजी के साथ न जाने कहाँ जा रहा है। श्रीमती लीला साहनी ने कार स्टार्ट की तो उसने कहा,
— आप मुझे यहीं छोड़ दें।
— लेकिन गोपाजी तो जा रही हैं।

महिम को क्रोध तो बहुत आया पर चुप ही रहा और पल्ला खोलकर सड़क पर आ गया। उसने देखा कि श्रीमती लीला साहनी हलके मुसकराते हुए कार बढ़ाकर चल दीं। अनायास उसे लगा कि जैसे वह एकाएक संयमहीन, क्षणहीन स्थिति में खड़ा है। दूरी पर गिग में गोपा चढ़ रही थी तथा दूरी पर श्रीमती लीला साहनी की कार चली जा रही थी। कार की ओर गोपा ने हाथ हिलाया इससे स्पष्ट था कि दोनों महिलाओं ने एक-दूसरे को फिर देखा। तो अवश्य ही गोपा ने मार्क किया होगा कि कार में महिम नहीं है। और महिम ने देखा कि गोपा गिग में चढ़ी नहीं बल्कि उसके पास खड़ी थी तथा उसी की ओर देख रही थी। शाम की अन्तिम धूप इमारतों पर चढ़ चुकी थी अत: गंज की इमारतों की भारी छायाओं से गंज की अकेली सड़क मन्द पड़ने लगी थी। दोनों के बीच में लगभग सौ गज की दूरी थी और दोनों को ही पता था कि एक-दूसरे को देखा जा रहा है। स्पष्ट था कि गोपा उसकी प्रतीक्षा में खड़ी थी अत: वह उसकी ओर बढ़ने के लिए बाध्य था। आज पहली बार उसने ध्यान दिया कि जूतों की खटखट फुटपाथ पर लगे पत्थरों पर कैसी सुनायी देती है जैसी कि जासूसी फिल्मों में वातावरण को रहस्यमय बनाने के लिए यह शैली प्रयुक्त की जाती है। एव-एक पग पर गोपा स्पष्ट होती जा रही थी। महिम अवश्य इस बात के प्रति सतर्क था कि यदि कोई अन्य यह सब देख रहा हो तो पता नहीं क्या सोचे। पर गोपा जिस निश्चिन्त भाव के साथ खड़ी थी उसके कारण स्थिति में थोड़ी मर्यादा शेष थी वर्ना महिम उसे खासी बचकानी किये दे रहा था। वह अभी तक यह नहीं सोच पाया था कि पास पहुँचकर पहले उसे बोलना होगा अथवा गोपा बोलेगी। अत: पास पहुँचने पर वह अस्पष्ट-सा जाकर खड़ा हो गया। दोनों के निकट यह स्थिति समस्या तो थी ही।

— क्या यह आवश्यक था कि आप यह नाटक करते ?

महिम की समझ में कुछ नहीं आया कि गोपा ने क्या कहा।

— कौन-सा नाटक?

और महिम ने देखा कि गोपा की आँखें छलछला आयी हैं। वह हतप्रभ बना रहा। गोपा तेजी से गिग में बैठी और कोचवान ने घोड़े को टिटकारा। टपटप करती गिग उसकी आँखों के सामने सुदूर में विलीन होती चली गयी।

जब वह घर पहुँचा तो रामलाल ने बताया कि गोपाजी आयी थीं और काफी देर प्रतीक्षा की थीं। वह उदास, खिन्न मन कमरे की ओर बढ़ा। दालान में पहुँचते ही उसने देखा कि रंगीन चाकों से एक बड़ी भारी अल्पना बनी हुई है। वह समझ नहीं सका कि यह किसने बनायी। जब रामलाल ने बताया कि गोपाजी ने बनायी है तो वह एकदम आपे से बाहर हो गया।

— तुमने उनको रंग देने के लिए हमारा कमरा क्यों खोला? नालायक कहीं के!

— आपका कमरा हम नहीं खोले साब!

— चुप रहो। हमारे पीछे कोई भी क्यों न आये भीतर मत जाने दिया करो और मिटाओ यह सब यहाँ से।

और उसने जूतों से अल्पना का कुछ भाग मिटा दिया। मिटाकर जैसे ही वह मुड़ा तो उसने देखा कि पीछे गोपा खड़ी है। वह किंकर्त्तव्यविमूढ़ हो गया। रामलाल इस बीच मारे भय के बाहर जा चुका था। महिम की समझ में हठात् कुछ नहीं आया कि वह क्या कहे? बस, उसे अपनी मूर्खता का बोध अब हो रहा था। जब वह आया था तो रास्ते भर श्रीमती लीला साहनी तथा गोपा से लड़ता आया था। श्रीमती लीला साहनी उसके और गोपा के प्रेम के बीच में कुछ भी कहनेवाली कौन होती हैं?—आइ विल बी रियली सारी इफ यू लव हर एट आल!!—तुम कौन होती हो अफसोस करनेवाली? और किस बात के लिए अफसोस करती हो?..... तो क्या??.....तो क्या श्रीमती लीला साहनी भी जानती हैं कि ...... नहीं, यह बात नहीं हो सकती है..... और गोपा कहती है कि इस नाटक की क्या आवश्यकता थी?..... मैंने नाटक किया?.......पता नहीं ये स्त्रियाँ अपने-आपको क्या समझती हैं??..... मैंने नाटक किया!!

और घर पहुँचने पर गोपा के आने, प्रतीक्षा करने की बात सुनकर उसे अपने पर एकदम झल्लाहट हुई। उसने बरामदे में अल्पना देखी तो वह एकदम आपे से बाहर हो गया। क्यों? वह स्वयं नहीं जान पाया। ठीक वैसे ही जैसे कि इस समय गोपा सामने खड़ी थी, जिसकी कि वह कभी कल्पना भी नहीं कर सकता था। वह नहीं समझ पा रहा था कि उससे क्या कहे? अपनी बनायी हुई इतनी सुन्दर अल्पना को जब उसने जूतों से रौंदे जाते देखा होगा तो पता नहीं उसने क्या सोचा होगा। वह उससे कुछ कहने ही जा रहा था कि वह लौट पड़ी।

— गोपा ! सुनो तो.......

और गोपा लौट गयी। उसका साहस नहीं हुआ कि वह उसे जाते हुए पूरी तरह वैसे ही देखे जैसे कि अन्य दिन करता रहा है।

ऐसा क्यों होता है कि जब बात बिगड़ने लगती है तो ऐसा लगता है कि सब-कुछ कितना बालू की दीवार की भाँति था। यद्यपि हम नहीं चाहते कि चीजें इतनी तेजी से और इस प्रकार अस्त-व्यस्त हो जायें क्योंकि उनको सहेजने-संयोजने में हमारा कितना सारा प्रयास लगा होता है पर हम कैसे विवश हुए रहते हैं कि हमारे चारों ओर से चीजें अस्त-व्यस्त होने लगती हैं और हम मात्र देखने के अतिरिक्त कुछ भी नहीं कर सकते। लगभग यही स्थिति सम्बन्धों के टूटने के क्रम में भी होती है। कितने जतन से सम्बन्ध जोड़ा जाता है पर एक बार यदि वह सम्बन्ध ढहने लगे तो कितनी तेजी से सब-कुछ ढह जाता है। और यह नहीं कि इस विषमता के प्रति सामनेवाला पक्ष भी उतना ही दु:खी नहीं होता पर प्राय: स्थितियाँ हमारे सिर पर से गुजरती हैं और हम विवश होते हैं।

रात भर वह सो न सका। क्या महिम ने कभी कल्पना भी की थी कि वह गोपा का तिरस्कार या अपमान भी कर सकता है? वह तो आवेश में घर लौटा था और अपने आवेश या क्रोध को वह किसी भी व्यक्ति, वस्तु पर निकालना चाहता था। अब यह बात दूसरी थी कि संयोग से गोपा की बनायी हुई अल्पना सामने दिख गयी। जिस पर बिगड़ने की कल्पना भी वह नहीं कर सकता था उस पर वह कितना बिगड़ा। यदि साधारण मन:स्थिति होती तो उस अल्पना को देखकर सम्भव था कि वह कृतकृत्य भी हो उठता। लेकिन इसे वह अपना दुर्भाग्य न कहे तो और क्या कहे कि उसी समय गोपा न जाने कहाँ से आकर पीछे खड़ी हो गयी। रात भर वह गोपा को समझता रहा कि वास्तविकता क्या थी। वह लीला साहनी तथा अपने सम्बन्ध को स्पष्ट करता रहा। वह लीला साहनी की मोटर से उतरकर वास्तव में कोई नाटकीय स्थिति उत्पन्न नहीं करना चाहता था, जैसा कि गोपा समझी, पर वह क्या करे अब? उसने अनेक बार सोचा कि गोपा के निकट एक बार सारी वास्तविकता को शब्दों में स्पष्ट कर देना चाहिए पर वह इस बात का कोई उत्तर स्वयं को नहीं दे सका कि इसका क्या प्रमाण है कि गोपा उसकी बातों को सत्य ही मानेगी? और यदि उसकी बातों को उसने सत्य नहीं माना तो इसका जो प्रतिदु:ख उसे होगा उसका तब क्या करेगा? यद्यपि उसे बेचैनी थी कि किस प्रकार गोपा और उसका सम्बन्ध पुन: नैसर्गिक हो। हर बार सोचने पर इसी निर्णय पर वह पहुँचा कि प्रतीक्षा करना ही श्रेयस् होगा। साथ ही उसने यह भी तय कर लिया कि वह दूसरे दिन बिना किसी को बताये दिल्ली चला जायेगा। पीछे से गोपा यदि यहाँ आयेगी तो उसे मालूम हो जायेगा कि महिम दिल्ली चला गया है। यदि

अभी भी कुछ सम्बन्ध शेष होगा उसके मन में तो वह पत्र लिखेगी अन्यथा लौटकर जैसी स्थिति होगी वैसा किया जायेगा।

सवेरे उठकर उसने रात की गाड़ी लेने के बजाय दोपहर की गाड़ी से जाना तय किया। यद्यपि एक बार मन में आया कि रामलाल के हाथ एक पत्र भेजकर गोपा को सूचित कर दे कि वह जा रहा है पर वह उस स्थिति की आशंका से साक्षात् नहीं करना चाहता था कि यदि गोपा ने उसके पत्र का कोई उत्तर न दिया तो उसे जितना खल जायेगा वह असह्य होगा।

और दोपहर को वह दिल्ली के लिए रवाना हो गया। पूरे एक वर्ष के बाद वह लखनऊ से बाहर जा रहा था। जब आया था तब इस स्थान के प्रति कोई भाव नहीं था पर आज यहाँ से जाते हुए न जाने क्या वह सोच रहा था।

दिल्ली जिस उन्मुक्तता एवं शान्ति के लिए जाना चाहता था वह शुरू दिन से ही सम्भव न हो सकी। रास्ते भर उसे यह खलता रहा कि वह गोपा को बताकर क्यों नहीं आया? क्योंकि वह यह तो भूल ही गया था कि दिल्ली जाने की बात श्रीमती लीला साहनी को मालूम है। और जब गोपा को श्रीमती लीला साहनी बतायेंगी कि उनको महिम के दिल्ली जाने के बारे में पता है तो पता नहीं गोपा और क्या-क्या सोचे? दुर्भाग्य की भाँति गलतियाँ भी एक साथ ही आती हैं। हम नहीं चाहते हैं पर गलतियाँ करते जाते हैं। गोपा को वह पत्र लिखना चाहता रहा पर उसे लगा कि उसकी भूल का यह निराकरण नहीं हो सकता। हाँ, हो सकता था; यदि सम्बन्ध सहज होता पर उसका और गोपा का सम्बन्ध जिस बिन्दु पर आ गया था वहाँ पत्र के द्वारा निराकरण सम्भव नहीं था। दिल्ली पहुँचते-पहुँचते तो उसे लगा कि वह व्यर्थ ही यहाँ आया। लेकिन दो-चार दिनों की यहाँ-वहाँ की सैर के बाद व्यर्थता का बोध यद्यपि पूरी तरह तो नहीं गया पर कम अवश्य हो गया। कभी अकेले तो कभी अपने भाई या उनके परिवार के साथ शामें किसी-न-किसी होटल में बितायी जातीं। 'गेलार्ड' के राजसी वातावरण तथा 'स्टैण्डर्ड' के अत्यधिक विलायतीपन के साथ वह कभी एकात्म नहीं हो सका। वैसे नयी दिल्ली में कौन-सा होटल था जो पश्चिमी ढंग का न था? पर फिर भी 'मेट्रो' तथा 'पैलेस-हाइट्स' जहाँ कि नाच, सिगरेटों का अन्धाधुन्य धुआँ तथा शराबों की तेज गन्ध होती, के साथ वह चल सकता था। मिलिट्री के टामी एंग्लो-इण्डियन तथा ईसाई लड़कियों को लेकर हाल में, बालकनी में, लाउञ्ज में अभद्र आचरण करते रहने पर फिर भी उसे यहाँ खुलापन लगता। बस, इस प्रकार की सार्वजनिक जगहों में एक कठिनाई अवश्य होती कि वह अपनी टेबल पर अकेला होता और इसके कारण वह अनायास ही अलग लगने लगता। वैसे कभी-कभी कोई ईसाई लड़की उसे अभिवादन कर पूछ बैठती 'डू यू वाण्ट कम्पनी?' और या तो ऐसे समय वह जड़भरत बना रहता या 'नो थैंक्स' कहकर फिर अपने में खो जाता। शामें वह कनाट-प्लेस के बीचवाले पार्क में किसी बेंच पर या किसी गुलमोहर के नीचे कोई किताब पढ़ते हुए अथवा अपने और गोपा के सम्बन्धों के बारे में सोचते हुए काट लिया करता। गुलमोहर के प्रथम फूल किस प्रकार निकलते हैं तथा सम्पूर्ण पुष्पित हो जाने के बाद गुलमोहर कितना प्रसन्न वृक्ष लगने लगता है यह देखकर उसे अपने अन्तस् में कितना अनिर्वचनीय सुख लगने लगता। जहाँ मनुष्य असफल होता है वहाँ प्रकृति के विभिन्न सदस्य कितने संकोची मौन के साथ अपनी चेतनता

अभिव्यक्त करते हुए आपको प्रसन्न कर रहे होते हैं। प्रकृति की यह विशेषता होती है कि वह अपने बीच आपके मानवीय विष को भी अमृतत्व में बदल देती है। शायद इसीलिए मन्त्रों की सृष्टि तब से रुक गयी जब से मानव प्रकृति से विमुख हुआ और इसीलिए उसमें का अमृतत्व भी क्रमशः क्षीण होता गया। प्रकृति के बीच वह पुष्पित विचार-वृक्ष की भाँति था पर कालान्तर में वह विष-वृक्ष ही होता चला गया। पार्क में कहीं पर बैण्ड की आवाज आ रही होती। प्रामों और लानों पर कूदते-फाँदते अंग्रेजों के बच्चे, स्त्रियाँ और पुरुष बैण्डवालों को गोल में घेरे सुन रहे होते। उसे अंग्रेजों से ईर्ष्या होने लगी कि ये लोग संसार में कहीं चले जायें अपना लन्दन साथ में लिये चलते हैं। धीरे से अपना लन्दन जेब से निकाला और वहाँ पर फैलाकर निश्चिन्त हो टहलने लगे। ऐसी बेफिक्र कौम, निर्द्वन्द्व जाति है कि इसे दूसरों के इतिहास, परम्परा, भाषा से कोई मतलब नहीं। शायद अपनी परम्परा से आसक्ति ही इनकी शक्ति भी है। पेड़ों की छायाएँ लम्बी होती हुई विलीन होने लगतीं तो वह उठकर किसी होटल में पहुँच जाता। प्रयत्न वह करता रहा कि गोपा को लेकर अपने को सहज अनुभव करे पर रह-रहकर उसे कुछ सालने लगता। वह गोपा को रोज पत्र लिखने की सोचता पर समझ नहीं पाता था कि क्या और कैसे लिखे। और रोज एक-एक दिन की देरी बढ़ती जाती। लगता कि अब पत्र लिखना तो और भी कठिन हो चुका है। यद्यपि किसी-न-किसी दिन तो इस स्थिति का सामना करना ही होगा, शुभस्य शीघ्रम् ; लेकिन ऐसे सुभाषित अपनी जगह ठीक होने पर भी हमारी सहायता प्रायः नहीं कर पाते हैं। हम जिस समस्या से घिरे होते हैं उसका पता इन सुभाषित लेखकों के फरिश्तों को नहीं होता। और एक दिन हम पाते हैं कि व्यवधान का पहाड़ हमारे सामने खड़ा हो चुका है। बस एक ही आशा उसे थी कि सम्भव है श्रीमती लीला साहनी यहाँ आयें तो वहाँ का कुछ हालचाल पता चले। यद्यपि श्रीमती लीला साहनी का सामना करने का भी उसका मन नहीं था पर वह चाहता था कि वह आयें।

और एक दिन सवेरे उसके भाई ने बताया कि किसी देवी का टेलीफोन उसके नाम है। और फोन पर ही श्रीमती लीला साहनी से तय हुआ कि तीसरे प्रहर 'स्टैण्डर्ड' में भेंट होगी। यहाँ का लाउञ्ज उसे बहुत प्रिय था पर जब भी वह आया है तब यहाँ खासी भीड़ पायी है। इस समय दो-चार लोगों को छोड़कर लाउञ्ज में बड़ी ही प्रिय शान्ति थी। इस समय संगीतवाला कोलाहल भी नहीं था। संगीत-मंच पर विभिन्न वाद्य अवश्य थे पर अपने बजाये जाने की प्रतीक्षा में मौन थे। पीछे की दीवार में बड़े-से शीशे पर बकिंघम-महल का चित्र बना हुआ था। बाहर की ओर की खिड़कियों के बड़े शीशे पर तैरती मछलियाँ बनी हुई थीं। लाल मखमल का बड़ा-सा पर्दा इस समय तो सरका दिया गया था पर रात में तथा गर्मियों में तो दिन में भी फैला रहता है। लाल मखमल जड़ी सोफानुमा नीची कुर्सियाँ राजस वातावरण उत्पन्न कर रही थीं। यहाँ बैठकर केबिन का नहीं वरन् डेक का आभास होता है। शेष होटल तथा इस लाउञ्ज के बीच दो बड़ी मेहराबें

थीं। लाउञ्ज कुछ ऊँचाई पर था अत: सीढ़ियाँ चढ़ना होता था। कालीन के कारण किसी प्रकार की आहट की सम्भावना नहीं थी। भीतर के बड़े हाल में बालडान्स का प्रबन्ध था। यहाँ तो लोग थककर या एकान्त की दृष्टि से आते थे। चेष्टा यही की गयी थी कि यहाँ की सज्जा अधिकाधिक विदेशी तथा विक्टोरियन लगे।

लाउञ्ज में चढ़ते ही महिम ने ठिठककर श्रीमती लीला साहनी को खोजा। खोजने में अधिक क्या बिलकुल भी चेष्टा नहीं करनी पड़ी। तैरती मछलियोंवाली एकदम आगे की खिड़की के पास एक टेबल पर वह अकेली बैठी थीं। परिचितों को पीछे से पहचानने में भी कोई कठिनाई नहीं हुआ करती। बस, एक बात का अन्तर उसने अवश्य मार्क किया कि लखनऊ की भाँति उन्होंने जूड़ा नहीं बना रखा था बल्कि कई लच्छियों में उनके बाफकट बाल सजे हुए थे। बड़ा हलका फीरोजी रंग उन्होंने धार रखा था। महिम को याद है कि एकाध बार को छोड़कर श्रीमती लीला साहनी प्राय: हलके रंग ही पहनने में विश्वास करती हैं। उनकी त्वचा के रंग के साथ प्राय: ये हलके रंग बड़े ही सन्तुलित लगा करते हैं।

पास पहुँचकर नमस्कार करके चौंका दिया,

— अरे, आ गये आप?

— क्यों ! आप क्या सोचती थीं कि नहीं आऊँगा? मैं तो बल्कि समय से जल्द ही आया हूँ।

— असल में मुझे आशा नहीं थी कि 'हेयर-ड्रेसर' के यहाँ से इतनी जल्द छुटकारा मिल जायेगा। कभी दो घण्टे के पहले वहाँ छुट्टी नही मिलती।

इस बीच महिम कुर्सी पर व्यवस्थित हो चुका था, बोला,

— लखनऊ से कब आयीं आप?

— मेरी बाद में पूछियेगा पहले अपनी बताइये कि आप इस तरह वहाँ से सहसा क्यों चले आये?

— सहसा तो नहीं आया। आपसे कहा नहीं था क्या कि जानेवाला हूँ?

— लेकिन बेचारी गोपा को तो आपने कुछ भी नहीं बताया। मुझे खुद आश्चर्य हुआ कि आपने उससे कोई चर्चा तक नहीं की।

— असल में सहसा तय हुआ और चल दिया।

— बट दिस इज बैड, यू शुड हैव इन्फार्म्ड हर एट लीस्ट।

महिम कुछ नहीं बोला। इस बीच बैरा आ चुका था। श्रीमती लीला साहनी ने पूछा,

— कहिये क्या लीजियेगा?

— विशेष कुछ नहीं, जो आप चाहें!

— चाय और कुछ स्नेक दे जाओ।

बैरा चला गया तो श्रीमती लीला साहनी बोलीं,

— हम लोग तो परसों ही यहाँ आये हैं।

— कब तक हैं?

— यह सब साहनी साहब पर निर्भर करता है, जयपुर भी इस वीक-एण्ड में जाना है फिर भी तीन-चार दिन तो हैं ही। और आप यहाँ इतने दिनों क्या करते रहे?

— विशेष तो कुछ नहीं, लखनऊ को भुला सकूँ इसलिए लखनऊ को याद करता रहा।

— दैट्ज वेरी गुड!!

और श्रीमती लीला साहनी हँस पड़ीं। महिम बोला,

— लेकिन आपके यहाँ आ जाने से जितना कुछ भूल सका था वह सब चौपट हो गया।

इस बार दोनों हँस पड़े। इन आरम्भिक बातों के बाद महिम अपने को आराम से बैठा अनुभव करने लगा। श्रीमती लीला साहनी ने पूछा,

— आपका इरादा यहाँ कितने दिन का और है?

— मैं स्वयं नहीं जानता कि यहाँ कितने दिन और रहना चाहूँगा।

बैरा चाय और स्नेक लगाकर चला गया। महिम क्राकरी के फूलों को देखने में लगा था जब श्रीमती लीला साहनी ने चाय का प्याला थमाया तथा पूछा,

— कल आपका दोपहर में क्या कार्यक्रम है?

— मुझे तो यहाँ सिवाय घूमने के और कुछ काम ही नहीं रहता।

— तो फिर कल हुमायूँ-मकबरा चला जायेगा। आइ लाइक दैट प्लेस वेरी मच।

— ठीक है। लेकिन यह आप इस तरह कह रही हैं जैसे इस समय आप जाने की बहुत जल्दी में हैं।

— आपने बिलकुल ठीक समझा। असल में ढाई बजे एक अपाइण्टमेण्ट है। अभी जाऊँगी तब न तैयार हो सकूँगी।

— लगता है यहाँ भी आप बहुत व्यस्त रहती हैं।

— यह तो है। अच्छा, इन दिनों कोई आर्ट-एक्जीबीशन यहाँ नहीं हो रही है? सुना दिसम्बर में कोई लगी थी।

— आइ जस्ट डोण्ट नो एनीथिंग।

— लगता है सारा समय गोपा ही ले लेती है, है न?

और वह खिलखिलाकर हँस पड़ी। बैरे को बिल का संकेत किया। महिम इस चटपट के व्यवहार को समझ नहीं पाया।

नयी दिल्ली अभी काफी विरल थी। मैदानों के बीच पथ और वृक्षपंक्तियाँ अवश्य मुखर थीं पर उस हिसाब से आबादी सघन न थी। इण्डिया-गेट पर

बड़ौदा-हाउस तथा हैदराबाद-हाउस अथवा दो-एक बँगलों को छोड़कर शेष सुनसान था। यहाँ-वहाँ कुछ बनते बँगले अवश्य दिख रहे थे। चारों ओर की चित्रात्मक निर्जनता के बीच फौलादी मुद्रावाला इण्डिया--गेट राजस के साथ-साथ किंचित् निरीह भी लग रहा था। यदि सामने की ओर सम्राट् की मूर्ति तथा दोनों ओर के जलाशय एवं फौवारे न होते तो बड़ा असहनीय हो जाता। मार्च के आरम्भ की धूप काफी दीर्घ लग रही थी जिसमें सुदूर में खड़े वाइसराय का भवन तथा सेक्रेट्रिएट के कार्यालय आकाश में उभरे हुए थे।

श्रीमती लीला साहनी ड्राइव कर रही थीं तथा महिम पास में बैठा लगभग मौन था। श्रीमती लीला साहनी बोलीं,

— न जाने किन-किन लोगों ने इस दिल्ली को अपने अधिकार में किये रखना चाहा पर यह किसी की नहीं हो पायी।

— क्या आप चाहती हैं कि आपकी इस बात से मैं कोई सार्वकालिक निष्कर्ष निकालूँ?

— जी नहीं। मैं जानती हूँ आप क्या कहेंगे।

— अच्छा बताइये मैं क्या कहता?

— यही कुछ स्त्रियों के विरुद्ध।

— यह आप कैसे समझ गयीं?

— दिज इन ऐ ट्रेड सीक्रेट सर!

और दोनों हँस दिये। अब वे लोग पुराने किले के सामने से गुजर रहे थे। उसके दाहिने हाथ पेड़ों की सघनता में, सुदूर में गोल्फ-क्लब का आभास दिख रहा था। तभी हठात् श्रीमती लीला साहनी ने पूछा,

— डू यू रियली लव हर?

— किसे?

— गोपा को।

महिम को कभी यह अनुमान नहीं हो सकता था कि श्रीमती लीला साहनी इतने और ऐसे सीधे-सीधे इस बारे में प्रश्न भी कर सकती हैं। वह इस बात के लिए कदापि तैयार नहीं था, बोला,

— यह आपने क्यों पूछा?

— इसलिए कि मुझे आपसे सहानुभूति से अधिक कहीं और कुछ भी है।

— और कुछ क्या?

और महिम ने देखा कि श्रीमती लीला साहनी ने सड़क के बीच में बने मकबरे के बाद बायें हाथ कार मोड़ी। सड़क बड़ी अकेली-सी लग रही थी। पेड़ों की सघनता ने उसके अकेलेपन को और भी अधिक स्पष्ट कर रखा था। दोनों चुपचाप उतरे। बाहरी फाटक से भीतर मकबरे तक कहीं कोई नहीं था। दाहिने हाथ की

प्रशस्त प्राचीर में मेहराबें उकेरी हुई थीं जिन पर तरह-तरह की लताएँ झूली पड़ रही थीं। महिम ने देखा कि श्रीमती लीला साहनी के चलने में कितनी सायासता है।

— महिम बाबू! जिन दिनों कोई इतिहास नहीं रहा होगा या ऐतिहासिक खँडहर न रहे होंगे तब मनुष्य को कैसा लगता रहा होगा?

— मैं इस बारे में कुछ नहीं कह सकता।

— आप भी अजीब आदमी हैं—गोपा के बारे में नहीं बता सकते, इतिहास के बारे में नहीं बता सकते, मेरा ख्याल है कि आप फूल-पौधों के बारे में भी नहीं जानते तभी तो इतनी सारी जमीन अपने बँगले में खाली रख छोड़ी है।

— आपने मेरी बात का उत्तर नहीं दिया।

— कौन-सी बात?

— आइ रियली पिटी दैट गर्ल।

महिम को लेकिन यह सब अच्छा नहीं लग रहा था। अब वे लोग मकबरे के पहलेवाले चबूतरे पर चढ़ रहे थे। मकबरा फैल आया था। यह आरम्भिक चबूतरा लम्बी-सी प्रदक्षिणा देता हुआ मकबरे के पीछे चला गया था। खूब खुला था पर महिम को बड़ा घुटा-घुटा-सा लगा। बड़ी कठिनाई से वह बोल पाया,

— लीलाजी! क्यों इस तरह की बात कहती हैं?

— इसलिए कि मैं आपको पसन्द करती हूँ और चाहती हूँ कि आप किसी भ्रम में न रहें।

— कैसा भ्रम?

अब वे लोग जिस चबूतरे पर मकबरा खड़ा था उस पर पहुँच गये थे। सफेद पत्थरों की गोटवाली लाल-लाल मेहराबोंवाला वह मकबरा दूर से तो नहीं पर पास से वृद्ध दिख रहा था। कहीं-कही दीवारों और सन्धियों में घास उगी हुई थी। महिम को लगा कि व्यक्ति को तो वृद्ध होने में समय अधिक नहीं लगता पर उसके इतिहास को वृद्ध होने में प्राय: काफी समय लग जाता है। अनेक बार तो वह तब भी वृद्ध नहीं होता।

— महिम बाबू! हम हिन्दू लोग बड़े ही निर्मम हैं।

महिम को स्पष्ट ही लगा कि उसे उत्तर देने की कोई आवश्यकता नहीं है। यदि होती भी तो वह नहीं दे पाता। श्रीमती लीला साहनी पुन: बोलीं,

— मरने के बाद किसी भी प्रकार की स्मृति में विश्वास ही नहीं करते। यह देखिये मुसलमान और ईसाई हैं कि जिन्हें कयामत तथा न्याय के दिन तक पहचाना जा सकता है।..... क्या आप मेरी बात से सचमुच ही नाराज हो गये?

स्पष्ट था कि वाक्य का अन्तिम भाग गोपावाली बात से सम्बन्ध रखता था। गोपावाली चर्चा यद्यपि वह श्रीमती लीला साहनी से करना चाहता था पर उस प्रकार से नहीं जिस प्रकार से वह कर रही थीं अत: टालते हुए बोला,

— स्मृति सँजोकर रख भी ली जाये तो क्या?

— इस प्रकार के तर्क से तो सभी-कुछ मिथ्या ठहरेगा। मृत्यु ही क्या, यह जीवन तक मिथ्या, माया न जाने क्या-क्या सिद्ध किया गया है।

— क्या आप मानती हैं कि यह संसार मिथ्या नहीं है?

और वे लोग मकबरे में ऊपर जानेवाली पत्थर की सीढ़ियाँ चढ़ रहे थे। सीढ़ियों के पत्थर काफी चिकने थे अत: उनमें पालिश की-सी चमक थी, गन्ध नहीं। सैकड़ों वर्षों तक लाखों हाथों, पैरों के स्पर्श से दीवार तथा सीढ़ियों के पत्थर चिकने तथा मुलायम चमकीले हो गये थे। इस प्रकार के पुरातत्त्ववाले स्थलों पर पहुँचकर पता नहीं कैसी अव्यक्त व्यथा आपमें भिद उठती है। सब-कुछ कितना निस्सार, निस्संग लगता है। कितना अजीब है कि जब तक हमारी आँखें खुली होती हैं हम संसार को देखते होते हैं पर जैसे ही हमारी आँखें मुँदीं नहीं कि संसार हमें देखने लगता है। जीवन और इतिहास में पक्ष का ही तो अन्तर होता है। व्यक्ति के द्वारा देखा गया समाज, जीवन है तथा समाज के द्वारा देखा गया व्यक्ति, इतिहास है। उस पथरीले जीने में बड़ा खड़ापन था। रानें भरने लगी थीं। श्रीमती लीला साहनी पैरों को हाथों का सहारा देते हुए चढ़ रही थीं। जीने में ऐसी गन्ध थी जो प्राय: बहुत दिनों बन्द रहने पर किसी भी स्थान की हो सकती है पर प्राय: ऐसी गन्ध भी महिम के निकट इतिहास की ही गन्ध है। यहाँ-वहाँ पक्षियों की बीटें, उनके सफेद, भूरे दाग छिटके हुए थे। जब वे लोग ऊपर खुले में पहुँचे तो एकदम सुखद आश्चर्य लगा। कितने ऊपर वे लोग आ चुके थे। पीछे की ओर रेलवे लाइन तथा निजामुद्दीन स्टेशन दिख रहा था। चारों ओर झाड़ियोंवाली हरियाली अपने नीचे कद में फैली हुई थी। क्षितिज तक कोई ऊँचा वृक्ष नहीं था। चारों ओर का नील रहस्यमय आकाशवृत्त कितने मुलायम ढंग से टोपी की भाँति धरती पर टिका था। पहले उन्होंने एक चक्कर लगाया। चारों ओर के झँझरीदार दरवाजों से नीचे कब्र की ओर झाँका जहाँ केवल सन्नाटा गुम्बद के कनटोप में दुबका पड़ा था। जब यह शासक जीवित था तब क्या इसके चारों ओर ऐसी ही निरभ्र शान्ति थी? पर आज सैकड़ों वर्षों से अहोरात्र न जाने कैसा-कैसा सन्नाटा इसे घेरे हुए है और पता नहीं कब तक यह बना रहे। एक दिन गुम्बद का एक हिस्सा गिरेगा और तब कब्र पर चूने-ईंट के गिरने की छपाक-सी आवाज होगी। इसके बाद फिर कुछ दिन ऐसा ही होगा। तब धूप, धूल, आँधी, पानी प्रवेश करेंगे और.... और एक दिन मकबरे का यह बन्धन नहीं रहेगा.....शायद एक दिन कब्र का भी बन्धन नहीं रहेगा......आह, तब तक मृतदेह को प्रतीक्षा करनी पड़ेगी कब्र के तहखाने में?

महिम न जाने और भी क्या-क्या सोच रहा था कि परिक्रमा पूरी कर श्रीमती लीला साहनी एक जगह पर बैठते हुए बोलीं,

— जिन-जिन लोगों ने भी इस संसार को मिथ्या या माया कहा उन्होंने मनुष्य के साथ, उसके पुरुषार्थ के साथ तथा उसकी सम्भावनाओं के साथ खिलवाड़ किया।

— लगता है आपको इस प्रकार के दर्शनों से काफी चिढ़ है।

— है तो, पर क्या किया जा सकता है? बेचारी स्त्री की सुनता ही कौन है। और जो लेखक, कलाकार स्त्री की सुनते हैं उन्हें ये दार्शनिक, विचारक निम्नस्तर का घोषित कर देते हैं। विचारकों के इस प्रकार के फतवों से न तो आज तक कोई स्त्री ही बच पायी और न उसके समर्थक ही।

— तो फिर आप इन दर्शनों के विरुद्ध कोई दर्शन प्रतिपादित कीजिये न।

— स्त्री इसकी कोई आवश्यकता ही नहीं समझती। वी बिलांग टु ए डिफरेण्ट स्टाक।

— एण्ड ह्वाट इज दैट?

— हम इकाइयों को अपने पक्ष में करती हैं।

— कैसे?

— हाय, आप इतनी छोटी-सी बात भी नहीं समझते?

— कौन-सी बात?

— प्रत्येक पुरुष एक स्त्री का अनुयायी होता है। यही हमारी पद्धति है। है यह चींटी की प्रणाली पर हमारा काम बड़ा ठोस होता है। आप लोगों की तरह नहीं कि मध्ययुग में लोगों ने अपना सामूहिक धर्म-परिवर्तन कर डाला। हम तो अपने अनुयायी को हमेशा-हमेशा के लिए अपना अनुचर बना लेती हैं।

और श्रीमती लीला साहनी बड़ी जोर से हँस दीं।

शाम होने लगी थी। किसी ट्रेन की घड़घड़ाहट पीछे की ओर से आ रही थी। श्रीमती लीला साहनी जिस ढंग से बैठी हुई थीं उसमें यह नहीं लग रहा था कि उन्हें कोई जल्दी है। श्रीमती लीला साहनी एक कंकड़ी से जमीन पर शायद कोई फूल बना रही थीं, बोलीं,

— महिम बाबू! आप गोपा के बारे में क्या-क्या जानते हैं?

महिम को फिर ऐसी ही प्रतीति होने लगी जैसे वह किसी तनी हुई बन्दूक के सामने खड़ा है और अभी 'फायर' किया जानेवाला है।

— आप क्या बताना चाहती हैं?

— मैं तो केवल जानना चाहती हूँ।

— क्यों?

— इसलिए कि मुझे लगता है कि आप गोपा के बारे में भ्रम में हैं।

— आप मेरे भ्रम को क्यों तोड़ना चाहती हैं?

— क्या भ्रम में रहना अच्छी बात है?

— कभी-कभी।

— मैं तो ऐसा नहीं समझती।

— हो सकता है।

— लगता है आप गोपा को बहुत प्रेम करते हैं।

— यह तो मैंने नहीं कहा।

— महिम !

महिम ने देखा कि आज पहली बार और वह भी इतने अनायास श्रीमती लीला साहनी ने उसे सीधे 'महिम' कहकर पुकारा। उसने कोई उत्तर नहीं दिया पर वह बोलीं,

— तुम जानते हो मैं भी तुम्हें स्नेह करती हूँ? नहीं जानते हो न? इसलिए कि मैंने किसी स्वार्थ से तुम्हें प्रेम नहीं किया। मुझे तुम अच्छे कलाकार लगे। मैं तुम्हारे सम्पर्क में आना चाहती रही पर तुमने सदा मेरा तिरस्कार किया होगा। मैंने तुमसे कितनी बार अपने चित्र दिखाने के लिए कहा, तुमने मेरा एक भी चित्र नहीं आँका—क्यों? इसलिए कि गोपा का तुम्हें भय रहा। जानते हो, वह नाथ बाबू की पुत्री नहीं है। मिसिस नाथ चरित्रहीन स्त्री हैं..... पता नहीं गोपा, डाक्टर बहल या जज शम्सुद्दीन किसकी सन्तान है.... बेचारे नाथ बाबू को यह कलंक अपने सिर पर ढोना पड़ रहा है।

— लेकिन तुम मुझसे यह सब क्यों कह रही हो?

— शी इज एन इम्पोस्टर इन द सोसाइटी एण्ड शी शुड बी पनिश्ड !!.....मैंने सुना है तुम उससे विवाह करने जा रहे हो?...... विवाह का अर्थ जानते हो? तुम्हारी सन्तानें ऐसी नाजायज माँ को लेकर समाज में चल सकेंगी?

— लेकिन तुम गोपा के इतने विरुद्ध क्यों हो?

— विरुद्ध? मैं क्यों हूँगी? पूरे लखनऊ में उन माता-पुत्री की क्या इज्जत है कभी देखा है? तुम्हें जब भी उनके साथ देखा है तब हम सबको कितनी दया आयी है तुम पर? तुम्हें और कोई नहीं मिला महिम?

— मैं समझता हूँ यह मेरा निजी मामला है।

— यह तो है ही। लेकिन एक शुभचिन्तक के नाते मैंने अपना कर्त्तव्य निभाया।

— और मैं इसके लिए धन्यवाद देता हूँ तुमको।

दोनों को ही लगा कि बात बिगड़ चुकी है। अब जितनी देर भी बैठना होगा वह निर्जीव ही होगा पर सहसा उठा भी नहीं जा सकता था। एक अनावश्यक मौन उसी तरह उन्हें घेरने लगा जैसे कि शाम की छाया के बाद अँधेरा घिरने लगता है।

उसे श्रीमती लीला साहनी से मिलकर बिलकुल भी अच्छा नहीं लगा। यह ठीक है कि उन्होंने कोई गलत बात उसे नहीं बतायी पर महिम को यही लगा कि साधारण स्थिति में कोई किसी को ऐसी बात जानने पर भी नहीं बताता। श्रीमती लीला साहनी का यह अतिरिक्त व्यवहार वह समझ नहीं सका कि क्यों था? इसका क्या कारण हो सकता था? अवश्य ही कोई वैयक्तिक राग-द्वेष ही होगा अन्यथा लोग और विशेषकर इस स्थिति के लोग इस प्रकार के दूसरों के मामलों में चुप ही रहते हैं। कहीं यह तो कारण नहीं था कि श्रीमती लीला साहनी महिम से कुछ

अतिरिक्त चाहती रही हों? यद्यपि इसकी कोई सम्भावना उसे कभी नहीं लगी। हो सकता है कि गोपा के उसने अनेक चित्र बनाये हैं और उनका कोई चित्र कभी नहीं बनाया इसलिए वह गोपा से असन्तुष्ट हों। लेकिन इसके लिए महिम से नाराज होने के बजाय गोपा से इतनी क्यों नाराज होंगी?....लेकिन गोपा, नाथ बाबू की पुत्री नहीं है यह उन्हें कैसे मालूम? क्या लखनऊ का भद्र समुदाय इसको जानता है? क्या इसीलिए नाथ बाबू अभी तक गोपा के लिए कोई वर नहीं खोज सके? क्या गोपा की यह बात इतनी बहुश्रुत है? पर उसे तो मालूम नहीं हो सका। क्या इसीलिए लखनऊ का यह भद्र समुदाय उससे घनिष्ठता नहीं बना सका कि वह गोपा के साथ ही समाज में देखा गया? क्या गोपा की इतनी उपेक्षा है उस समुदाय में? क्या इसीलिए गोपा कहीं अधिक नहीं आती-जाती? श्रीमती लीला साहनी ने यह बात क्यों कही कि सन्तानें ऐसी माँ को लेकर समाज में किस प्रकार निकल सकती हैं? क्या यह बात इतनी महत्त्वपूर्ण है? महिम समझ नहीं पा रहा था कि वह क्या करे? वह किसी प्रकार अपने को समझा सका था कि इससे क्या होता है यदि गोपा नाथ बाबू की पुत्री नहीं है, पर श्रीमती लीला साहनी ने इसी बात को नये आयाम दे दिये थे कि यह बात लखनऊ का पूरा भद्र समुदाय या तो जानता है या फिर इसका उसे आभास है। सचमुच लोगों ने उसके बारे में अब तक न जाने क्या-क्या और कैसी-कैसी धारणाएँ बना ली होंगी। कल यदि वह गोपा से विवाह कर लेता है तो लोग उसके बारे में और भी न जाने कैसी-कैसी धारणाएँ बना लेंगे।

और महिम हाहाकार से भर उठा। तीन दिन वह इसी ऊहापोह में पड़ा रहा। उसे लगा कि इस स्थिति में इसी में मुक्ति है कि वह लखनऊ जल्द-से-जल्द छोड़ दे क्योंकि इस अनिर्णीत मन:स्थिति को लेकर वह क्या और कितने दिन गोपा का सामना कर सकता है? यद्यपि अभी भी वह अपने से जूझ रहा था। वह इस मूलभूत बात को ही तर्क से ढहा देना चाहता था कि यदि गोपा नाथ बाबू की पुत्री नहीं है, तो क्या?

और एक दिन वह उसी अनुत्सवी ढंग से दिल्ली से लखनऊ के लिए चल पड़ा जिस प्रकार वह लखनऊ से यहाँ आया था। उसके परिवारवालों को उसके आने और जाने, दोनों पर ही आश्चर्य था कि क्यों सहसा आया और क्यों वह अब सहसा जा रहा है।

स्टेशन से घर पहुँचते ही रामलाल ने जो पहली सूचना दी वह यह कि नाथ बाबू बलरामपुर अस्पताल में गत आठ दिनों से बहुत बीमार हैं। वह तुरन्त तैयार होकर गोपा के घर पहुँचा। अभी आठ बजा था। वैसे तो वहाँ रोज की-सी ही शान्ति थी पर यह मौन कसे हुए वाद्य का-सा मौन था। अब यह बजानेवाले पर निर्भर करता है कि उसमें से एक राग की सृष्टि हो अथवा निरर्थक स्वर बजकर रह जायें। मोनी चाची ने उसे घुसते ही देख लिया था। ऊपर वह चढ़ा ही था कि मोनी चाची आती दिखीं।

— कब लौटे भैया?

— अभी बस चला ही आ रहा हूँ। सुना पापा की तबीयत..

महिम की बात सुनकर मोनी चाची जिस प्रकार सुबुककर रोयीं उसमें वह अपना वाक्य तक पूरा न कर सका।

— अब कैसी तबीयत है उनकी?

कुछ देर के बाद मोनी चाची मात्र इतना ही कह सकीं,

— अबहिन समाचार आया भैया! कि सरकार नहीं रहे।

— कब हुआ यह?

पूछा उसने अवश्य लेकिन उत्तर की प्रतीक्षा किये बिना ही वह उलटे पाँव बलरामपुर अस्पताल की ओर भागा। इस समय वह जिस मन:स्थिति में था उसमें उसे ताँगे का धीमा चलना खल रहा था, शायद इसीलिए लोग मोटरों पर चढ़ते हैं। जब वह अपने ही विचारों के खोयेपन से चौंकता तो देखता कि ताँगा अभी छतरमंजिल भी नहीं पहुँचा है। उसने ताँगेवाले को इस बीच अनेक बार टोका होगा। जब ताँगा बलरामपुर अस्पताल की चढ़ाई पर पहुँचा तो उससे सहन नहीं हुआ कि वह बैठा रह सके अत: वह तेज भागकर अस्पताल पहुँचा।

स्पेशल बार्ड के सामने लोगों की भीड़ जमा थी। अब तक तो वह एक आवेश में चला आया था पर वार्ड के सामने पहुँचकर किकर्त्तव्यविमूढ़ हो गया। वह नहीं समझ पाया कि अब क्या किया जाये? लोग भीतर-बाहर आ-जा रहे थे। इतना स्पष्ट था कि मृत्यु हुए दो-एक घण्टे हो चुके थे। अस्पताल के बरामदे में ही डाक्टर बहल, जज शम्सुद्दीन साहब, गोपा का सौतेला भाई तथा कुछ लोग खड़े हुए धीरे-धीरे बतिया रहे थे। लोगबाग बरामदे में, वार्ड के दरवाजे के दोनों ओर, बाहर की रेती पर खड़े हुए व्यस्त थे, चुप थे। वह सहसा निर्णय नहीं कर पाया

कि भीतर कैसे जाया जाये? लोगों ने उसको देखा, अभिवादन का प्रश्न ही नहीं था। लोगों की उड़ती बातचीत से वह यही समझ सका कि एम्बूलेन्स-कार की प्रतीक्षा की जा रही है। अभी वह इसी असमंजस में खड़ा था कि उसने वार्ड के दरवाजे पर गोपा को खड़े पाया। वह किसी को खोज रही थी और तभी दोनों की दृष्टियाँ मिलीं। गोपा की दृष्टि पहले तो निर्भाव थी, फिर चौंकी उपरान्त उनमें क्षणान्त में नैकट्य, दूरी एवं उपेक्षा एक साथ ही कौंध गये। गोपा अपनी खोज के पूर्व ही वार्ड में लौटी या उसका काम पूरा हो गया था इसलिए लौटी अथवा महिम को देख लेने के कारण लौटी, यह महिम नहीं समझ सका। अब महिम के सामने कोई चारा न था सिवाय इसके कि साहस बटोरकर वास्तविकता का सामना करे, और वह दरवाजे पर था। उसे गोपा के सौतेले भाई ने वार्ड में जाते देखा अवश्य पर उसके देखने में उपेक्षा जैसी ही थी। वार्ड के भीतर फर्श पर नाथ बाबू को लिटा दिया गया था। गोपा की सौतेली माँ तथा उनका परिवार उनके पैरों के पास बैठा था। गोपा और श्रीमती नाथ पीछे दीवार से लगी बैठी थीं। वार्ड में दवाइयों की गन्ध के साथ अगरबत्ती की सुगन्ध भी स्पष्ट थी। महिम समझ नहीं पाया कि वह भी जाकर बैठ जाये या देखकर लौट जाये। उसने कनखियों से एक बार अवश्य देख लिया था कि श्रीमती नाथ और गोपा कहाँ बैठी हैं पर सिर ऊँचा कर उधर देखने का साहस उसमें नहीं था। नाथ बाबू श्वेत वस्त्र में लिपटे पड़े थे। उनका खुला मुँह एकदम निर्विकार था। वैसे हम किसी भी मुख को रोज देखते रहे हों पर मृत मुख न जाने क्यों किंचित् अपरिचित ही हो जाता है। सहसा देखने पर वह नहीं पहचान सकता था कि यह नाथ बाबू ही मृत लेटे हुए हैं। अभी वह निर्णय लेने ही वाला था कि क्या करे, तभी हलके से एम्बूलेन्स गाड़ी की आवाज सुनायी दी। अब उसके सामने स्पष्ट था और वह जाकर दीवार से सटकर एक ओर खड़ा हो गया।

एम्बूलेन्स बरामदे से सटा दी गयी थी। स्ट्रेचर पर लोगों ने नाथ बाबू को रखा और गाड़ी में ले जाकर रख दिया। परिवार के कुछ लोग साथ में हो लिये। स्त्रियाँ पीछे छूट गयीं। वहीं मालूम हुआ कि लाश पहले 'नववृन्दा' ले जायी जायेगी उसके बाद वहाँ से शवयात्रा चलेगी। स्पष्ट था कि उसे 'नववृन्दा' नहीं जाना था। वह सीधे श्मशान घाट जाने के लिए चल पड़ा। चलते समय भी पीछे खड़ी गोपा और श्रीमती नाथ की ओर देखने का साहस उसमें नहीं था।

वैसे इसकी कोई आवश्यकता नहीं थी कि जब तक चिता जलती रहे तब तक वह बैठा, पर बैठा रहा। काफी लोग जा चुके थे। पीछे रह जानेवालों में दो-चार घनिष्ठ तथा परिवार के ही लोग रह गये थे। जब तक वह बैठा रहा किसी ने उससे कोई बात नहीं की और न उसने इसकी कोई अपेक्षा ही की थी। जैसे ही चिता

ठण्डी की गयी और लोग चले वह भी उठकर बाँध की ओर चल पड़ा। शाम के चार बज रहे थे। बाकी के लोग वहीं गोमती में स्नान करने गये थे। वही अकेला रहा गया था। स्नान वह भी करना चाहता था, किसी परिपाटीवश नहीं बल्कि दिनभर वह जिस मानसिक तनाव में रहा था तथा धूप में रहना पड़ा था इसके कारण वह कुछ थक गया था। वह सुखदता चाहता था और जो कि नहाने से ही सम्भव थी।

बाँध पर उस समय कोई नहीं था। गोमती के झिरझिराने की आवाज काफी थी। ढलते तीसरे प्रहर की धूप में नरमी-जैसी थी। बाँध के नीचे मछुओं ने मछलियों के लिए अनेक छोटे-बड़े जाल फैला रखे थे जिनमें मछलियाँ काँप-काँप पड़ रही थीं। जिस जल के साथ तथा सहारे वे मछलियाँ बाँध से कूदती थीं वह जल तो जालों को भेदकर प्रवहमान् था पर बेचारी मछलियाँ फँसी पड़ रही थीं। तड़पती, उछलती मछलियों को देखकर वह उदास हो गया। मनुष्य ही नहीं, सारी प्रकृति, सृष्टि, सारा व्यापार कितना निर्मम है। प्रत्येक क्षण करोड़ों जन्म ले रहे होते हैं तथा उसी क्षण करोड़ों न जाने किस-किस प्रकार मर रहे होते हैं। क्या प्रयोजन है ऐसे जन्म लेने और मरने का? कितनी बड़ी प्रवंचना है यह सृष्टि। किसी का भी जन्म, जीवन और मृत्यु क्या अर्थ रखता है? पता नहीं सृष्टि का यह क्रम सत्य है अथवा इस क्रम को भेद जाने में ही सत्यता है। क्या पता कभी सत्य की प्राप्ति सम्भव भी है अथवा नहीं। और सत्य की प्राप्ति हो भी गयी तो क्या वह स्वयं कामना नहीं है? और उसे लगा कि वह जैसे स्वयं जैसे किसी बड़े जाल में गिर पड़ा है। जब उसे चेत हुआ तो उसे बड़ी सान्त्वना हुई कि नहीं वह बाँध पर तौलिया लपेटे नहाने की प्रतीक्षा में अपने ही में खो गया था।

समस्या अब तक उतनी नहीं थी जितनी कि अब थी। कल अस्पताल से श्मशान तक वह एक परिचित की भाँति बना रहा कोई बात नहीं, पर अब? रातभर वह इस संयोग के लिए भगवान् का बड़ा आभारी रहा कि वह समय से लखनऊ पहुँच गया। यदि वह समय से न पहुँच पाता तो गोपा को क्या उत्तर देता? वैसे अभी भी अनेक बातें ऐसी थीं जिनका वह गोपा को क्या उत्तर देगा? वह यही निर्णय नहीं कर पा रहा था कि गोपा से अब किस प्रकार मिला जाये? अस्पताल में जिस प्रकार उसने देखा था उसके बाद ऐसा नहीं लगा कि गोपा उससे नाराज नहीं है। पर महिम यह भी जानता है कि गोपा किसी पर नाराज कभी नहीं होती। या तो वह किसी को अपनी आँखों में बसा सकती है या वह अपनी आँखें सदा के लिए किसी से फेर सकती है पर वह कभी आँखें तरेरेगी नहीं। दिनभर वह यही सोचता रहा कि जाये या न जाये? यदि कई लोग उपस्थित हों और उसने कोई बात नहीं की, तो? इसी प्रतीक्षा में वह दिनभर पड़ा रहा। शाम को वह यही सोचकर निकला

कि दूसरों की भाँति वह भी सहानुभूति प्रकट कर शीघ्र लौट आयेगा। इसके बाद ही आगे के बारे में निश्चय करेगा।

जिस समय वह गोपा के घर पहुँचा ऊपर हाल में श्रीमती नाथ के पास दो-चार लोग बैठे हुए हलके-हलके बोल रहे थे। अँधेरा हो चुका था। रोज की भाँति हाल का झाड़फानूस नहीं जल रहा था बल्कि जहाँ श्रीमती नाथ बैठी थीं वहाँ एक बल्ब जल रहा था। शेष हाल में अँधेरा ही कहा जा सकता था। उपस्थितों में गोपा को न देखकर उसे सान्त्वना हुई। क्यों हुई, वह नहीं कह सकता। लोगों ने तथा श्रीमती नाथ ने उसे आते देखा पर बोला कोई भी नहीं। वह भी एक कुर्सी पर बैठ गया। यों भी कोई विशेष चर्चा तो पहले भी नहीं हो रही थी पर उसके पहुँचने के बाद तो जैसे एकदम सन्नाटा खिंच गया। महिम समझ नहीं पा रहा था कि वह कहाँ से और कैसे आरम्भ करे। तभी श्रीमती नाथ ने पूछा,

— तुम कब आये?

— मैं कल सवेरे ही लौटा।

— अच्छे तो हो न?

— जी हाँ। असल में मुझे तो पापा की बीमारी के बारे में बिलकुल भी पता नहीं था। संयोग से मैं आ गया वर्ना....

और बोलते हुए उसे स्वयं ही बोध हुआ कि वह निरर्थक बोल रहा है। बल्कि इस निरर्थकता का बोध श्रीमती नाथ को भी है, यह ध्यान आते ही उसका उत्साह ठण्डा पड़ गया। श्रीमती नाथ बहुत हौले से बोलीं,

— बिना संयोग के कुछ नहीं होता बेटा!

तभी उपस्थितों में से एक ने कहा,

— तो अब चलें। हमारे योग्य जो भी सेवा हो आप निस्संकोच कहें।

— अरे भैया, बुढापे में अब आप लोगों से न कहेंगे तो किससे कहेंगे।

— अच्छा!!

और शेष सभी लोग उठ गये। वैसे महिम के स्थान पर कोई अन्य होता तो वह भी उठ जाता पर महिम के लिए सम्भव भी नहीं था। जाते लोगों की आहट वातावरण में उभर आयी थी। न जाने क्यों महिम को ऐसा लगा कि क्या ऐसा कभी सम्भव है कि लोगों का यह जाना, उनके पैरों की यह आहट कभी शेष ही न हो? अगला क्षण कभी आये ही नहीं? जिस क्षण या स्थिति का सामना हम नहीं करना चाहते क्या उसे गाँठ की भाँति नहीं काट फेंका जा सकता? नियम की शृंखला कभी टूटती क्यों नहीं? इन लोगों के तत्काल जाने के बाद वह और श्रीमती नाथ अकेले पड़ जायेंगे, तब?

और वह क्षण आ गया। श्रीमती नाथ आँखें बन्द किये कुर्सी से पीठ टिकाये बैठी थीं। महिम को लगा कि श्रीमती नाथ सचमुच अब वृद्ध लग रही थीं। बिल्लौरी आभा अभी थी पर वर्ण कुछ धुँधला गया था। अनायास ही कुछ झुर्रियाँ

दिखने लगी थीं। आँखों के नीचे हलकी झाँईं का अर्द्धवृत्त बना हुआ था। श्रीमती नाथ को आँखें बन्द किये देख महिम ने कहा,

— ममी!

— गये ये लोग महिम?

वह सचमुच थकी लग रही थीं। उसी प्रकार आँखें बन्द किये बैठी थीं वह।

— जी हाँ।

— तकलीफ तो होगी बेटा! तुम्हें, जरा किसी को बुला देना तो।

और महिम को तकलीफ नहीं करनी पड़ी। मोनी चाची ने आते ही पूछा,

— कोको यहीं ले आयें?

— बिटिया का सिर अब कैसा है?

— अबहिन तो लेटी हँय।

— महिम बाबू के लिए चाय ले आओ और हमारा कोको भी।

और मोनी चाची चली गयीं। महिम ने पूछा,

— गोपा को क्या हुआ?

— अरे कुछ नहीं। इनके पापा इनकी आदत बिगाड़ गये हैं और क्या? जब देखो तब बाल खोल के नहाने लग जाती हैं। शाम को सिर से नहीं नहाया जाता, जिन्दगी भर समझाते हो गया पर क्या मजाल जो सीख जायें।

स्पष्ट था कि श्रीमती नाथ गोपा पर खासी बिगड़ी हुई थीं। स्पष्ट था कि इस पर महिम कुछ नहीं कह सकता था केवल सुन सकता था। यदि साधारण एवं सहज परिस्थिति एवं सम्बन्ध होता तो महिम कुछ अवश्य कहता अथवा गोपा के लिए चल पड़ता पर इस समय वह मात्र सुनना ही कर सकता था। पर श्रीमती नाथ बोलना छोड़कर पुन: आँखें बन्द किये चुप हो गयी थीं। बड़ी ही असुखकर स्थिति थी। हाल की प्रशस्त निर्जनता, अकेले बल्ब की रोशनी तथा दु:खी श्रीमती नाथ के सामने ऐसे गुमसुम कब तक बैठा जा सकता था? अत: वही बोला,

— लेकिन किसी ने भी मुझे कोई सूचना नहीं दी।

अपनी बात के मिथ्यात्व का स्वत: उसे भी बोध था पर वह क्या कहता? उसकी बात का श्रीमती नाथ ने जब कोई उत्तर नहीं दिया तो वह खिसिया गया। महिम को लगा कि चुप्पी की जिस चट्टान को वह हटाकर पूरी साँसें लेना चाहता है वह इतनी आसानी से नहीं हट पा रही है अत: वह हारकर प्रतीक्षा करने लगा कि देखें श्रीमती नाथ ही क्या कहती–सुनती हैं।

मोनी चाची इस बीच चाय लगा गयीं। श्रीमती नाथ मौन बनी अपना कोको कुछ देर तक पीती रहीं। महिम को लगा कि वह मात्र देख रही हों पर चुप हैं नहीं। उनमें कुछ चल रहा है जिससे वह संघर्ष कर रही हैं। प्रत्येक संघर्ष एक सीमा तक मौन बना चलता रहता है पर यदि प्रतीक्षा की जा सके तो वह उस सीमा के बाद अभिव्यक्त होकर रहता है। महिम प्रतीक्षा करने के लिए बाध्य था।

कप रखते हुए श्रीमती नाथ बोलीं,

— सुना तुम भी शवदाह में गये थे।
— वह तो जाना ही था।
— एक ही दिन में कितना कुछ बदल गया और पता नहीं कल तक और कितना बदल जायेगा।
— आप ऐसा क्यों सोचती हैं?
— क्या हम संसार और समाज के नियमों से बाहर हैं?
— नहीं, मेरा मतलब है कि आपको इस प्रकार नहीं सोचना चाहिए। आप स्वयं समर्थ हैं।
— दुनिया में कोई समर्थ नहीं होता....अरे हाँ, मैं तुमसे एक बात कई दिनों से पूछना चाह रही थी महिम! कि तुम हम लोगों से क्यों नाराज हो?

महिम एकदम सकपका गया। इतने सीधे-सीधे कभी श्रीमती नाथ उससे इस प्रकार कहेंगी इसकी उसे कल्पना भी नहीं थी। उसे स्वयं से वितृष्णा हुई कि किस घोर विपत्ति के समय श्रीमती नाथ को उसके आचरण के बारे ऐसी बात पूछनी पड़ी।

— मैं और नाराज? यह आप क्या कहती हैं?
— सोचना तो मैं भी यही चाहती हूँ कि भला तुम हम लोगों से क्यों नाराज होने लगे? मैंने तो तुम्हें हमेशा पुत्र की भाँति माना।
— आपको मेरे बारे में कभी अन्यथा सोचना ही नहीं चाहिए।
— वही तो मैं भी कह रही हूँ पर देखो न कि मनुष्य का स्वभाव भी कितना विचित्र है कि कहता कुछ है और करता कुछ है।

सम्भवत: पहली बार भर आँख श्रीमती नाथ ने महिम को उस शाम देखा। महिम उनकी बातों से यों असुविधा अनुभव कर रहा था और जब उन्होंने उसकी ओर देखा तो वह स्पष्ट ही विचलित हो उठा। वैसे मौसम ठण्डा तो नहीं ही था, थोड़ा गरम ही कहा जा सकता था पर सहनीय था। महिम को हठात् गर्मी अनुभव हुई और उसे अपनी भूल याद आयी। अब टाई बाँधना मूर्खता है। वह टाई सरकाने लगा।

श्रीमती नाथ इस बार स्वगत के ढंग पर बोलने लगीं,

— सच बताना महिम! क्या गोपा ने तुम्हारा कभी अपमान किया है?

महिम इस बात का क्या उत्तर दे? वह बोला,

— यह आप क्या कहती हैं?
— मैं जानती नहीं पर मेरा अनुमान है। वैसे अनुमान गलत भी हो सकता है। और जब तुम कह रहे हो तो गलत ही होगा, पर कितना अच्छा होता न कि यह अनुमान गलत होता। वैसे उसने तुम्हारा अपमान नहीं किया होगा। वह तुम्हें बहुत मानती है। मुझे भी यही लगता रहा है कि तुम दोनों आपस में बहुत निकट हो। क्या ऐसा नहीं है? ....मैं जानती हूँ कि तुम क्या, कोई भी इस प्रकार की बातों का क्या उत्तर दे सकता है? ....पर क्या मैं झूठ कह रही हूँ?

श्रीमती नाथ जिस डूबे-डूबे ढंग से तथा आत्मस्य भाव से बोल रही थीं वह महिम को काटे दे रहा था।

— मैं जानती हूँ महिम! मनुष्य का मन चंचल पानी के समान होता है। अब देखो न कि कितना बड़ा दु:ख इस समय मेरे सिर पर मँडरा रहा है और मैं तुमसे कैसी-कैसी बातें करने बैठ गयी हूँ। लेकिन आदमी क्या करे? प्रत्येक स्थिति में जीना तो होता ही है। जीवनभर जिस अपमान, अवमानना, कलंक को ढोना पड़ा उससे अच्छा था कि मर जाती, पर अपने हाथ में क्या है? एक प्रभु को छोड़कर कौन किसके जीवन की वास्तविकता को जान पाया है? पति—?, सन्तान—?, सब-कुछ देह का सम्बन्ध है इसलिए देह तक ही सीमित है महिम! लड़ती रही, जब तक मेरे अन्तर्यामी ने कहा। किससे नहीं संघर्ष किया? पति से, परिवार से, परिचितों से, समाज से, सबसे लड़ना होता है। और ऐसी लड़ाई के समय अपमान, तिरस्कार, कलंक, लांछना क्या-क्या और कौन-कौन-से पदक आपको नहीं मिलते?...मैं जानती हूँ कि लोगों ने तुमसे भी कहा होगा कि गोपा अपने पिता की पुत्री नहीं है...तुम्ही नहीं, मैं भी यदि तुम्हारी जगह होती तो विश्वास कर लेती। विश्वास करना कठिन नहीं होता पर कई बार अविश्वास कठिन होता है।....कितना अजीब है कि मेरे पेट का पाप दुनिया जान गयी पर मैं नहीं जान पायी।...मुझे झुठलाने की चेष्टा न करो महिम! उस दिन मैंने सब सुन लिया था जब गोपा ने तुमसे यही कहा था। और तुम उसके बाद से गोपा के प्रति विरक्त हो गये।...बताओ, मैं तुम्हें कैसे विश्वास दिलाऊँ कि यह प्रवाद मिथ्या है।

तभी दोनों को आश्चर्य करते हुए लगभग चीखते हुए गोपा ने कहा,

— ममी ! किसी को विश्वास दिलाने की कोई आवश्यकता नहीं। आप किसे स्पष्टीकरण दे रही हैं?

अपना आवेश सम्हालते हुए बात समाप्त करती गोपा बोली,

— महिम बाबू! आप जा सकते हैं । आज तक के आपके सद्व्यवहार के लिए हम आपके आभारी हैं, धन्यवाद।

— यह तू क्या कर रही है गोपा? यह तू किससे कह रही है?

— मैं जानती हूँ किससे कैसा व्यवहार करना चाहिए ममी! मैंने अधिकार चाहा था, भिक्षा नहीं। लोगों को भीख देने की इतनी बुरी आदत होती है कि उसके कारण आपसी सम्बन्ध तक दुर्गन्ध देने लगते हैं।

— देख गोपा! मैं तुमसे हजार बार कह चुकी हूँ कि इस प्रकार दुनिया में नहीं चलना होता।

— मैं जानती हूँ ममी! कि दुनिया में कैसे चला जाता है। मैं अपना चलना स्वयं चलूँगी। लेकिन मैं आपसे आज अन्तिम बार कह देना चाहती हूँ कि अगर भविष्य में आपने महिम बाबू से ऐसी कोई चर्चा की तो ठीक नहीं होगा।

आयी थी तो पता नहीं चला था पर उसका जाना महिम को सदा ऐसा लगा जैसे किसी ने छेनी मारकर उसके अस्तित्व के पाषाण की परत सदा के लिए गिरा दी। अब वह, वह नहीं रह गया।

बोलना शेष हो चुका था। ऐसी विपदपूर्ण स्थिति में उठना और उठकर चल पड़ना तथा जब तक ओझल न हो सके तब तक दिखलायी पड़ना यह सब कितना दुष्कर है न?

वह सब-कुछ भूल जाना चाहता था पर एक बार सब-कुछ सोचा हुआ कर पाना सम्भव होता हो लेकिन भूल पाना दुष्कर होता है। यद्यपि वह भावना और तर्क दोनों से इसी निष्कर्ष पर पहुँचा था कि यदि गोपा नाराज भी है, सारा लखनऊ इस बात को जानता भी है तब भी गोपा को ही अंगीकारेगा। बिना गोपा के उसका अस्तित्व, स्थिति स्वयं उसके अपने निकट भी कुछ नहीं हो सकती थी, तथापि वह करे तो क्या करे? जो दूरी अनायास, अयाचित उनके बीच आ चुकी थी उसे किस प्रकार मिटाया जाये यह उसकी समझ में नहीं आ रहा था। इसकी तो उसे कल्पना थी कि गोपा उससे रुष्ट है पर वह इतना तिरस्कार कर सकेगी, यह सोचा भी नहीं जा सकता था। क्या अब वह गोपा के यहाँ फिर जा सकता है? गोपा ने तो उस दिन कितने घोषित रूप से सारे सेतु ध्वस्त कर दिये। इसके बाद रह ही क्या जाता है? लेकिन गोपा ने उसका ऐसा तिरस्कार क्यों किया? उसने तो कभी भी कुछ नहीं कहा होगा। तब वह क्या चाहती थी? क्या यह कि जिस दिन उसने अपने जारजत्व की कथा सुनायी उसी समय उस बात का प्रतिकार करना चाहिए था और उसे कहना चाहिए था कि नहीं गोपा! चाहे कुछ हो मैं तुम्हीं से विवाह करूँगा? वैसे वह अपने मन से चाहता तो यही करना था पर एक तो उसे ऐसा आचरण बड़ा ही मध्ययुगीन, नाटकीयतापूर्ण लग रहा था अत: वह ऐसा नहीं कर सका, दूसरे गोपा यह क्यों भूल जाती है कि महिम की जगह कोई भी दूसरा होता तो सोचने-समझने का अवसर तो चाहता ही। जीवन तथा मानवीय सम्बन्ध भावावेशों पर तो नहीं चला करते। प्रेम के मामलों में वास्तव में हम अभी भी मध्ययुगीनता, नाटकीयतापूर्ण स्थिति से आगे नहीं बढ़ पाये हैं। कहते भले ही रहें, कि नहीं, हम खूब सोच-समझकर आचार-व्यवहार कर रहे हैं पर वस्तुत: हम भावावेश में होते हैं शायद प्रेम की स्थिति में यथार्थता का बोध सम्भव भी नहीं हुआ करता। यथार्थ कटु होता है जबकि प्रेम, धूप में हिलता इन्द्रधनुष का भ्रम देता मकड़ी का जाला होता है। जो भी प्रेम के इस भ्रम को तोड़ता है वह संकटपूर्ण स्थिति पैदा करता है। उस दिन वह सुनता रहा था। उसे तब भी गोपा से पूर्ण सहानुभूति थी। वह उसकी इस मानसिक यातना में सही रूप से सहभोक्ता बनना चाह रहा था पर कितना कठिन है अपनी भावनाओं को तत्काल वाणी देना। उसकी तब यही तो प्रतिक्रिया हुई थी कि गोपा के जारज होने की बात भगवान् करे मिथ्या हो। या गोपा उसके प्रेम की परीक्षा के लिए झूठ ही कह रही हो। तो क्या ऐसा सोचना अनुचित था? लेकिन हर बार उसे लगता कि गोपा मात्र इतने से इतनी नहीं बिफर

सकती है। तो क्या गोपा में भी स्त्रीसुलभ डाह है? श्रीमती लीला साहनी से जो परिचय है क्या उसको लेकर गोपा के मन में कुछ सन्देह है? कैसा सन्देह? सन्देह क्यों होना चाहिए? और क्या यह सच नहीं कि श्रीमती लीला साहनी से परिचय स्वयं गोपा ने ही करवाया? स्वयं गोपा ने ही यह नहीं चाहा कि उसका परिचय औरों से भी हो? यदि वह स्वयं इतने शंकालु मन की स्त्री थी तो उसे अन्य महिलाओं से परिचय ही नहीं करवाना चाहिए था। और वह श्रीमती लीला साहनी से कितना-कुछ घनिष्ठ है यह गोपा क्या किसी भी दिन जान सकेगी? लेकिन पता नहीं श्रीमती लीला साहनी ने सादी-सी बातों को भी अपने किसी व्यक्तिगत राग-द्वेष के कारण न जाने किस ढंग से प्रस्तुत किया हो, संकेतित किया हो और तब ऐसी स्थिति में गोपा ही क्या, कोई भी व्यक्ति बहुत-कुछ अन्यथा सोच सकता है। इस बीच जब-जब उसे गोपा के यहाँ होना चाहिए था तब-तब वह दु:संयोगवश श्रीमती लीला साहनी के साथ देखा गया। यह भी एक कैसा दुर्भाग्यपूर्ण संयोग रहा कि जिन दिनों वह दिल्ली गया उन्हीं दिनों श्रीमती लीला साहनी भी दिल्ली गयीं। यदि उसे मालूम होता कि तनावपूर्ण सम्बन्धों में प्रत्येक छोटी बात का भी महत्त्वपूर्ण असर हो सकता है तो वह कभी नहीं जाता। हाँ, स्पष्टत: जो उससे भूल हुई वह यह कि गोपा को दिल्ली जाने की बात न बता सका। पता नहीं श्रीमती लीला साहनी ने उसके दिल्ली जाने के बारे में, गोपा को न मालूम होने की स्थिति में, क्या कहा, कैसे कहा। फिर इस बीच वह एक भी पत्र न लिख सका। जबकि वह वस्तुत: रोज ही पत्र लिखना चाहता रहा। कभी गोपा इस बात को नहीं जान पायेगी। कितने अलिखे पत्रों के मसौदे तक उसे अभी भी याद हैं। यह सब तो ठीक है लेकिन अब वह क्या करें?

मौसम गरम होने लगा था। कालेज के काम के अतिरिक्त उसके पास कोई काम नहीं था। इस बीच श्रीमती लीला साहनी लौट आयी होंगी, यह वह जान रहा था पर वह मनाने लगा कि उनसे अब भेंट न हो तो अच्छा। वैसे वह घर में बैठे रहना बहुत अधिक नहीं सहन कर पाता। पहले तो वह गोपा के यहाँ जाया करता था या प्राय: गंज हो आता था पर अब गंज जाना भी दूभर लगने लगा। जब अपना ही सामना कहीं भी करना अवश्यम्भावी है तब क्यों कहीं जाया जाये? बहुत हुआ तो गोमती किनारे रात में खाना खाकर टहलने चला जाता पर अपनी मानसिक अस्तव्यस्तता में कहीं भी चैन न मिलता। वह एक ही बात का हल खोजना चाहता था ताकि किसी प्रकार गोपा से वह अपनी बातें कह सके। यद्यपि यह कठिन ही था तथापि उसे लगता था कि एक-न-एक दिन वह ऐसा कर सकेगा। और वह उसी दिन की प्रतीक्षा तथा तैयारी करता रहा।

एक दिन कालेज से लौटते ही उसने अपने ड्राइंगरूम में श्रीमती लीला साहनी को बैठे पाया। उसे लगा कि श्रीमती लीला साहनी इससे बड़ा अहित और कुछ नहीं कर सकती थीं। यदि इस समय किसी प्रकार गोपा आ जाये या उसे मालूम हो जाये कि श्रीमती लीला साहनी उसके यहाँ निर्बाध आती-जाती हैं तो वह इसका प्रतिकार कैसे कर सकेगा?

श्रीमती लीला साहनी को अपमानित करने का मन तो हुआ पर वह ऐसा कर न सका।

बड़े ही खिन्न मन से औपचारिकता निबाहते वह बोला,

— आप कब आयीं दिल्ली से ?

— चार-छह दिन हुए। लगता है आज-कल तुम कहीं आते-जाते नहीं।

— नहीं ऐसी तो कोई बात नहीं।

— अच्छा !! लेकिन गोपा तो कह रही थी कि तुमसे भेंट नहीं हुई। क्या उनके फादर की डेथ में नहीं गये थे?

महिम गोपा की चर्चा श्रीमती लीला साहनी से जितना ही बचाना चाहता है उतनी ही यह चर्चा चल पड़ती है। बोला,

— गया था।

— बेचारे नाथ बाबू बड़े भले आदमी थे। मुझे तो यहाँ लौटने पर मालूम हुआ।

महिम का मन तो हुआ कि पूछे कि आपने दिल्ली में हुई हम लोगों की भेंट की किस प्रकार चर्चा की ? पर पूछना उचित नहीं लगा।

— अरें हाँ, तुमको तो मालूम ही होगा कि गोपा ने अपनी नौकरी से त्यागपत्र दे दिया है।

— मुझे नहीं मालूम।

— मैंने तो आज भी समझाया कि ऐसा पागलपन अब तो और भी नहीं करना चाहिए।

महिम चिन्तित हो उठा। अपने भीतर एक व्यग्रता-सी लगी। किसी प्रकार गोपा से मिलना चाहता था पर कुछ समझ नहीं पा रहा था। बोला,

— हाँ, यह तो है।

— ह्वाई यू आर सो कोल्ड दुवर्ड्स गोपा?

— लीलाजी! क्या यह अच्छा नहीं होगा कि इस विषय पर हम कोई चर्चा न करें?

स्पष्ट था कि श्रीमती लीला साहनी को महिम की यह बात अच्छी नहीं लगी और वह बीच ही में उठ गयीं, बोलीं,

— मैं तो भूल ही गयी थी, छह बजे पहुँचना है एक जगह। अच्छा !!

और उनके लौटने में वह सम्पूर्ण अभिव्यक्ति थी जो कि आहत हो जाने पर किसी महिला के लौटने में हुआ करती है। महिम यद्यपि चाहता रहा कि श्रीमती लीला साहनी अपनी बात का मतलब समझा दें ताकि आहत की उनकी भावना कम हो सके, लेकिन कितना कठिन होता है इस प्रकार की बातों का स्पष्टीकरण करना।

बड़ी देर तक वह चुपचाप सोफे पर पड़ा रहा। सम्पूर्ण रूप से घिर गये का बोध उसे घेरे रहा। बल्कि किसी सीमा तक यह भी लगा कि सब-कुछ समाप्त हो गया है। अब जो कुछ भी होना है वह मूल परिच्छेद की वृद्धि न होकर उपसंहार की वृद्धि होगा। समाप्त, ऐसा समाप्त जो कि आपको अप्रिय हो, का सामना करना

कितना कष्टद होता है। प्रत्येक ज्वार-जल के साथ आपकी जड़ें तक हिल उठें और आपको विश्वास भी हो जाये कि अब आप सदा-सर्वदा के लिए गये, पर दूसरे ही क्षण आप फिर अपने को उसी तट पर छूटे हुए पायें और जल सुदूर में लौटा जा रहा हो तो कैसी पीड़ा आपको हो; बस, बहुत-कुछ ऐसा ही महिम को लग रहा था।

और महिम ने निश्चय किया कि वह गोपा से भेंट करेगा, चाहे इसका परिणाम जो भी हो। घटनाएँ जिस तेजी से, प्रवेग से घटित हो रही थीं, उसमें किसी भी प्रकार तटस्थ रह सकने की स्थिति सम्भव ही नहीं थी। थपेड़े आते और वह अपने को अभिषेक्ति देखता। इस प्रकार एक के बाद दूसरा थपेड़ा। शायद घटनाएँ घटती ही इस प्रकार हैं। हमें चाहे लगता हो कि अनेक दिन हमने पूरी तरह सादे ढंग से घटनाहीन होकर बिता दिये हैं पर जब एक बार घटनाओं का घटना आरम्भ होता है तब समुद्र की ज्वारवेला स्मरण आती है। समुद्र का गाम्भीर्य, सीमा-शालीनता न जाने कहाँ लोप हो जाते हैं। चारों ओर जल, उफनाते जल की सत्ता हू-हू करती हुई, थपेड़े खाती हुई आक्षितिज गुर्राती रहती है।

अपेक्षाकृत शामें अधिक गरम होने लगी थीं, जब वह गोपा के घर के लिए चला, शाम हो चुकी थी पर अभी भी काफी प्रकाश था। सर्दियों की भाँति निर्जनता नहीं थी। गोमती के गिनती के घाटों पर लोग थे। गोमती में एकाध नाव भी दिख रही थी। मंकी-ब्रिज की बुर्जियों पर भी लोग बैठे हुए सन्ध्या-विहार का आनन्द ले रहे थे। सन्ध्यालोक में ऐसी सघनता न थी जिसके कारण दूर तक का दृश्य धूमिल हो उठे वरन् एक स्पष्टता थी जो वातावरण को पारदर्शी किये थी। लेकिन कद्दावर पेड़ों की ऐसी सघनता थी कि गर्मियों में उनकी घिरी हरियाली बड़ी सुखद लग रही थी। अभी हवा, शाम को गरम नहीं होने लगी थी इसलिए शाम को बाहर निकलना अच्छा लगता था। गोपा की कोठी में एकदम निर्जनता थी। बाहरी फाटक, जीने तथा ऊपर के बड़े हाल तक उसे कोई नहीं मिला। वैसे उसे श्रीमती नाथ के कमरे में कुछ आवाज सुनायी दी। उसने गोपा के ड्राइंगरूम में जाना ही उचित समझा। उसने आते समय ध्यान दिया कि अब इस घर का वैभव सिमटने पर आया है। हाल में लगे कुछ तैलचित्रों पर पर्दे झूलने लगे थे। हाल की बैठक वैसी ही थी पर उपयोग में न आने पर वस्तुओं का स्वरूप क्रमशः बदलने लगता है। अपने उपयोग की प्रतीक्षा में वहाँ की प्रत्येक चीज लग रही थी। ऐसी प्रतीक्षा करता हुआ चाहे व्यक्ति हो या वस्तु हो, सब बड़े दयनीय लगते हैं।

गोपा के ड्राइंगरूम में स्पृहणीय शान्ति थी। उसे बड़ी ही ईर्षा हुई कि लोग कैसे जीवनपर्यन्त निश्चिन्त जी लेते हैं। कहीं कोई उधल-पुथल, आपाधापी नहीं,

शान्त जल की भाँति लोगों का सम्पूर्ण जीवन किस प्रकार बीत जाता है? जबकि इसके विपरीत कुछ के लिए जीवन, केवल घटनाओं का दूसरा नाम होता है। किसी क्षण भी शान्ति, निश्चिन्तता कुछ भी नहीं होती। फिर भी जीवन की कैसी उत्कट, अदम्य प्यास होती है कि जीना सभी चाहते हैं। लेकिन यह कहना भी कितना कठिन है कि जीना सभी चाहते हैं। कुछ लोग एक सीमा पर पहुँचकर सचमुच ही जीना नहीं चाहते और ऐसे लोग सभी कहीं पाये जा सकते हैं। उसे स्वयं ही बोध हुआ कि बाहर शान्ति को देखकर वह भी गोपा के बारे में कितना भ्रामक सोच गया। गोपा में उससे कम बेचैनी नहीं होगी पर अन्तर मात्र इतना ही तो है कि वह उसे व्यक्त नहीं होने देती। व्यक्त न होने दिया जाये, यही एकमात्र बचाव हो सकता है। अधिकांश लोग इस बचाव के कारण बचे रहते हैं।

ड्राइंगरूम की खिड़की के बाहर सन्ध्या सम्पन्न हो चुकी थी। बगल के कमरे में होने से गोपा का गुनगुनाना सुनायी दे रहा था। सम्भवत: अपने नियमानुसार नहाकर लौटी है। उसे स्पष्ट ही पता नहीं होगा कि महिम उसकी प्रतीक्षा करता ड्राइंगरूम में बैठा हुआ है। उसे यही श्रेयस् लगा कि वह अपने आने की सूचना न दे ताकि गोपा जब ड्राइंगरूम में आये और उसे बैठा देखे तो उसे किंचित् आश्चर्य हो। पता नहीं सुख हो या नहीं। अभी वह यही सोच रहा था कि उसने देखा कि ड्राइंगरूम की बत्ती जली। वह चौंका और पीछे मुड़कर देखा तो गोपा थी। वह भी उसे देखकर चौंकी अवश्य होगी पर उसका चौंकना महिम नहीं देख सका था। जो वह देख सका वह था उसका किंकर्त्तव्यविमूढ़ होना। एक ऐसी अवशता में बँधी वह खड़ी थी जिसे देखकर महिम को कष्ट हुआ। वह खड़ा हो गया। वैसे वह आरम्भ में कभी गोपा को देखकर खड़ा हो जाता रहा था पर आज अनायास ही वह खड़ा हो गया। दोनों के लिए ऐसी विषमता थी जो किसी भी शब्द-सेतु से दूर नहीं हो पा रही थी। शायद अब दोनों ही कुछ कहना चाह रहे थे पर पहले तो यह नहीं समझ में आ रहा था कि क्या कहा जाये : दूसरे कौन पहले कहे, की समस्या थी।

महिम मन-ही-मन कितना कृतज्ञ हुआ जब गोपा ने इस विषमता को तोड़ा,

— आप? कब से बैठे हैं?

और उसने असमर्थतावाली औपचारिक मुसकान देने की चेष्टा की। गोपा का एक हाथ बालों में उलझा हुआ था।

— तुम इस समय नहाकर आ रही हो।

स्पष्ट था कि महिम कुछ तो भी बोलना चाहता। वह पुनः बोला,

— जाओ, तुम तैयार हो लो। मैं बैठा हूँ।

महिम की बातों में किंचित् साधिकारिता थी। गोपा कुछ क्षण रुकी जैसे वह कुछ कहना चाहती रही थी पर वह लौट गयी। उसके लौट जाने से महिम को अच्छा ही लगा। वह कुछ स्वस्थ होना चाहने लगा था। गोपा का इस प्रकार सामना हठात् हो जायेगा यह वह नहीं जानता था। लेकिन लगता है कि जितने अन्तराल

की उसने कामना की थी वह पूरी नहीं हुई। गोपा अपने को साधारण रूप से तैयार कर आयी थी। उसके आने तथा बैठने में इस बार यह स्पष्ट था कि वह जल्द-से-जल्द छुटकारा पाना चाह रही है। आते ही उसने ऐसे पूछा जैसे वह चन्दा माँगने आया है,

— कहिये?

महिम समझ नहीं पाया कि इस प्रकार वह क्या और कैसे गोपा से बातें करे। बोला,

— क्या यह आवश्यक है कि तुम ऐसा व्यवहार न करो जब तक तुम्हारी नाराजी प्रकट न हो?

एक क्षण को गोपा हतप्रभ अवश्य हुई पर अपने पर संयम रखते हुए बोली,

— मैं भला आप पर क्यों नाराज हूँगी?

भला गोपा की इस बात का महिम क्या उत्तर दे? दोनों फिर शून्य में हो गये। समझ में नहीं आ रहा था कि अब क्या किया जाये? वैसे महिम अपनी ओर से बहुत-सी बातें करना चाहता था पर इस प्रकार तो वह कुछ भी नहीं बोल सकता। लेकिन ऐसी रिक्तता में एक संकट तत्काल उत्पन्न हो सकता था कि गोपा कहीं यह न कह बैठे कि 'अच्छा, तो फिर।' क्योंकि गोपा और उसका सम्बन्ध गोपा की ओर से जहाँ तक खिंच चुका है उसमें ऐसा कह देना उसके लिए कठिन न होगा। और तब महिम के लिए परिस्थिति और भी विषम हो सकती है।

अत: वह बोला,

— मैंने जो सुना क्या वह सच है?

— मैं इसमें क्या कह सकती हूँ?

— तुमने यह भी पूछना उचित नहीं समझा कि मैंने क्या सुना है?

— मुझे कोई उत्सुकता नहीं है।

— लेकिन क्यों?

और महिम ने देखा कि गोपा उत्तेजित हो खड़ी हो गयी, बोली,

— महिम बाबू! मैंने अपनी ओर से सब-कुछ समाप्त कर दिया हैं। अच्छा हो कि आप भी शेष कर दें।

— लेकिन मैं यह जानना चाहता हूँ कि मुझसे क्यों नाराज हो?

— मैं आपसे कह चुकी हूँ कि मैं आपसे नाराज नहीं हूँ। मेरे लिये अब आप कहीं नहीं हैं।

— मैं तुम्हे एक गम्भीर, विचारवान् व्यक्ति समझता था।

— पर मैं भावुक निकली, है न? गलत आपने समझा इसके लिये मैं कैसे दोषी हूँ?

— क्या तुम नहीं सोचती कि तुम्हारी भावुकता मेरे लिये कितनी महँगी पड़ेगी?

— अच्छा, मैं इसके लिए क्षमा माँगे लेती हूँ। मुझे आज्ञा दें, बहुत-सारे काम करने हैं।

— सुना तुम नौकरी छोड़ रही हो।
— कल आप यह भी सुन सकते हैं कि मैं यह शहर, यह घर वगैरा सब-कुछ छोड़ रही हूँ।
— क्या कल ही?
महिम के आश्चर्य पर गोपा हँस दी, बोली,
— मैंने तो एक सम्भावना की बात कही थी।
— तुम सारी सम्भावनाएँ अपने ही पक्ष में क्यों सोचती हो?
— आप भी अजीब हैं। व्यक्ति अपने अतिरिक्त दूसरे की सम्भावनाओं पर क्यों और किस प्रकार सोच सकता है?
— गोपा! तुम्हें मेरे बारे में भ्रम हुआ है।
— क्या मैंने ऐसा कभी कहा है?
— पर सोचा जरूर है।
— महिम बाबू! अब मैं आपके बारे में कुछ भी नहीं सोचती।
— तुम चाहो तो इससे भी अधिक कड़वी बात कह सकती हो।
— किसलिए कहूँ? मेरे लिये अब सब-कुछ विगत है।
— तुम एकांगी होकर सोच सकती हो, लेकिन मैं अभी भी तुम्हारे सन्दर्भ के साथ ही सोचता हूँ।
— धन्यवाद। मैं निवेदन कर चुकी हूँ कि मुझे और भी दूसरे काम हैं, क्या मैं आज्ञा लूँ?

महिम को वैसे तो बहुत बुरा लगा कि गोपा अब कोई वैयक्तिक बात नहीं करना चाहती बल्कि महिम से पिण्ड छुड़ाना चाहती है। वह चाहता तो था कि कुछ कहे पर वह भी उठ खड़ा हुआ। वैसे गोपा के मुख पर कोई तनाव, कोई भाव नहीं था।

— गोपा! वैसे मैं आशा ही नहीं विश्वास भी करता हूँ कि तुम सारी वस्तुस्थिति पर बिना कोई आवेश के सोचोगी। आवेश, सत्य को धुँधला कर देता है गोपा!
— हाँ, यह तो है।....आप शायद यही न कहना चाहते हैं कि आप आकण्ठ निष्कलंक हैं? आप श्रीमती लीला साहनी के कहने पर दिल्ली नहीं गये थे? और आप संयोग से हुमायूँ मकबरे पर उनसे मिल गये?—ठीक है। मान लीजिये कि आप दोनों प्रोग्राम बनाकर भी गये तो मैं कौन होती हूँ जिसे आप बताना चाहते हैं? महिम बाबू! आप क्यों यह सुनना चाहते हैं कि हम दोनों की भूमियाँ भिन्न हैं। मेरा यह भ्रम था कि अपनी भूमि कभी बदल सकूँगी पर नहीं, अब मुझे पूरा विश्वास आ गया है कि चाहे मैं कितनी ही कलंक की भूमि पर होऊँ लेकिन वही मेरी वास्तविक की भूमि है। वहीं मुझे भविष्य में भी धार सकती है।...महिम बाबू! गुरुत्वाकर्षण मात्र पृथ्वी का ही नहीं होता, समाज का भी होता है। आप चाहे कोई हों, भले ही कितना शुभ संकल्प हो

आपका लेकिन यदि आप समाज से विद्रोह करते हैं तो वह पत्थर मार-मारकर, गालियों की बौछार कर, सूली या सलीब पर टाँगकर आपको विराट् की पृष्ठभूमि में रिसने के लिए छोड़ देगा। हाँ, जिस दिन आप उसकी इस सामूहिक, निर्मम परीक्षा में शेष हो जायेंगे तब उस दिन आपको वह अवतारत्व से मण्डित भी कर देगा। ऐसे ही यह क्रम चलता आया है। प्रत्येक शुभ संकल्पी की एकमात्र यही नियति हुआ करती है महिम बाबू! जब अपने भीतर का अन्तर्यामी, प्रभु जाग्रत हो जाता है, तब किसी के प्रति कोई राग, द्वेष कुछ भी तो शेष नहीं रहता। कोई कामना नहीं रह जाती।

पता नहीं क्यों महिम को ऐसा लगा कि गोपा उसे अपदार्थ किये दे रही है। गोपा वैसे तो अनायास ही लग रही थी पर वह कितनी सायास ढंग से सहज हो सकती है इसका महिम को पता था। बोला,

— लेकिन गोपा! एक दिन मैं सब-कुछ बहुत स्पष्ट कहना चाहता हूँ।

— क्यों? ....भूल जाइये उस व्यतीत को। विश्वास मानें मैं भूल चुकी हूँ। मैं तो इस क्षण को भी अगले क्षण में भूल जाना चाहूँगी। हम क्या हैं? हमारे वैयक्तिक राग, द्वेष, कामनाएँ, बाधाएँ क्या अर्थ रखती हैं? अपनी इस देह, मन की कारा के ठीक बाहर कैसे विशाल, उत्ताल सागर आमन्त्रित करता लहराता है, कभी इसका अनुभव किया है?...मैं कहती थी न महिम बाबू ! कि हमारी भूमियाँ भिन्न हैं। लौट जाइये आप यहाँ से, आपकी भूमि की यह अन्तिम सीमा है, इसके आगे पैर बढ़ायेंगे तो अथाह जलराशि आपको लील जायेगी। आप किसी भी प्रकार के विराट्, कोलाहलपूर्ण निःशब्दता, समयहीन क्षण की सत्ता या साक्षात् की कल्पना भी नहीं कर सकते। भूल जाइये कि गोपा को आप जानते भी थे। वैसे आप गोपा को कभी भी नहीं जान सके। और कोई इसकी आवश्यकता भी नहीं थी। और वैष्णव मन्दिरों में जिस प्रकार पट खींच दिया जाता है तथा दर्शन शेष हो जाते हैं लगभग उसी प्रकार गोपा पट खींचकर शेष हो गयी है।

अप्रैल बीत चुका था। गर्मी अब पूरी तेजी पर थी। वैसे पहले से महिम का कोई विचार नहीं था कि वह पहाड़ जायेगा पर उसे लगा कि इस बार वह पूरी गर्मियों भर लखनऊ में नहीं रह सकेगा। दिल्ली वह जाना नहीं चाहता था। गोपा ने उसे पूरी तरह मर्माहत कर दिया था अत: वह अब और भी लखनऊ से कटा हुआ अनुभव कर रहा था। गोपा को लेकर वह अभी पूरी तरह हताश नहीं हुआ था पर उसे भी लगा कि कुछ अन्तराल दिया जाना चाहिए। समय बहुत-कुछ पूर्त कर दिया करता है। सभी कुछ को पुरुषार्थ से अर्जित नहीं किया जा सकता। संयोग और समय दोनों का बहुत बड़ा हाथ हुआ करता है। अनेक बार हमारी सारी चेष्टाएँ विफल हो जाती हैं जबकि कभी-कभी अनायास ही बहुत-कुछ घट जाता है। महिम जिस स्थान पर खड़ा था वहाँ वह अब इस अनायास, संयोग या समय की ही प्रतीक्षा करने के लिए बाध्य था। और जैसे ही उसका कालेज बन्द हुआ वह बिना किसी पूर्व भूमिका के नैनीताल के लिए चल पड़ा। असल में गत महीनों में उसे अपने भीतर क्रमश: रिक्तता उभरने लगी है। वह इसका कारण भी जानता रहा है। उसके व्यक्तित्व की प्रक्रिया ही कुछ ऐसी बन गयी थी कि वह गोपा से अलग अपने को मात्र रिक्त अनुभव करे। जबकि गोपा ने तर्कातीत स्थिति में अपने को कर लिया था। यह वह गोपा नहीं थी जिसे वह जानता रहा है। हममें से प्रत्येक के अन्तरतम में एक ऐसा अनभिव्यक्त व्यक्तित्व निहित होता है जिसे स्वयं हम भी नहीं जानते होते हैं। वही व्यक्तित्व जब अभिव्यक्त होता है तो सभी को आश्चर्य होता है। गोपा का भी ऐसा ही व्यक्तित्व महिम के निकट तथा सन्दर्भ में अभिव्यक्त हो गया था जिसकी अवहेलना सम्भव ही नहीं थी। गोपा के निकट अपनी विवशता या अवशता से उत्पन्न रिक्तता को अनेक बार चित्रों में उतारना चाहा पर तूली ही नहीं उठा सका। गोपाहीनता को वह किसी भी प्रकार अभिव्यक्त कर ही नहीं सकता था। केवल वह अपने से बाहर कहीं किसी अन्य में समाहित हो जाये और इसके लिए प्रकृति की उद्दामता, विपुलता, पवित्रता से उपयुक्त और क्या हो सकता था?

काठगोदाम के बाद जैसे-जैसे वह ऊपर चढ़ता गया उसे बड़ा सन्तोष हुआ कि उसने पहाड़ आने का निर्णय लेकर बड़ा सही काम किया। एकान्त में वैसे भी चुम्बकत्व होता है, और जब एकान्त के साथ विराट्, विपुलता एवं दिव्यता भी सम्मिलित हो जायें तब सम्भव नहीं कि संवेदनशील मन उससे परिचालित न हो। नैनीताल पहुँचते-पहुँचते तो उसे अपने भीतर वैसी ही प्रसन्नता अनुभव होने लगी

जैसे अन्तर में किसी चीड़-फूल का प्रस्फुटन हुआ हो। कितनी भिन्न होती है पहाड़ी हवा। सम्पूर्ण आभ्यन्तर स्नान किये की भाँति लगता है। वह जानता है कि वह सदा विरोधाभास में जीनेवाला व्यक्ति है। एकान्त में उसे कोलाहल की कामना बनी रहती है तथा शोर में वह निर्जनता के लिए लालायित रहता है। यात्रा उसे आमन्त्रण देती है पर कहीं टिककर रहना उसकी रचना में गुम्फित नहीं है। घर की संज्ञा उसे सदा मोहती रही है पर किसी होटल या पहाड़ी डाक-बँगले के लिए वह सब-कुछ छोड़ सकता था। नैनीताल पहुँचकर जब उसे होटल में बड़ा ही प्रशस्त कमरा मिल गया तो उसे ढेर-सी प्रसन्नता हुई। बालकनी में बैठकर झील से सटा मैदान, क्लब तथा झील देखते रहना उसे बहुत सुख देता। वैसे भी नैनीताल में करने के लिए क्या हो सकता था? आरम्भ में वह क्लब की उबा देनेवाली गतिविधियों से दूर ही रहा। कभी 'चीना-पीक' तक चढ़ आया, या जिस दिन लम्बी सैर का विचार हुआ तो भुवाली तक चला गया। पहाड़ों पर मार्गों की विविधता नहीं होती पर परिदृश्य इतना मार्मिक एवं नित्य आकर्षक होता है कि आप ऊब नहीं पाते। डाकघर के पास बाँध पर खड़े होकर सामने के विपुल शून्य में फैली दूरी, बिछा क्षितिज देखते रहना बहुत अच्छा लगता। लेकिन इन सबसे अच्छी बात उसे यह लगती कि वह यहाँ के लोगों, स्थितियों के लिए सर्वथा अपरिचित है। सर्वथा अपरिचित बनकर किसी स्थान पर रहने एवं घूमने का एक ऐसा अनिर्वचनीय सुख होता है जैसा कि बड़े-से बिस्तरे पर फैलकर सोने में होता है। आप स्वतन्त्र होते हैं किसी भी प्रकार के आचरण एवं व्यवहार के लिए। ऐसी निर्बाधता संयोग से ही मिलती है अन्यथा कितना अप्रीतिकर होता है परिचितों द्वारा रोज-रोज देखा जाना। बोटिंग-क्लब की खिड़कियों से झील के पानी की छप-छप सुनते हुए आप स्वतन्त्र होते हैं किसी भी प्रकार की कल्पना करने के लिए। बियर का गिलास थामे, झील में नौका-विहार करते हुए लोगों को देखते रहना उसका प्रिय शगल था। पृष्ठभूमि में बिलियर्ड की हरी मखमल की बड़ी-सी टेबल पर आवाज करती रंगीन गेंदें भाग रही होतीं। ब्रिज में उलझे लोगों के गम्भीर मुख देखकर उसे हँसी आ जाती। कितना कृत्रिम है सब-कुछ। ये सब अपने वास्तविक सूत्रों को मैदान में छोड़कर कुछ दिनों के लिए यहाँ चले आये हैं पर कितने निश्चिन्त हैं जैसे यहाँ से अब नहीं लौटना है। घुड़सवारी करते युगल जब वह देखता तो उसे एक क्षण को गोपा का स्मरण हो आता। जिस एकमात्र बात से बचने के लिए वह लखनऊ से इतनी दूर आया है जब वही बारम्बार उसके सामने आ खड़ी होती तब उसे खासी परेशानी होती। स्मरण भी एक प्रकार का घण्टारव है। एक बार बज जाने पर उसकी गूँज, प्रतिगूँज तथा अनुगूँज देर तक बाहर-भीतर बनी रहती है। हमारा आकुल मन उस मृगतृष्णा के पीछे-पीछे न जाने कहाँ-कहाँ की यात्रा कर डालता है। नैनीताल की पहाड़ियों में उसे गोपा की पुकार सुनायी पड़ती। जब वह तल्लीताल से अपने होटल के लिए मल्लीताल की सुनसान सड़क से देर रात में लौटता तो उसे अपनी पदाहट में बोध होता जैसे गोपा भी संग-संग चल रही है। वह ठहरकर आहट लेने

की कोशिश करता तो लगता जैसे गोपा दौड़कर झील की ओर लगी वृक्षपंक्तियों के पीछे हँसती हुई छुप गयी है। तभी उसे पीछे से सैर से लौटे किसी युगल के घोड़ों की टापें सुनायी देतीं। चारों ओर स्फटिक चाँदनी बिछी होती जिसमें झील, झील पार के पहाड़ी मकान, पहाड़ों के बँगले, पर्वतश्रेणी, ठण्डे-चमकते तारे तथा गहरा नीला आकाश सब मौन होते पर महिम के अन्तर में उफनता, प्रलापता उद्दाम जल होता। होटल के कमरे में पहुँचकर फिर बियर पीने बैठ जाता, या कभी लाउञ्ज खुला होता तो कोने की एक टेबल पर बैठ खिड़की की राह सोते नैनीताल को उसके अनिन्द्य रूप में निहारता रहता पर फिर भी गोपा से उसे मुक्ति नहीं मिल पाती। क्लब में देखा गया कोई सुमुख स्मरण करने की चेष्टा करता। घोड़े पर बैठी चुस्त भूषा तथा उड़ते बालोंवाली किसी सुन्दरी को सोचने लगता पर यह प्रयास कितना व्यर्थ होता। लाउञ्ज में प्रायः उसने दो-एक ऐसे मुख देखे हैं जिन्हें वह निकट से देखना चाहता रहा है पर इस प्रकार की सारी चेष्टाएँ उसे जुठला जातीं और वह तब खिन्न हो जाता। कितना कठिन है उसे अपने से मुक्त हो सकना जहाँ केवल सालती स्मृतियाँ होती हैं। कैसा अजीब है यह व्यापार कि आपके भीतर ज्वार की ऐंठन हो रही है पर देखनेवाले की स्फटिक निर्मलता लगे। कितनी बार उस युगल दम्पति से उसे ईर्षा हुई है जिसे उसने झील में नौका-विहार करते प्रायः देखा है। कितनी सही वंशी बजाता है वह पुरुष एवं कितने विभोर भाव से वह महिला उस बजाने को सुनती होती है। स्त्री जब तन्मय होती है उस समय वह सर्वाङ्ग सुन्दर होती है। उस युगल दम्पति को उसने अनेक स्थलों पर देखा है। कितने आत्मस्थ भाव से दोनों दिखे हैं। उनके लिए अन्य कोई भी सत्ता, स्थिति या उपस्थिति कोई अर्थ नहीं रखती, केवल अपने लिये होना इसी प्रकार से सम्भव होता है। पुरुष में वह गुणात्मक परिस्थिति कोई अर्थ नहीं रखती। पुरुष तो बिखरा हुआ आकाश होता है। नारी उसे क्षितिज में बाँधकर प्रस्तुत करती है तब वह आकाश प्रिय लगने लगता है। वस्तुतः नारी देह है तथा पुरुष आत्मा।

जिन दिनों गवर्नर यहाँ आ जाते हैं उन दिनों लखनऊ का काफी भाग नैनीताल आ जाता है। तब यहाँ खासी भीड़-भाड़ हो जाती है। उन दिनों तब नैनीताल राजधानी बन जाता है। वह डर रहा था कि किसी भी दिन श्रीमती लीला साहनी से तब भेंट हो सकती है। पता नहीं क्यों वह श्रीमती लीला साहनी को उतना नहीं पसन्द कर पाता जितना कि सहज भाव से भी किया जा सकता है। वह सदा अनिर्णीत मनःस्थिति ही में होता है और श्रीमती लीला साहनी उस पर हावी हो जाती हैं। वह तब ऐसी स्थिति में अपने को मात्र ढीला छोड़ देने के लिए विवश होता है। पता नहीं श्रीमती लीला साहनी उसके इस आचरण को किस प्रकार लेती हैं। लेकिन कुल मिलाकर लगता यही है जैसे महिम, श्रीमती लीला साहनी के निकट हैं। यह नहीं कि इस प्रकार के लगने से उसकी हानि नहीं हुई है पर वह इसका प्रतिकार भी क्या और कैसे करें? परसों गवर्नर तथा लखनऊ के सारे बड़े लोग नैनीताल आ गये थे फलतः नैनीताल की जिन सड़कों पर घूमते हुए निर्जनता

का बोध होता था तब, अब एक प्रकार का भीड़-भाव लगने लगा था। सायास सुन्दर भूषाएँ तथा रियाज की हुई मुद्राएँ तथा आत्म-प्रदर्शन का भाव सड़कों पर, क्लब में, सैर करते हुए सर्वत्र आपको मिल सकता था। झील से लगे मैदान में अब आये दिन कोई-न-कोई सार्वजनिक कार्यक्रम होता रहता। आज ऊनी कपड़े की एक त्रिदिवसीय प्रदर्शनी आरम्भ हुई। उसी में हठात् श्रीमती लीला साहनी से भेंट हो गयी। साथ में श्री साहनी भी थे तथा कुछ और आइ० सी० एस० अधिकारी थे। श्री साहनी ने विशेष निकटता नहीं दिखायी पर श्रीमती लीला साहनी का व्यवहार अत्यन्त सौहार्दपूर्ण था। तभी श्रीमती लीला साहनी ने आज के लिए यह कार्यक्रम तय किया था कि वे लोग 'चीना-पीक' जायेंगे। लेकिन आज अनायास आकाश मेघाच्छन्न हो गया। वैसे पहाड़ों पर वर्षा मैदानों की अपेक्षा जल्द आती है पर इतने जल्द वर्षारम्भ हो जायेगी इसकी कल्पना किसी को नहीं थी। अभी कम-से-कम पन्द्रह दिन तो और मौसम खुला रह सकता था। सवेरे से ही बादल घिर आये थे पर अभी बरसने की स्थिति में नहीं थे अत: वातावरण खूब ठण्डा हो गया था पर भीगा नहीं था। लंच के बाद बोटिंग-क्लब में मिलने की बात थी। वैसे उसकी खिड़की के सामने एकदम ऊपर जो रामनगरवालों की कोठी है उसके बगलवाला बँगला साहनी दम्पति की अपनी सम्पत्ति है। खिड़की से प्राय: उसने इस बँगले को देखा है कि लगभग एकान्त में हरी छतवाला बँगला बड़ा ही सुन्दर लगता है। यद्यपि वह जानता है कि पहाड़ों पर इस प्रकार के बँगलों की एक कठिनाई यह होती है कि एक बार ऊपर चढ़ जाओ तो फिर दुबारा नीचे आकर ऊपर जाने की हिम्मत नहीं होती। और किसी सवारी पर चढ़कर जाना बड़ा बेतुका-सा लगता है। लंच में अभी दो घण्टे की देरी थी। वह बड़ी देर से खिड़की की राह नैनीताल निहारता बैठा था। पहाड़ों की जो बात उसे बहुत अच्छी लगती है वह यह कि लोगों का अपने घरों, बँगलों तथा कोठियों में आना-जाना कितना स्पष्ट दिखायी देता है लगता है जैसे आप अपना आँगन ही देख रहे हों। थोड़ी देर पूर्व महिम ने श्री एवं श्रीमती साहनी को अपने बँगले से निकलते देखा था। शायद सड़क उनके बँगले तक नहीं थी। सीढ़ियों का एक लम्बा-सा सिलसिला उनके बँगले से सड़क तक नीचे आता था। वहाँ शायद गैरेज-जैसी कोई चीज थी क्योंकि वहीं पर वे दोनों अपनी कार में सवार हुए थे। कार को उसने गवर्नमेण्ट-हाउस की तरफ जाते देखा था। कुछ देर के बाद उसी कार को नीचे तल्लीताल के लिए उतरते देखा था। ग्राउण्ड तक तो उसने वह कार देखी थी लेकिन उसके बाद कार कहाँ चली गयी पता नहीं। इसी प्रकार अपने कमरे के पीछे, नीचे की ओर जहाँ कि सवारी के लिए घोड़े मिलते हैं अजीब-अजीब बातें सुनी हैं। काफी देर तक यही सब देखता-सुनता वह थककर बिस्तरे पर लेट गया। खुली खिड़कियों से खूब ठण्डी हवा आ रही थी। स्पष्ट था कि यदि आज नहीं तो दो-एक दिन में अवश्य ही यहाँ वर्षा शुरू हो जायगी। पहाड़ों पर जब वर्षा होने लगती है तब

रहना कठिन हो जाता है। घूमने-फिरने की सारी उन्मुक्तता, स्वच्छन्दता समाप्त हो जाती है। तब भला ऐसे में कैदियों की भाँति दिन-रात होटल के कमरे में बन्द पड़े रहना कितने दिन तक सम्भव हो सकता है! निरर्थक प्रतीक्षा में प्रायः व्यक्ति इसी प्रकार व्यर्थ का-सा सोचने के लिए बाध्य होता है कि तभी नौकर ने सूचना दी कि नीचे लाउञ्ज में कोई महिला उसके लिए प्रतीक्षा कर रही हैं। पहले तो वह चौंका पर खिड़की से नीचे झाँककर देखा तो श्रीमती साहनी की कार खड़ी थी। अभी भी एक बजने में आधा घण्टा बाकी था। लंच के पूर्व ही श्रीमती लीला साहनी का इस प्रकार उसके होटल चले आना उसे अच्छा ही लगा।

नीचे लाउञ्ज में खासी चहल-पहल थी। श्रीमती लीला साहनी लाउञ्ज की एकमात्र मेहराब के नीचेवाली टेबल पर बैठी थीं। महिम को देखते ही बोलीं,

— बिना किसी पूर्व सूचना के यहाँ चली आयी इसके लिए क्षमा चाहती हूँ।

— इसमें क्षमा की क्या बात है? यह तो आपकी कृपा है।

— असल में मिस्टर साहनी को गवर्नमेण्ट-हाउस में एक मीटिंग में जाना पड़ गया। मेरे पास तब कोई काम नहीं रह गया। उनको गवर्नमेण्ट-हाउस ड्राप करती चली तो थी आप ही की तरफ आने के लिए भी पर बीच में मेरी एक बड़ी पुरानी सहेली मिल गयी। बड़े दिनों बाद मिली। इस समय लंच के लिए बड़ा रोक रही थी पर किसी दूसरे दिन का वादा करके अब आ सकी।

— इसका मतलब कि आपने लंच नहीं लिया अभी।

— क्या आप ले चुके?

— यहीं लेना चाहेंगी या कहीं और चला जाये?

— नो, आइ लाइक दिस स्पेशल प्लेस।

धीरे-धीरे चारों ओर की टेबलों पर लोग जमा हो रहे थे। हाल में हलकी-सी गूँज भरने लगी थी।

— तो, उस दिन प्रदर्शनी में भेंट न होती तो पता ही नहीं चलता कि श्रीमान् भी नैनीताल में हैं।

— मैं नहीं समझता कि नैनीताल इतनी बड़ी जगह है कि यहाँ एकाध दिन से अधिक कोई व्यक्ति छिपा रह सकता है।

— लेकिन पहले यह बताइये जनाब! कि आप लखनऊ से इस कदर क्यों चुपचाप भागे?

— भागा तो नहीं।

— तब भागना और क्या होता है?

— आप भी कमाल करती हैं।

— क्यों? एक दिन सहसा पूरे लखनऊ में मालूम हुआ कि महिम बाबू हठात् लखनऊ से चले गये हैं। अरे साहब! अगर आप किसी से कहते तो कोई आपको पकड़ लेता क्या? बेचारी गोपा तक को नहीं मालूम था।

गोपा का नाम आते ही वह चौकन्ना हो गया। अच्छा यही था कि वह बात का रुख मोड़ दे अतः बोला,

— अच्छा यह बताइये कि क्या इस मौसम में भी 'चीना-पीक' चलियेगा?

— आप तो मौसम कहकर ऐसा डरा रहे है जैसे बिलियर्ड चल रहा हो। मैं नहीं जानती कि आप कभी इस प्रकार के मौसम में पहाड़ चढ़े हैं कि नहीं पर मुझे आँधी-पानी में पहाड़ों पर चढ़ना जितना अच्छा लगता है उतना खुले मौसम में नहीं। और फिर आज तो सिर्फ बादल ही हैं।

— लेकिन लीलाजी! इस तरह के मौसम में बर्फ की चोटियाँ नहीं दिखायी पड़ती हैं।

— मैं एक पत्थर से एक ही चिड़िया के शिकार में विश्वास करती हूँ, समझे श्रीमान्?

और दोनों हँस दिये।

लगभग आधी चढ़ाई तक में ही श्रीमती लीला साहनी एकदम थक गयीं। चारों ओर निर्जन सन्नाटा सँकरी सड़क के दोनों ओर खिंचा हुआ था। दाहिने हाथ नैनीताल नीचे उतर चुका था। एक पुलिया पर बैठते हुए श्रीमती लीला साहनी बोलीं,

— इस बार लगता है कि आइ एम एजिंग।

— थक गयीं इसलिए?

— सम्भवतः।.... यहाँ से नैनीताल कितना अविश्वसनीय लगता है न?

— केवल अविश्वसनीय ही नहीं, अकल्पनीय भी। बादलों का कम्बल ओढ़े हुए नैनीताल!!

— मैं बचपन से नैनीताल आती रही हूँ और कभी ऐसा नहीं हुआ होगा कि चीना-पीक न चढ़ी हूँगी पर इस बार न जाने क्यों ऐसा लग रहा है कि पहली बार ही चढ़ रही हूँ।

— डोण्ट मेक द थिंग्स अननेसेसरिली सेण्टीमेण्टल।

और वह हँस दिया। चारों ओर कोई शब्द नहीं था पर हवा क्रमशः प्रखर होती जा रही थी फलतः सरसराहट बढ़ने लगी थी।

— महिम ! क्या तुम जानते हो कि मैं तुम्हें चाहती हूँ?

— तुम यह बात पहले भी कह चुकी हो, लेकिन किसलिए?

— सो, दैट यू मे एप्रिशिएट इट।

— तुम सचमुच ही खासी इण्टरेस्टिंग हो लीला!..... लेकिन क्या यह अच्छा नहीं होगा कि यह हवा आँधी बने इसके पूर्व ही हम लोग पीक पर पहुँच जायें?

और पीक तक पहुँचने तक दोनों ही अपने-अपने मौन से घिरे रहे। ऊपर एकाध लकड़ी के शेड के अतिरिक्त कुछ भी नहीं था। हवा यहाँ स्पष्ट ही आँधी हो गयी थी। दूर का दृश्य घिरते बादलों के कारण धुँधला गया था। हवा की तेजी पेड़ों में बोलने लगी थी। श्रीमती लीला साहनी के सामनेवाले पत्थर पर महिम बैठते हुए बोला,

— सो, दिस इज दिस!!

— क्षमा करना महिम !

— किस बात के लिए?

— आज का दिन उपयुक्त नहीं था यहाँ के लिए। मौसम सुहाना नहीं बल्कि निर्मम हो गया है।

दोनों फिर चुप हो गये। ऐसे में वातावरण फिर प्रमुख हो उठा। हवा प्रखर से प्रचण्ड होने लगी। सम्भवतः श्रीमती लीला साहनी को भय नहीं तो कम-से-कम असुविधा तो अवश्य ही हो रही थी। बोलीं,

— क्या तुम पास आकर नहीं बैठ सकते?

बात का कोई उत्तर दिये बिना महिम उसी पत्थर पर आकर बैठ गया। अभी वह बैठा ही था कि दो-चार बूँदें आयीं। श्रीमती लीला साहनी बोलीं,

— अरे, लगता है वर्षा होने को है।

— अगर वर्षा शुरू हो गयी तो फिर बस यहाँ फँस जाना पड़ेगा।

पश्चिम की ओर एकदम क्षितिज के पास आकाश थोड़ा खुला था। सूर्यास्त होने को था। दृश्य सुन्दर हो आया था। अभी वे लोग कुछ भी चर्चा करें इसके पूर्व ही बूँदें और तेज हो गयीं। वे लोग दौड़कर लकड़ी के शेड की ओर भागे। शेड में बचाने की इतनी ही क्षमता थी कि यदि वर्षा तेज न हो तो उसमें बचा जा सकता था लेकिन यदि वर्षा के साथ तेज हवा या आँधी हो तो सुरक्षा सम्भव नहीं थी। वैसे इस समय तो वे बच ही रहे थे। भीगी हवा के सपाटे उन्हें छू-छू पड़ रहे थे।

— तुम तो कहती थीं कि तुम्हें आँधी-पानी में पहाड़ों पर चढ़ना अच्छा लगता है।

— ठीक ही तो कहा था कि चढ़ना अच्छा लगता है, फँस जाना नहीं।

और दोनों हँसने की चेष्टा करते रहे। श्रीमती लीला साहनी बोलीं,

— अगर मान लो मेरी जगह गोपा यहाँ इस समय होती तब तुम्हें कैसा लगता?

— लीला! मैं तुम्हें एक बात बताना चाहता था कई दिनों से।

— यहीं न कि वह अध्याय अब समाप्त हो चुका?

— हाँ!! लेकिन तुम कैसे जानती हो?

— लेकिन महिम! मैं इसमें गोपा की प्रशंसा किये बिना नहीं रह सकती। उसमें केवल व्यक्तित्व ही नहीं व्यक्तित्व का दर्प भी है।

वर्षा तेज हो गयी थी पर महिम का ध्यान उसकी ओर नहीं था। वर्षा की बूँदें पेड़ों पर आवाज कर रही थीं। निर्जन वन में वर्षा का तथा हवा का शोर ऐसा था

कि जिस पर ध्यान देने पर किंचित् भय उत्पन्न कर सकता था। महिम दम साधे श्रीमती लीला साहनी को सुनने में लगा था। वह कह रही थीं,

— उसने नौकरी छोड़ दी महिम! यह तो तुम्हें मालूम ही होगा।

महिम ने कोई भाव नहीं जताया। वह केवल सुन रहा था।

— एक तरह से उसने लखनऊ छोड़ दिया और अब अपने फार्म पर रहने लगी है।...... हाउ सैड इट इज...मैं समझती हूँ तुम इस बारे में कुछ नहीं जानते न?...... पुअर गर्ल !!

पता नहीं महिम ने क्या सोचा लेकिन वह मात्र इतना ही श्रीमती लीला साहनी से कह सका,

— अच्छा, लीला! अब चलो।

— कहाँ? इस पानी में? डोण्ट बी फूल!!

महिम ने पता नहीं यह प्रतिकार सुना कि नहीं पर वह एकदम शेड से निकल आया और चलने लगा। अन्धकार घिर आया था। यदि श्रीमती लीला साहनी जरा भी देर करतीं तो सम्भव था कि शेड में अकेली रह जातीं। दौड़कर उसे झकझोरते हुए बोलीं,

— डोण्ट बी सिली!! जानते हो इतने पानी में भीगकर निमोनिया हो जायेगा महिम!

लेकिन स्पष्ट था कि महिम ने उसे नहीं सुना बल्कि वह श्रीमती लीला साहनी का हाथ पकड़े पीक से नीचे उतरने लगा। हवा, आँधी और पानी के प्रकोप में श्रीमती लीला साहनी अपने को विवश पा रही थीं जबकि महिम बिना कुछ सोचे--समझे तेजी से नीचे उतरने पर लगा था। भीगते, सरसराते, सायँ-सायँ करते चीड़ों के बीच से गीली सुनसान सड़क से महिम उद्दाम वेग से नीचे उतरता जा रहा था। मुँह पर बूँदें झेलते हुए प्रतिध्वनि की भाँति महिम की आहट लेती श्रीमती लीला साहनी भी तेजी से उतरती जा रही थीं।

होटल के पोर्च में खड़ी गाड़ी में जिस समय श्रीमती लीला साहनी बैठीं तब पहली बार महिम ने ध्यान दिया कि वह आद्यन्त भीगी हुई हैं। वह उनसे रुककर तथा थोड़ा गरमाकर जाने के लिए कहना चाहता रहा पर श्रीमती लीला साहनी के मुख पर प्रत्यञ्चा खिंची हुई थी। कुछ भी कहना, छेड़ना हो सकता था और महिम इसके लिए प्रस्तुत नहीं था। बिलकुल ही अनुत्सवी ढंग से वह बिदा हुई। महिम को लगा कि श्रीमती लीला साहनी का आज का यह जाना, सम्पूर्ण जाना है। इसके उपरान्त उसके सन्दर्भ एवं निकट में उनका जाना अब कभी नहीं होगा। पता नहीं क्यों हम समाप्ति को सदा हठात् ही मानते हैं जबकि समाप्ति उसी प्रकार अपना संकेत, आवाज तथा डाक देती है जिस प्रकार उसे देना चाहिए। बिना पूर्व सूचना के कुछ भी शेष नहीं होता। अब यह बात दूसरी है कि हम उस संकेत, आवाज या डाक को न समझ सकें। महिम को श्रीमती लीला साहनी के इस जाने में समाप्ति की गन्ध आ रही थी। बरसाती के बाहर सड़क पर गिरती वर्षा की बूँदों को सड़-सड़ करते हुए जब उनकी मोटर कुचलती हुई गयी तथा गीली सड़क पर, सड़क की बत्ती में कुछ देर के लिए पहियों के जो कटावदार निशान बने उनकी चमक तक से लग रहा था कि श्रीमती लीला साहनी का यह जाना, शेष जाना था। घूमकर श्रीमती लीला साहनी की गाड़ी अँधेरे, वृष्टि एवं काली दूरी में विलीन हो गयी। तब वह कमरे में लौटा। वह स्वयं भी काफी भीग चुका था। उसने कहलवाकर 'फायर-प्लेस' में आग जलवा ली थी। कमरे में जो एक ठण्डापन, भीगी हवा के कारण जो लिसलिसापन लग रहा था तथा स्वयं के भीगने की जो प्रकम्पितता थी वह थोड़ी ही देर में दूर हो गयी। रात अभी अधिक नहीं बीती थी पर उसके अन्तर में रिक्तता घूम रही थी। वह रात के बीतने की प्रतीक्षा में आतुर था। बहुत देर तक सोफे पर बैठा वह लकड़ियों के जलने को देखता रहा। आग की लालिमा में उसे कभी-कभी गोपा मूर्त होती दिखती। बालकनी पर केश सुखाते हुए मयूरी बनी गोपा उसे कितनी स्पष्ट दिखायी देती पर ज्यों ही वह कुछ कहने को उद्यत होता कि बालकनी गिग बन जाती और वान-गाग के चित्र का विषय बनी गोपा कितने क्लासिकीय ढंग से गिग में बैठी हुई मंकी-ब्रिज पर जा रही होती। गोपा, गोपा और गोपा!! और वह व्यग्रता में खिड़की के पल्लों के शीशों से सटकर खड़ा हो जाता। शीशों के पार वृष्टि धाराधर हो रही थी। तेज हवा की गूँ-गूँ का

आभास था पर प्रतीति नहीं। शीशों से, बाहर के थोक-थोक में झूलते पेड़ों का काला-काला-सा हिलना दिखायी दे रहा था। एक रात कितनी लम्बी हो सकती है या हुआ करती है यह हम साधारणत: प्राय: नहीं जानते। वैसे तो बस रात बीत जाती है पर कभी-कभी रात नहीं बीतती। एक-एक पल मन-मन भर का बोझीला लगता है। प्रत्येक क्षण के टपकने की आवांज तक रात के सन्नाटे में सुनायी देती है। केवल सुननेवाले कान होने चाहिए। ऐसी न बीतनेवाली रातों में अगणित तारों की असंख्य यात्राएँ आकाश की सीमाहीनता में सम्पन्न होती हैं। न जाने कहाँ आकाशगंगा चली गयी होती है। कालपुरुष क्षितिज में उतर जाते हैं। तिरछे होते हुए सप्तर्षि डूब जाते हैं और कितनी कठिनाई के बाद आकाश की कृष्णता घुलने को आती है। पर मेघाच्छन्न या वृष्टिवाली रात आप पर कितने प्रभुत्व से हावी होती है। लगता है कुछ भी नहीं बीतेगा। यह रात्रि, कालरात्रि बनकर अब सदा-सर्वदा के लिए बनी रहेगी। खिड़की के पल्लों से बिजलियों की कौंध तथा टूटना, बादलों की गड़गड़ाहट सुनता वह खड़ा रहा ताकि यह रात बीत सके। बादलों की गड़गड़ाहट कमरे की लकड़ी की दीवारों में जैसे बजती रही। अपने और गोपा के बीच आज की यह रात तथा लखनऊ तक के पथ की दूरी कैसी न समाप्त होनेवाली स्थिति लग रही थी। क्या यह कभी सम्भव है कि कोई ऐसी कैंची का आविष्कार किया जा सके जिसके द्वारा समय तथा स्थान की दूरियों को जब चाहे काटा-छाँटा जा सके?

सवेरे पहली बस से वह नैनीताल से चल पड़ा। रास्ते भर उसे देह की देहता खलती रही जो कि समय और स्थान से नियन्त्रित होती है जबकि मन उन्मुक्त हंस की भाँति क्षणान्त में समय और स्थान के पार हजारों बार गोपा के निकट से लौट-लौट आता रहा। पहाड़ उतरते हुए, रेल की खिड़की से वह न जाने क्या-क्या देखता बैठा रहा और कितने व्यथित मन से यात्रा के शेष होने की प्रतीक्षा करता रहा। वह जानता है कि कितनी कठिनाई से लखनऊ स्टेशन पहले दिखा, उपरान्त आया। जब उसे घर के लिए ताँगा करना पड़ा तब तो वह लगभग चीख ही पड़ा। और स्टेशन से घर तक की दूरी तो वस्तुत: उसे पहाड़ हो गयी थी। अपनी देह की पृथुलता से वह बारम्बार निकलता रहा पर देह में वापस लौटने के अतिरिक्त कोई चारा नहीं था। वस्तुत: कठिनाई यह है कि हम मन से जहाँ होते हैं वहाँ इस भारी-भरकम, गुरुत्वाकर्षण से बँधी-सधी देह को भी चाहते हैं। और इन दोनों अमूर्त एवं मूर्त में तालमेल के लिए अमूर्त को ही मूर्त से सन्धि करनी होती है। मूर्त, जड़ होता है। मन की अमूर्तता को देह की इस जड़ता को

वहन करने के लिए बाध्य होना पड़ता है और यही कष्टद होता है, लेकिन क्या किया जाये?

घर पहुँचकर वह तैयार होकर तत्काल गोपा के घर के लिए चल पड़ा। मंकी-ब्रिज पर पहुँचकर जब वह एक क्षण के लिए सुस्ताया तो उसे काफी सन्तोष हुआ कि लखनऊ अभी यथावत् ही है। धूप में तेजी थी। चारों ओर दूर-दूर तक चिलचिलाहट थी। गनीमत थी कि प्रचण्ड लू अब नहीं रह गयी थी। गोमती का पानी बहुत-कुछ सूख चुका था। उसके पेटे में सूखी-गीली मिट्टी की पपड़ियाँ, बिवाइयाँ बदसूरती से फैली हुई थीं। धरती का यह बिवाईपन ही पावस के आगमन की पूर्व सूचना थी। ग्रीष्म का यह अन्तिम चरण था। किसी भी दिन मेघ घिरने लग जायेंगे तब सब-कुछ सुखद हो जायेगा। घासों की विनम्र तपस्या सार्थक हो जायेगी और तब हरीतिमा का लम्बा सिलसिला क्षितिजपर्यन्त लहरा जायेगा। और न जाने कैसे यह कामना भी घिर आयी कि गोपा उस सुखदता को गिग में बैठकर रम्यता में परिणत कर देगी। सहसा उसका ध्यान रिवर-लेन की ओर गया। वहाँ के विशाल कदम्बों में दोपहर का तपा सन्नाटा व्याप्त था। क्या यह सम्भव है कि फिर नाथ बाबू अपनी घोड़ा-गाड़ी में इस पर आते-जाते दिखलायी दें? उनकी वह इकहरी देह-यष्टि, छड़ी, एडवर्ड कोट, सब तथा बहुत-कुछ कौंध गया। पता नहीं इस समय गोपा की कोठी में कौन हो? गोपा तो शायद फार्म पर अकेले रहने के लिए जा चुकी हैं। तब क्या ममी होंगी? लेकिन क्या गोपा को फार्म पर अकेले रहने के लिए भेज दिया होगा? लेकिन गोपा क्यों यहाँ की नौकरी, घर, समाज सब-कुछ छोड़कर चली गयी? क्या इस सबके लिए वह स्वयं दोषी है?

और वह कोठी के बाहर के बड़ेवाले फाटक पर खड़ा था। लोहे का फाटक बन्द था। कई बार बन्द स्थान होने पर भी लग जाता है कि कौन कब से बन्द है। बाहर के लान में पीली पत्तियाँ खासी जमा थीं। रास्ता जितना साफ रहा करता था उतना सँवरा नहीं था। जब उसने बाहर के फाटक को खोला तो उसके लोहे की एक आवाज हुई। पहले भी होती रही होगी पर आज उसे लगा कि जैसे वह आवाज उससे पूर्व ही आगे-आगे भागी है। बाहर का लान उजड़ा नहीं कहा जा सकता था, हाँ, उपेक्षित अवश्य लग रहा था। फौवारे के संगमरमरवाले बच्चे को पक्षियों की बीटों ने गन्दा कर रखा था। और दिन कोठी की जो खिड़कियाँ नियमत: खुली रहती थीं उन पर झँझरीदार हरे पल्ले दिख रहे थे। वह आश्वस्त था कि कोठी उसे बन्द मिलेगी अत: वह अनिच्छा से कोठी के दरवाजे की ओर बढ़ रहा था पर उसे आश्चर्य हुआ जब उसने दरवाजे पर कोई ताला नहीं देखा; शायद पहली बार उसे यहाँ का दरवाजा खुलवाने का अवसर पड़ा। पीतल का झूलता लट्टू जब उसने दो-तीन बार दरवाजे पर बजाया तो उसने सुना कि भीतर से दरवाजा खोला जा रहा है।

— अरे, महिम बाबू!!

— हाँ मोनी चाची!!

— बड़े दिनों में दिखे भैया!

— जरा बाहर चला गया था।

— चलो, भीतर चलो।

यह कहते हुए छिका रास्ता छोड़ महिम को भीतर का दरवाजा दिखा दिया गया। महिम को मोनी चाची का बाहरी दरवाजा बन्द करना बड़ा अजीब लगा। वह पूछना चाहता रहा कि ऐसा वह क्यों कर रही हैं, पर पूछना न हो सका। साथ ही यह भी पूछना चाहता रहा कि बाकी के लोग कहाँ हैं? क्या कहीं गये हैं? पर वह चुपचाप मोनी चाची के पीछे-पीछे चलने लगा। पता नहीं वह क्या होता है जो कि वस्तुओं को, वातावरण को सजीव और मृत अभिव्यक्त कर देता है। धूप लाख हो पर सूने घर की धूप तथा लोगों भरे घर की धूप में गुणात्मक परिवर्तन होता है। सदा की भाँति ऊपर जानेवाला जीना था। रेलिंग की लकड़ी की पालिश सदा की भाँति चमक रही थी पर जैसे वह चमक जीवित आँखों की न होकर मृत आँखों की-सी थी। जीवित घर में भले ही कोई अगरु-गन्ध न जलाये फिर भी एक ऐसी मानवीय गन्ध होती है जिसके कारण हमें अन्य किसी गन्ध की न आवश्यकता, न अपेक्षा कुछ नहीं रहती। पर सूने घर में चन्दन-धूप की गन्ध जला देने के बाद भी न जाने क्यों ऐसा लगता है जैसे शव के लिए जलायी गयी गन्ध है यह चन्दन-धूप, अन्यथा यहाँ सब-कुछ मृत है। वैसे वह सम्भवतः अतिरिक्त ही सोच रहा था पर उसे कोठी का रीतापन जैसे बजता-सा लग रहा था। सीढ़ियों से ऊपर उसने देखा तो छत का एक हिस्सा तथा दीवार का एक कटावदार तिरछा कोना दिखा। प्रायः उसने इसी परिदृश्य में गोपा को जीने के सिरे पर देखा है। पर उसे कभी ऐसा नहीं लगा जैसे वह अब ऊपर और नहीं देख सकेगा। हैट-स्टैण्ड पर उसने प्रायः डाक्टर बहल का हैट तथा जाड़ों में लोगों के ओवरकोट टँगे देखे हैं पर नियमतः शाम को उसने नाथ बाबू की काफी-स्टिक या मसूरी की नक्काशीदार छड़ी टँगी देखी है। इस समय उसकी खूँटियाँ सूनी पड़ी हुई थीं।

— आइये महिम बाबू!

और महिम चौंका। नीचे के हाल में हलका अँधेरा था। खिडकियों पर मोटे पर्दे गिरे हुए थे। पर्दों के पार गोपा का अपना प्रिय लान था जहाँ धूप की छतरी ताने वह बैठती रही है जब तक कि धूप असहनीय नहीं हो जाती। इस हाल का भी सारा फर्नीचर हटाया हुआ लग रहा था बल्कि कहना चाहिए आलमारियों में बन्द रहनेवाली क्राकरी तक हटायी जा चुकी थी। शीशों के पल्लों में आलमारियों का सूनापन बन्द था। हाल के बीच में एक अण्डाकार डाइनिंग टेबल के चारों ओर छह कुर्सियाँ रखी थीं। एक कुर्सी पर बैठते हुए महिम ने पूछा,

— बाकी के सब लोग क्या हुए?

— मैं अभी आती हूँ।

वह जाने को उद्यत हुई तो महिम ने उसे रोकते हुए कहा,

— चाय की झंझट न करना मोनी चाची!

— भला इस दुपहरी में चाय कौन पियेगा? शिकंजवी ले आती हूँ अभी।

— नहीं, मोनी चाची! मुझे सचमुच ही कुछ नहीं चाहिए। तुम बैठो यहाँ और जो मैंने पूछा उसका जवाब दो।

मोनी चाची महिम के सामनेवाली कुर्सी की पीठ पर हाथ धरे खड़ी हो गयी।

— तुम भी बैठो मोनी चाची!

— नहीं महिम बाबू! हर घर का अपना कायदा-कानून होता है। अरे अब मालिक लोग नहीं हैं तो क्या नौकर-चाकर मनमानी करने लगेंगे?

महिम पुनः आग्रह नहीं कर सका। मोनी चाची बोली,

— महिम बाबू ! मालकिन तो आज महीना भर हुआ काशीवास करने चली गयी हैं और बिटिया भी तभी से दिहातै में हैं।

महिम न जाने क्या-क्या पूछना चाहता रहा पर मात्र इतना ही पूछ सका,

— ऐसा क्यों हुआ मोनी चाची?

— अब भैया! बड़े लोगन की बात में कोई क्या कहे? अब किसको सही कहा जाये सरकार ! और किसको नहीं? बिटिया नौकरी छोड़ दिये तो मालकिन को बड़ी गुस्सा लगी। उसके बाद जब मालकिन ने डाक्टर बहल साहब के बिटवा से विवाह के लिए कहा तो बिटिया आल-झाल होय गयीं। अब भैया! हम क बतायी? गोपा बिटिया को हम अपनी गोदी में खिलाये हैं महिम बाबू!

स्पष्ट ही महिम मोनी चाची को सुनते हुए भी वहाँ जैसे नहीं था। लगता थ जैसे बोलने की शक्ति नहीं थी उसी प्रकार सुनने की भी शक्ति नहीं रह गयी थी वह मोनी चाची की ओर देखते हुए भी नहीं देख रहा था। वस्तुतः उसके अवचेत में, विगत में देखे गये अनेक चित्रों के टुकड़े टूटे-फूटे रूप में घिरे हुए थे। गिग मे बैठी हुई गोपा अभी जा ही रही होती कि गंज में लण्डन-टेलर्स की दूकान के सामने वह एक स्तवकवत् जाने लगती। तभी लेबोरेटरी में बैठी गोपा की चौड़ लाल पाट की सफेद साड़ी मात्र ही दिखायी देती। ऐसे अनेक टुकड़े मिलकर ही तो अतीत बना करता है। व्यक्ति की कैसी विवशता है कि हम अपना ही बीत व्यतीत कुछ देर के लिए वापस चाहते हैं। वह विगत, जिसे हमने अपने तन औ मन पर ढोया पर कहीं नहीं मिलता। यदि मिल सकता होता तो महिम उस दिन को या तो काट फेंकता या फिर उसमें सुधार कर देता जिस दिन गोपा की अल्पना को उसने पैरों से रौंदा था।...इस घटना के स्मरणमात्र से वह पसीने-पसीने हो गया जबकि वस्तुतः गर्मी के कारण वह स्वेदित हो रहा था।

— अच्छा, मोनी चाची! तो मैं अब चलूँगा।

— तो क्या बिटिया से मिलने नहीं जाइयेगा?

— देखो।

और महिम में इतना भी नैतिक साहस नहीं रह गया था कि वह मोनी चाची को ठीक-ठीक उत्तर दे सके।

ग्रीष्मान्त की वह दोपहर थी। प्रचण्ड लू तो नहीं रह गयी थी पर हवा में लपट वैसी ही थी। शहर पार करने पर वैसे तो धूप की चमक, हवा की गरमी बढ़ गयी थी पर खुलेपन की यह विशेषता होती है कि हमेशा उसमें एक सुखदता का आभास बना रहता है। ग्रीष्मान्त में यदा-कदा सुदूर में, एकदम क्षितिज के तट पर बादल घिर आते हैं। आकाश में इस समय क्षितिज के पास बादलों की ऐसी ही रुई जमा थी। वह जान रहा था कि फार्म तक इस प्रकार ताँगे की यात्रा करना कोई समझदारी नहीं थी पर वह मन्त्र-मुग्ध भाव से चला जा रहा था। मुँह और कान पर तेज थपेड़े लग रहे थे। दोपहर में एक उदासी हुआ करती है जो न केवल बिछी लगती है पर देवदारुओं की भाँति सीधी खड़ी भी लगती है। जब कभी महुए की तथा आमों की पकी गन्ध के झोकों में आ जाती तो बड़ा अच्छा लगता। महुए की गन्ध से उसे सदा हरे चम्पे की गन्ध याद आ जाती है। ऐसी ही पागल कर देनेवाली गन्ध वह भी होती है। चिड़ियाँ हाँफती, चोंच खोले पेड़ों की सघनता में सुस्ता रही थीं। कसे हुए तबले की भाँति ग्रीष्म की धूप तमतमायी होती है। झुलसकर पत्ते ताम्रपर्णी भी नहीं रह गये थे। एकाध पीपल अवश्य ही जल की भाँति चपल था। वैसे महिम स्पष्ट नहीं था कि वह इस ग्रीष्म दोपहरी में क्यों और किसलिए निकल पड़ा है, और गोपा से मिलने पर वह क्या कहेगा, कैसे कहेगा। क्या अब उन दोनों के बीच कुछ भी कहना-सुनना शेष रह गया है? साथ ही इसका क्या प्रमाण कि गोपा कुछ कहना-सुनना चाहती भी? और यदि गोपा ने, न सही उपेक्षापूर्ण पर आक्षेपात्मक ठण्डा व्यावहार एवं आचरण किया तो वह ऐसी स्थिति में क्या करेगा? महिम न जाने क्यों ऐसा सोचता है कि गोपा सब-कुछ के बाद भी महिम के साथ ऐसा व्यवहार नहीं करेगी। क्यों नहीं करेगी? या कर सकती? वह नहीं जानता पर ऐसा उसे विश्वास है। विश्वास तर्क नहीं होता। सदा की भाँति रास्ते भर वह कल्पित गोपा से तर्क-वितर्क करता रहा, यद्यपि वह यह भी मानने के लिए बाध्य हुआ है कि गोपा, अभेद्य दुर्ग है।

जिस समय ताँगा फार्म के बाहरी फाटक पर पहुँचा तो अज्ञात में लगा कि सब-कुछ शेष हो चुका है। ऐसा उसे क्यों लगा, नहीं कह सकता पर एक बार तो उसकी इच्छा हुई कि वह ताँगा लौटा ले जाये लेकिन वह नहीं जानता कि जब तक जाना पूर्ण नहीं हो जाता तब तक कोई नहीं लौटा है। जाने की समाप्ति होने पर ही लौटने का आरम्भ हुआ करता है; यदि लौटना उस जाने की अनिवार्यता हो, तो हो, अन्यथा अधिकांश का मात्र जाना ही होता है। फार्म की इस बाहरी सीमा पर काफी

कद्दावर पेड़ हवा में सरसराते खड़े थे। चूँकि वह ऐन दोपहरी में तथा उसके सम्पूर्ण खुलेपन में से होकर आ रहा था अत: यहाँ पहुँचकर उसे धूप में नरमी लगी। फार्म के हरियाले खेत देखकर नैनों को बहुत सन्तोष मिला जिस समय ताँगा खेतों के बीच से सड़क से गुजर रहा था, तो खेतों से सींचे जाते पानी को देखकर उसे इतना तोष मिला जैसे उसकी ही प्यास सींची जा रही हो। यहाँ पहुँचकर पके आमों और महुए तथा कटहल की गन्ध स्पष्ट अनुभव हुई। आमों में अब बौर नाममात्र को रह गय थे। इस साल आम की फसल बहुत अच्छी थी। हरियाले खेतों पर खुली फैली धूप भी ठण्डी लग रही थी। वह और उसका ताँगा वातावरण के सुनसानपन एवं सन्नाटे में उभर आये थे। पहली बार महिम का ध्यान गया कि ताँगे के घोड़े के गले में घुँघरू थे जो कि रास्ते भर बोलते रहे होंगे पर अनुभव सहसा इसी समय हुआ।

अब कोठी न केवल स्पष्ट दिख ही रही थी बल्कि वहाँ के लोगों को भी वह स्पष्ट देख पा रहा था। एक दिन वह यहाँ कितने भिन्न सन्दर्भ एवं मन:स्थिति में आया था। तब वह, वह था तथा गोपा, गोपा थी। दोनों का एक-दूसरे के प्रति न केवल अर्थ ही था बल्कि किसी सीमा तक प्रयोजन भी था। उस दिन यहाँ आने पर आरम्भ का उत्साह था लेकिन आज जैसे समाप्ति की व्यथा घेरे थी। यद्यपि अभी वह हताश नहीं हुआ था। स्पष्ट था कि उसके ताँगे की ओर सबका ध्यान जा चुका था। तभी उसने देखा कि दूर एक आम के पेड़ के नीचे बढ़ई लकड़ी चीर रहे हैं तथा दूसरे कुछ लोग फर्नीचर बनाने में लगे हैं तथा वहीं पर गोपा खड़ी हुई है। महिम ने देखा कि गोपा ने उसे ताँगे से उतरते हुए देख लिया था।

एक बार तो महिम के मन में आया कि वह गोपा के पास पहुँचकर खड़ा हो जाये लेकिन अज्ञात में उसे न जाने कैसा निषेध बोलता-सा लगा। गोपा सादे परिवेश में थी। सादे सफेद वस्त्रों में गोपा को महिम ने कोई प्रथम बार नहीं देखा था पर आज की सादगी-सफेदी गोपा को साध्वी किये दे रही थी। नौकर आया और उसे लेकर हाल में बिठलाया गया। जब वह पहली बार यहाँ आया था तब इस हाल की राजसीयता में ने केवल कमनीयता, विलास और वैभव ही अंकित था बल्कि शृंगार अपनी समस्त मुद्राओं के साथ था। उस बार का आना आज तक कैसा स्मरण है जैसे कि नाक में बसी खस-गन्ध हो। लेकिन आज यहाँ का वातावरण तथा स्थान का न केवल इतिहास ही बदला जा रहा था पर जैसे कल तक जो फूल वेणी में था आज वह देवचरणों में रख दिया गया हो। आपके मन का वैराग्य आप द्वारा प्रयोजित जड़ वस्तुओं तक में बोलने लगता है। मसनद अभी भी थी पर उसका विलास नहीं था। दरी अपने सूने त्याग के साथ उस पर बिछी थी। दीवारों के तैलचित्र गायब थे। कोने में एक ऊँची तिपाई पर कांस्य के नटराज की प्रतिमा के अतिरिक्त और कुछ नहीं था। ऐसी निरावरणता ने हाल की प्रभुता को मुखरित कर दिया था। वस्तुएँ और अलंकार होते ही इसलिए हैं कि स्थान और व्यक्ति के स्वत्व को ढँक दें। लेकिन जब स्थान और व्यक्ति वस्तुहीन तथा

अलंकारहीन स्थिति में आकर निपट सामने खड़े हो जाते हैं तब उनमें कैसी अग्नि की–सी लपक निकलती है न? शायद यह 'स्व' ही वह अग्नि है जिसे तापनेवाला तपस्वी होता है। अपनी ही अग्नि तापते बैठना कितना दुष्कर है लेकिन जो भी यह अग्नि ताप ले जाता है वह मूर्त प्रभु हो जाता है।

दूसरे कमरों में से कुछ लोगों के बोलने–चालने की अस्पष्ट आवाजें आ रही थीं। तभी किसी कमरे में किसी को डाँटता गोपा का किंचित् उच्च स्वर सुनायी दिया। बासी पात्र तथा मँजे पात्र के स्वर तक में अन्तर आ जाता है।

— नमस्कार!!

आवाज पीछे से आयी थी। वह किंचित् भी चौंका नहीं। गोपा से साक्षात् कुछ इसी प्रकार का होगा इसकी उसे कल्पना थी अत: गोपा की आवाज पर वह नहीं चौंका। महिम ने मुड़कर देखा कि दरवाजे की चौखट में घटनाहीन, तपस्वी ग्रीष्म के एक सादे दिन की भाँति निरालंकार नहीं वरन् सादी–सफेद बिना किनारे की धोती तथा ब्लाउज में गोपा सामने खड़ी थी। जूड़ा नहीं था बल्कि माँगहीन बालों को किसी भाँति पीछे की ओर उमेठ दिया गया था। वैसे भले ही महिम के पास अनेक बोलना रहा हो पर हठात् किसी भी प्रकार का बोलना न हो सका केवल नमस्कार करता खड़ा रहा।

— बैठिये।

कहते हुए गोपा तख्त पर बैठ गयी। जब अन्तर में कोई सम्बन्ध, राग या और कुछ न हो तो कैसे ही शब्द क्यों न हों, न केवल असम्बोधित ही नहीं लगते पर निरर्थक हो जाते हैं। 'बैठिये' में किसी भी प्रकार का भाव नहीं था। वैसे कठिनाई अथवा वास्तविक की कठिनाई अब थी। दोनों ही के सामने उस अवांछित मौन को तोड़ने की समस्या थी जो उन्हें उस समय घेरे हुए था। गोपा अपने को वर्तमान में शब्दों के ठण्डेपन से असम्बन्धित जतला रही हो पर महिम और उसके बीच के विगत को मौन द्वारा भले ही वाणी न दे, लेकिन उसे क्या अस्वीकारा जा सकता है? महिम ने देखा कि चाहती वह यद्यपि ऐसा ही करना है। गोपा का वर्ण किंचित तमतमाया हो रहा था, शायद वह बहुत देर से बाहर काम करवा रही थी। अपना ही मौन तोड़ पाना कठिन होता है तब भला दो के बीच का मौन तोड़ पाना तो और भी कठिन होता है। अगत्या गोपा ही बोली,

— आप इस भरी दोपहरी में कैसे निकले? आज तो वैसे भी ज्यादा गरमी है।

— तब भी तुम दोपहरी में काम करवा रही थीं।

इतना निश्चित था कि गोपा इस बात का कोई उत्तर नहीं देनेवाली थी लेकिन ऐसी विषम उपेक्षा करने से वह बच गयी क्योंकि तभी नौकर ट्रे में शर्बत ले आया। शर्बत का एक ही गिलास देखकर महिम ने जिज्ञासा की,

— क्या तुम नहीं लोगी।

— जी नहीं।

महिम ने देखा कि वह सायास अपने को सभी पकड़ों से पृथक् किये रहने के प्रति जागरूक है। महिम ने गिलास ले लिया। शर्बत पीते हुए महिम ने गोपा को ध्यान से देखने पर पाया कि वह कुछ कृश लग रही थी। अनलंकार रूप में वह अपनी आयु से अधिक बड़ी लगे, यह तो वह समझ सकता था किन्तु कृशता का कारण वह नहीं समझ पा रहा था। शर्बत पीते हुए महिम को और अधिक मुखर रूप से स्पष्ट हो गया कि गोपा ने अपने अन्तर तक से रंग, गन्ध, वर्ण सब उतार डाले हैं। पत्रहीन पीपल जिस प्रकार खुल आता है उसी प्रकार ऐसे व्यक्तित्व भी खुले होते हैं पर असम्बन्धित रूप में ही। सम्बन्धों के प्रति ऐसे व्यक्ति ऐसे गझिन, गुम्फित व्यक्तित्व के हो जाते हैं कि बस। शर्बत के बाद पुनः समस्या थी कि अब क्या हो? इस बार महिम ने पहल करते हुए कहा,

— यह सब क्या है गोपा?

गोपा बिलकुल मूर्ति बनी रही। केवल सुनकर उसने अपनी आँखें बन्द कर लीं जैसे वह लौटी जा रही हो। वैसे वह फैली ही कितनी-कुछ थी कि लौटने की आवश्यकता पड़ती, पर सब का अपने-अपने ढंग का फैलना एवं लौटना होता है। गोपा के आँखें बन्द करने में व्यथा से अधिक थकान की अभिव्यक्ति थी। उसकी मुद्रा से स्पष्ट था कि वह न केवल न बोलने के लिए ही तैयार होकर नहीं आयी थी बल्कि वह किसी भी प्रकार की चर्चा नहीं करना चाहती है। आयी वह मात्र सौजन्यवश ही थी।

— गोपा! जानना चाहता हूँ कि तुम यहाँ क्यों चली आयीं, ममी क्यों काशीवास करने चली गयीं और मुझे तुमने इस प्रकार....

बिना किसी आवेश के शान्त स्वर में महिम की बात काटते हुए वह बोली,

— महिम बाबू! क्या आप सौजन्यता का भी सम्बन्ध नहीं रहने देना चाहते? ...आप क्यों पुनः कहलवाना चाहते हैं कि मेरा-आपका सम्बन्ध कभी का शेष हो चुका?

— तुम मेरे साथ ज्यादती कर रही हो गोपा! ...नौकरी छोड़कर साध्वियों की भाँति तुम यहाँ रहने लगी हो, ममी काशीवास के लिए चली गयीं...कभी एक क्षण को तुम्हें यह नहीं सोच हुआ कि महिम पर इस सबका क्या प्रभाव पड़ेगा?

गोपा हठात् खड़ी हो गयी। उसका स्वर हलके काँप रहा था, बोली,

— महिम बाबू! क्षमा करें, हमारी इस शिक्षा-संस्था का एक प्रमुख नियम है कि यहाँ कोई वैयक्तिक या भावुकतापूर्ण चर्चा नहीं होगी।

— शिक्षा-संस्था? कैसी शिक्षा-संस्था?

— आप यहाँ एक शिक्षा-संस्था में बैठे हैं।

— और शायद मैं उस संस्था की प्राचार्य महोदया से बातें कर रहा हूँ, है न? ...मैं यह सब नहीं जानता। तुमको मेरी बातों का अन्तिम उत्तर आज ही और अभी ही देना होगा। तुम्हारे दर्प की मैं चर्चा ही सुनता आया था पर मुझे विश्वास नहीं था कि मेरे साथ भी तुम कभी..

गोपा ने महिम को वाक्य पूरा नहीं करने दिया,

— अच्छा, नमस्कार!!

और दो पंखुरियों का भी कोई फूल होता है।

वह लौट रहा था।

मध्यकाल के किसी प्राचीन दुर्ग के नगरद्वार की साँकल बजाता जैसे वह प्रात:काल की वैतालिक वेला से लेकर अर्द्धरात्रि की अघोर कालिमा से घिरा खड़ा रहा, पर प्रत्येक बार साँकल की वह भारी लोहे की आवाज दरवाजों के लौह सीने पर खट-खट करती रही; जैसे वह आवाज पीले पत्तों की भाँति चू पड़ती रही। क्या उस नगरद्वार के भीतर का सम्पूर्ण नगर, लोग, नानाविध जीवन, सब, सब-कुछ शेष हो चुका है? कैसी ही डाक, दस्तक, पुकार, आर्तता कोई अर्थ नहीं रखती? उसके मन में अनेक कँगूरे, गवाक्ष, चित्र साँझपाखियों की भाँति उड़ते हैं लेकिन अभी वह उन्हें गिन भी नहीं पाता है कि साँझपाखियों का वह दल दूरी में खो जाता है। कभी यह नगरद्वार उसके लिए कितने प्रसन्न आमन्त्रण में खुला था पर अब कोई शक्ति इसे नहीं खोल सकती। वह लौटने के लिए बाध्य था। वह स्वयं लौट रहा था अथवा लौटा दिया गया था, यह वह नहीं जानता लेकिन इससे उसकी विकलता में क्या अन्तर पड़ता है?

सुनसान सड़क, झुके पेड़ों के बीच से होती हुई थोड़ी दूर पर जाकर खोयी हुई थी। सूदूर हो जाने पर प्राय: ऐसा ही होता है। अभी थोड़ी देर पूर्व इसी पथ पर वह कितना उत्सुक आया था। तब क्या उस समय लौटने की भी उत्सुकता थी? सम्भवत: उत्सुकता, लौटने का गुण नहीं होती। उतरते ग्रीष्म की ऋतु; अपराह्ण के साथ काफी-कुछ उतर चुकी थी। हवा में न केवल विभिन्न गन्ध ही थी, बल्कि अनेक चहचहाहटें भी होने लगी थीं। फिर भी जंगल का-सा सन्नाटा दृष्टिपर्यन्त फैला था।

न जाने कितनी गोपाएँ—अधूरे रूप में, दर्पमुद्रा में, प्रसाधित होकर या बसन्त-विन्यास में घिरी पड़ रही थीं। गोमती किनारे का वह बाँसों का झुरमुट सरसराने लगता—गोपा बैठी हुई है। पत्तियों से छनकर आयी धूप उसकी कत्थई बँगलौरी साड़ी पर पैटर्न बनाये खिली पड़ रही है। गोमती का जल उसके गोरे हाथ को भिगोता बह रहा है। पानी में वह गोरा हाथ तथा फैली हथेली कैसे धुले डैने से तैर रहे हैं। पता नहीं उस दिन का वह गोमती का जल बहकर न जाने कहाँ चला गया है। वह धूप, जो कि उस दिन उसके तन पर गिरती रागवती हो उठी थी पता नहीं कहाँ उड़कर चली गयी है। कुछ भी नहीं लौटता, महिम! कुछ भी नहीं लौटता। स्वयं अपना भोगा हुआ भी एक बार बीत जाने पर नहीं लौटता। जब कभी पेड़

की उभरी जड़ पर बैठकर गोपा प्रतीक्षारता रूप में नहीं मिलेगी। सब-कुछ होगा पर एक गिग नहीं होगी और उसमें बैठा हुआ एक क्लासिकीय मुख, मुद्रा नहीं होगी। छतरमंजिल के गुम्बदों पर झुण्ड-के-झुण्ड कबूतर घिरेंगे, तैरेंगे, मोर की आवाज एक पार से दूसरे पार तक सुनायी देगी पर गोपा की वे प्रसन्न होतीं आँखें, कर्णफूल पहने सुनते कान नहीं होंगे।...महिम इन सब क्षणों को कैसे बुभुक्षुभाव से बटोर लेना चाहता है जैसे कि ये संसार के एकमात्र झाड़फानूस के बिखरे टुकड़े हों। लेकिन, झाड़फानूस से टुकड़े निःसृत हो सकते हैं परन्तु टुकड़ों से झाड़फानूस नहीं निर्मित हुआ करता। टुकड़ों का संयोजन झाड़फानूस नहीं हुआ करता। झाड़फानूस का 'स्व' टुकड़े होते ही रीत जाता है। सब-कुछ लौट सकता है महिम! पर उस 'स्व' को कैसे लौटाया जा सकता है?

●●●